百舸争流

——哈尔滨工业大学（威海）十佳大学生成长心语

主编 王建文 赵国亮

哈尔滨工业大学出版社
HARBIN INSTITUTE OF TECHNOLOGY PRESS

内容简介

哈尔滨工业大学(威海)"十佳大学生"评选活动自2003年启动,迄今共有100位学子荣膺"十佳大学生"称号。历届"十佳大学生"为了理想努力拼搏的精神极大地激励了广大学子立志成才、锐意进取的热忱。在"十佳大学生"评选十周年到来之际,共有35位历届"十佳大学生"代表受邀撰写自己的成长故事。故事内容包括他们在校期间最难忘的成长经历、令自己受益终身的挫折历练,以及走出母校后在逆境中抗争的心路历程、在工作中的酸甜苦辣等。

本书旨在引导在校大学生以先进模范为榜样,树立正确的人生观、价值观,认清历史使命,勇于承担责任,时刻铭记哈工大"规格严格 功夫到家"的校训,通过自身坚持不懈的奋斗成长为优秀的人才,为国家和社会作出应有的贡献。

图书在版编目(CIP)数据

百舸争流:哈尔滨工业大学(威海)十佳大学生成长心语/王建文,赵国亮主编.——哈尔滨:哈尔滨工业大学出版社,2012.9
 ISBN 978-7-5603-3782-1

Ⅰ.①百… Ⅱ.①王…②赵… Ⅲ.①哈尔滨工业大学-校友-生平事迹 Ⅳ.①K820.7

中国版本图书馆CIP数据核字(2012)第207232号

责任编辑	王桂芝　任莹莹
出版发行	哈尔滨工业大学出版社
社　　址	哈尔滨市南岗区复华四道街10号　邮编150006
传　　真	0451-86414749
网　　址	http://hitpress.hit.edu.cn
印　　刷	哈尔滨市工大节能印刷厂
开　　本	787mm×960mm　1/16　印张18.5　字数350千字
版　　次	2012年9月第1版　2012年9月第1次印刷
书　　号	ISBN 978-7-5603-3782-1
定　　价	25.00元

(如因印装质量问题影响阅读,我社负责调换)

《百舸争流》编委会

主　编　王建文　赵国亮

副主编　刘　群　李　新　朱美丽

参　编　王　莹　岳彩领　费　非　吴　琼
　　　　　李焕然　黄　蕊　高仕宁　杨俊敏
　　　　　汪　明　赵　婷　史建锋　隋海瑞
　　　　　李华军　申万兵　胡　萍　曹　竞

序

　　书中的这些人物,即撰文的学生,我大多没有见过。他们当中只有少数人仍然在校,多数都已走出校园,走在继续奋斗的征途上,走向自己理想的彼岸。在"十佳大学生"评选十周年之际,他们应邀撰写了自己的大学故事、奋斗历程以及感悟与思考。

　　严格地说,他们并没有很高的文学修养,大多行文朴实,有的甚至略显粗糙。而且,如果与成功的大师、大家们相比,这些年轻人目前所取得的成绩仍然微不足道。然而,读了他们的故事之后,我为他们每个人所深深地感染,心中充满感动。感动于他们回忆起母校,回忆起老师,回忆起同窗挚友时那字里行间所饱含的浓浓深情;感动于他们在艰苦环境中自强不息、奋发图强、不懈拼搏和永不放弃的精神;感动于他们对"规格严格 功夫到家"校训的那份铭记、理解和诠释;感动于他们"今日我以母校为荣,明日母校以我为荣"的自信和豪迈;感动于他们如此年轻却对人生有着那么深的理解和感悟。

　　这是一本用心绘成的心语集,它凝聚了优秀学子们的经历、思考与感悟,凝结了编写组老师们的心血、期盼与祝福,值得用心去读。

　　它能够为你的大学生活指点迷津。如果你仍为高考的些许失利所困扰,为没有进入梦想中的大学而心存不甘,你也许会从刘霜叶、贾志平与韩志萍等学长学姐的经历中找到驱除心中阴霾、重新振翅飞翔的力量;如果你正为选择的专业而不满,因为不满而消极面对学业的话,就看看贺鹏学长是怎样从被调剂到数学专业后的失落和迷茫中走出,进而认同数学、喜欢数学,最后感受数学之美的;如果你正对如何处理好学习与社会工作的关系而心存疑问,做过学生干部的华玉锋、宋琪珍与柳东威等会教你如何做到鱼与熊掌兼而得之;如果你正为不知如何通过创新提升自我而烦恼,张立伟、肖晓飞、刘裕良和艾兵等已经给了你不错的答案;如果你正为同学间的小小摩擦而耿耿于怀,王蕾、仲小清、王轩春、贺智与史永敏等用他们的亲身经历告诉你同窗友情的珍贵、彼此依靠的温暖及班级团队的力量;如果你有着坎坷的经历或因家庭贫困而自卑,那么,"任何人、任何事都打不倒"的武克斌,"无论什么困难和挫折都能坦然面对""要做自己的救星"的谢庭相讲述的他们在面对巨大困难时所表现出来的坚强勇敢、自强不息的精神,会让你从中汲取拼搏的力量;如果……请翻开这本书,自己去寻找答案吧!

它能够指引你走上通向成功的道路。书中每一个人都叙述了自己的成长经历,许多故事似乎有相似之处,但又各具特色。虽然别人的成功难以复制,但有很多东西非常值得借鉴。总结所有同学的故事,"坚持""勤奋""积累""挑战""信心""激情""兴趣""梦想"等词语的使用频率最高。故事中还精炼了很多可作为后来者座右铭的经典语言,值得细细品味:"努力是飞翔的双翼、机会是每一刻的积累、快乐是化茧成蝶的喜悦""选择比努力更重要""机会是可以创造的""不悔衣带宽,天酬勤者愿""人生最快乐的是找到自己最感兴趣的事并为之拼尽全力""成功,你只需多一点点团结;成功,你只需多一点点激情;成功,你只需多一点点责任心;成功,你只需多一点点坚持;成功,你只需多一点点精心""痛苦与微笑,坎坷与成长,都将是我人生路上的宝贵财富。而我目前追求的状态就是脚踏实地,让每一天都过得有意义。面对即将到来的挑战,我将迎难而上,我要做的,就是不断把一只脚放在另一只脚前面,因为,每一步我都在缩短现实与梦想的距离"……这些语言是他们取得了一个又一个成功,战胜了一个又一个困难后,在心底沉积的宝藏,是发自内心的感受,是予人启迪的经验,是宝贵的精神财富。相信这些由他们自己创造的经典语录,这些他们亲历的故事,能够在每一位向往优秀、追求卓越的同学内心敲击出共鸣、迸发出激情、汇聚成力量!

它能够帮助你顺利应对初入职场时的种种困惑与挑战。一部分已经走上工作岗位的同学谈到了自己职业生涯第一步的选择。有的同学谈到了初入职场的困难与挑战,有的直接以职业生涯导师的身份为学弟学妹们进行指导。他们在职场拼搏的经历是非常具有代表性的,在这个过程中积累的经验、教训正是即将踏上工作岗位的学生们所需要的。

畅读全篇,掩卷俯首,有个问题始终在心头萦绕:为什么他们对这个当初并不十分钟情的学校如此深情?这个问题于我而言,应该给出一个答案。

几乎每个人都在文中表达了对母校的感激和眷恋。有的同学写道:"母校像我生命中的一处小岛,驻扎在记忆的河流中;像一块丰碑,矗立在我人生的殿堂里,让我时时感念,不敢忘怀。"有的同学写道:"母校以其宽广的胸怀包容着我们,以浓厚的学风感染着我们,最终让我们深深地爱上了这所学校,哈工大(威海)的精神永铭心间。"威海校区是只有二十几年历史的年轻校区,与著名学府相比,无论是大楼还是大师,都难以相提并论,创业初期更加明显。一部分学生来到威海校区后并不十分心甘,然而,经过几年的校园生活,经过几年的熏染培养,他们却对这个校园产生了浓浓的感情。我想,这并不是"日久生情"那么简单,一定是这所学校给予了他们不一样的东西,让他们走出校园后感念更多,日久弥深。这些不一样的东西是什么呢?

再读再思,似有所解。首先,是优秀文化的传承与光大。威海校区是哈尔滨工业大学在黄海之滨撒下的火种。这个火种具有很强的生命力。她以"规格严格 功夫到家"为魂,在艰苦的环境下生根发芽,与齐鲁文化有机交融,植入大海的博大胸怀和丰富内涵,孕育着勃勃生机。这种文化的熏染让学生拥有了哈工大人特有的人文气质,心怀祖国、服务社会的责任感,海纳百川的博大胸怀,不畏艰难、勤奋拼搏的创业者精神,超越自我、战胜一切困难的勇气和力量,敢与世界比肩的勇气和气魄。一位同学这样谈到:"威海校区的同学能吃苦、能坚持,有创业精神和拼搏精神,而这正是一个人能否成功的关键内因。母校创业时期的环境,决定了我们无法像校本部同学那样大树底下好乘凉,而这也促使我们加倍努力来弥补差距。时至今日,我越发觉得这种'危机意识'和'坚持'的重要:安逸时提醒自己不要轻易满足,止步不前;艰难时提醒自己,不必畏惧,不要放弃。每当别人问起我毕业于哪所大学时,我依然会坚定地说:'哈工大(威海)。'"

其次,我们有着一批品格高尚、心存大爱并且有着很强的事业心、责任心的好老师。许多同学在文中谈到了他们的老师:有老一代的创业者,有博学的老教师,有中青年的教师骨干,有给他们很多帮助的辅导员和班主任,有曾经为学生服务的工作人员。他们虽不是名扬海内外的大师,但他们把自己的所学都倾囊传授给学生;他们虽不是著名的教育家,但他们在学生的身上倾注了极大的心血;他们虽没有很高的头衔,但他们时刻关注着学生的成长;他们虽不一定为学生所识,但他们用自己的服务传递着家长般的关爱。这是办学的基础,这是学校的根基。

因此我建议,老师们,特别是较晚进入学校的老师们读一读这本书,在书中体味创业者的艰辛、为人师者应有的风范以及需要继续传承光大的文化与精神!

哈尔滨工业大学(威海)党委书记　姜　波

2012 年 8 月

前言

很高兴这本书能够顺利出版，也很荣幸与广大读者一起分享"十佳大学生"成长的故事以及他们对"怎样读大学、大学究竟读什么"的感悟。

过去的十年，是哈尔滨工业大学威海校区快速发展的十年。十年来，哈尔滨工业大学威海校区共为国家输送合格人才近两万名，他们在祖国的各条战线上发挥着重要作用。他们中的大学时代优秀代表——"十佳大学生"，在做人、做事和做学问方面起到了榜样示范作用。他们不仅依靠自身的努力，诠释着"规格严格 功夫到家"的优良传统，更重要的是带动整个校园形成了"爱国、求是、团结、奋进"的文化氛围，为哈尔滨工业大学威海校区的人才培养奏响了青春乐章。2012年，是哈尔滨工业大学威海校区"十佳大学生"评选活动举办十周年。在纪念十周年之际，"十佳大学生"评选活动组织者对100位"十佳大学生"和100位"十佳大学生"提名者进行了回访、交流，深切感受到"十佳大学生"的评选对他们的成长以及对周围同学的影响之深。这样，便有了组织编写这本书的计划。能将前十届"十佳大学生"的成长故事、心得体会与朋辈建议集聚在一起并出版发行，对当前正在苦苦寻觅和积极探索的大学生们是非常有意义的。

评选"十佳大学生"是开展大学生思想政治教育的重要形式，是对传统的先进评选方式的一种突破。十年间，"十佳大学生"评选办法几经修改，不断完善，其目的是为拔尖创新人才的成长搭建平台，为拔尖创新人才的发现拓宽渠道，为广大青年学生的成长提供时代坐标。"十佳大学生"评选办法以学生为本，重在自我教育，注重培养和选拔品学兼优、具有国际视野的优秀学子。十届"十佳大学生"，他们在自立自强、专业学习、社会工作、科技创新、社会实践与志愿服务等诸多领域的某一方面或几个方面都有不俗表现。在提倡素质教育的今天，优秀学生的培养不仅有利于他们自身的成长，而且对其身边的人也有榜样示范作用，从而促进学生全面成长成才。"十佳大学生"评选活动开展以来，得到了广大同学的热情关注和广泛参与。同学们纷纷通过网络投票评选心目中的"十佳"，参加"十佳大学生"报告会等方式走近"十佳"。组织者通过校园网、校报和宣传展板等多种形式对先进典型的事迹进行宣传、报道，引导广大青年学生找差距、定目标、列措施、争先进，逐步形成良好的校园氛围。

历经十个春秋的沉淀与积累,"十佳大学生"评选已经成为威海校区"树典型引路 立榜样育人"的品牌活动和特色工作。一个评选活动能够持续十年受到广大师生的热情关注,这无疑给组织者以极大的鼓励和鞭策,也让他们深深体会到思想教育工作的价值所在。即便过去付出了许多的汗水和泪水,这个时候感受最多的还是快乐和幸福。十年来,100位"十佳大学生"和100位"十佳大学生"提名者,一个个耳熟能详的名字,200个让人感动的成长故事,留给我们的是一笔宝贵的精神财富。他们对国家、对社会、对家庭勇敢地承担责任,对母校、恩师和同窗心怀深沉的爱恋,他们对知识孜孜追求以及刻苦钻研的创新精神,都体现着哈尔滨工业大学人才培养的方向和目标,他们是威海校区快速发展的见证,他们是哈尔滨工业大学的骄傲。

本书选取的35位"十佳"主人公,如今有的已经博士毕业,在科学的世界里遨游;有的在航天领域中默默耕耘;有的还在发奋研读。本书按照"我从这里走来""逆境是一种财富""一样的执着,别样的精彩""与你们一起度过的青春岁月""奋斗的人生最美丽"等五个篇章向大家讲述"十佳大学生"成长的故事和感悟。每个主人公不仅回顾了他们在大学期间的成长历程,而且特别介绍了离开母校走向社会后的真实感受。尽管他们的成才心路、奋斗历程各不相同,但是他们都从平凡起步,始终保持努力向上的恒心和毅力,不半途而废,不浅尝辄止,把学习和奋进内化为一种自觉的行为。他们以非凡的业绩和追求卓越的精神,告诉每一名青年都应该也可以像他们一样,走向人生的美好旅程。

本书内容在编排上突出了学生成长个性化的原则。从经历学校创业时期的同舟共济,到把逆境当做是一种财富;从坚持与执着后的精彩,到在集体与团队中收获力量以及奋斗的人生最美丽,这些无不体现当代大学生的个性和智慧。相信广大读者通过细心品读,除了对书中的生动故事感兴趣以外,也会从本书的编写理念、编排设计、素材选取等方面受到启发。

青春岁月,怎可蹉跎。衷心希望年轻的学子们能够喜欢这本书,能够从"十佳大学生"身上找到属于自己的动力和力量。千帆竞发,百舸争流。相信不久以后,你们也能成为激励学弟学妹们前行的力量和榜样。

编 者

2012年8月于威海

目录

第一篇　我从这里走来 1

人生驿站 .... 岳荣刚　3
恩师的教诲　坚持的力量 .... 贾志平　10
怀揣梦想　扬帆远航 .... 韩志萍　19
独立思考　成功基石 .... 王　健　28
奋斗·机会·感恩 .... 闫伯儒　34
成长·十年 .... 王　丹　41
追求卓越　勇往直前 .... 刘霜叶　48

第二篇　逆境是一种财富 57

路漫漫其修远兮　吾将上下而求索 .... 张立伟　59
与时间赛跑　向命运挑战 .... 田陶然　68
不抱怨的世界 .... 张兰杰　75
追梦路上　昂首阔步 .... 华玉锋　82
生命不止　自强不息 .... 谢庭相　92
卓越——永恒不变的追求 .... 武克斌　100

第三篇　一样的执着，别样的精彩 109

坚持让我走得更远 .... 贺　鹏　111
用平凡的坚持　换精彩的未来 .... 王元道　118
当幸福来敲门 .... 林　赛　124
成功　你只需多一点点 .... 钟　颖　132
因为喜欢　所以执着 .... 肖晓飞　142

1

第四篇　与你们一起度过的青春岁月 ……………………………… 157

永远的财富 ……………………………………………… 仲小清　159
这些年心中汇聚的力量 …………………………………… 林圆圆　166
两个世界创造的未来 ……………………………………… 王轩春　174
那些青春岁月中的成长故事 ………………………………… 王　蕾　181
无悔的大学　无悔的青春 …………………………………… 贺　智　186
一路播种　一路收获 ……………………………………… 史永敏　192
何妨吟啸且徐行 …………………………………………… 刘裕良　197
为理想而战 ………………………………………………… 艾　兵　204

第五篇　奋斗的人生最美丽 ……………………………………… 213

昨天　今天　明天 ………………………………………… 王　婷　215
幸运是什么 ………………………………………………… 岳金星　222
那些花儿 …………………………………………………… 宋琪珍　231
回到原点　整装前行 ……………………………………… 赵　亮　239
信念让人生更精彩 ………………………………………… 柳东威　246
积极主动　永争第一 ……………………………………… 吕　琪　252
阳光洒满向日葵 …………………………………………… 周海燕　260
奋斗青春　涅槃重生 ……………………………………… 高玉乾　267
相信生命　总有今天 ……………………………………… 齐为川　276

历届十佳大学生名单(2003~2012年) ……………………………… 283

后记 ………………………………………………………………… 284

第一篇 我从这里走来

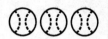

  他们是同辈人中的佼佼者,他们用奋斗书写着母校的历史,与母校共同成长。母校创业时期的艰苦环境,决定了他们要付出百倍的努力来弥补差距。他们能吃苦、能坚持,有创业精神和拼搏精神,而这些正是一个人能否成功的关键内因。从"专升本"到"十佳大学生",再到为航天事业奋斗着的岳荣刚,不断努力实现着航天梦想;感受学校创业之艰辛,铭记恩师教诲的贾志平,凭借坚持的力量不断前行;从不轻言放弃的韩志萍,承受压力,不计结果,始终付出,尽自己的努力演绎精彩人生;善于独立思考的王健,以自身的努力追求属于自己的成功;感受大学如家一样温暖的闫伯儒,把握机会,从不言弃,在项目研发的路上越走越好;因为高考失利来到这里,但不断用知识来充实和完善自己的王丹、刘霜叶,经过大学四年的成长和进步,她们相信选择哈工大(威海)是正确的。

  恩师的教诲、良师的点拨、教授的治学严谨,深深影响着他们的学习和成长。"规格严格 功夫到家"不仅是他们永铭心间的校训,更成为他们奋斗的精神支柱。无论他们走到哪里,哈工大精神都激励他们不断向理想迈进。他们从这里走来,他们用自身的努力和出色的表现实现了当初对母校的承诺——今天我以母校为荣,明天母校以我为荣。

人生驿站

岳荣刚

第一届十佳大学生

当解决问题的灵感在一瞬间迸发的时候，我当着实验室其他同学的面，情不自禁地手舞足蹈。那是一种纯粹、彻底的快乐，只有体验了作茧的痛苦，才能体会到化蝶的精彩。

转眼间，离开母校八年了。闭上眼，威海的蓝天、白云、碧海、金黄的海滩、新鲜的空气、肥美的海鲜、可口的水果和热情的老师同学……一切仿佛就在昨天。离开母校的日子里，在工大生活的一点一滴无数次浮现在我的脑海中。我时常通过老师或网络了解母校的近况，听说又建新楼了，不方便亲自去看一看雄伟的新楼，那就用 Google earth 看一下，母校的变化的确是翻天覆地。2008 年暑假，三星公司组织北京的"三星奖学金"获得者参加夏令营，地点就在威海，我很想趁机回母校看看，无奈那时正忙着办理出国手续，未能如愿。

如果说哈工大（威海）是我人生的第一站，那么北京航空航天大学就是第二站，纽约市立大学是第三站，航天五院是第四站。下面，我讲讲自己在人生这趟火车上的所见所闻和感受。

努力是飞翔的双翼

1999 年 9 月 9 日，一个很有意义的日子，我来到了威海这个美丽的海滨小城，来到了哈尔滨工业大学威海校区。那个时候还叫威海分校，那个时候还没有雄伟的主楼，那个时候我还是个青涩的大男孩。我从一个青涩的男孩变成一个自信、自强的合格的大学毕业生，正是哈尔滨工业大学（威海）的功劳。

刚入大学时，确实是青涩、害羞的，带着高中好好学习的惯性，我认定自己的首要任务是把各学期的课程学好。学习成绩是基础，活动能力是锦上添花。大学与高中最大的不同之处，正是体现在学生的活动能力上，大学是个展示自己才华和能力的舞台。回想起来，我在学习之余组织和参与的一系列活动使自己受益匪浅。比如参加了摄影协会，从此喜欢上了摄影，拍了一些自己喜欢的照片，担任了校报摄影记者；爱好天文，就填补空白，创办天文爱好者协会，将天文观测与摄影技术相结合，拍了不少天文奇观等等。每到周末就会有各种各样的活动，以至于周末比平时更忙一些，我想很多大学生都会有这样的体会。

充满激情活力的大学生活，不管是从专业知识方面，还是从综合素质方面来说，都让我获得了无数宝贵的财富。这一切不好量化评估，但从学校的认可程度上可见一二：我在哈工大读书期间曾获荣誉近 30 项，先后担任文体委员、班长、校报摄影记者、党支部书记和天文协会会长等。然而这一切所得并不是一帆风顺的，大学期间有一件事令我至今仍然难以忘怀。那一次，班里组织了一个小规模的晚会，我担任主持人。

由于第一次主持这样的晚会，紧张的我竟然忘词了，站在台上尴尬的情景可想而知。我意识到这是我的一个短板，于是下决心，从哪里摔倒就从哪里爬起来。事后，我总结失败的原因，并借着自己脸皮厚的优势，再次参加类似的活动，结果很顺利地完成了任务，成功地建立了信心。

一旦信心建立了，我们在活动中便会很顺利地进入状态，并专注于自己的任务，而不是紧张。从那以后，我在公共场合中所有的表演、演讲等再也没失败过。从"十佳大学生"的评比现场，到第一届"山东省高校机械工程专业大学生现代产品设计竞赛"的评比现场，再到最近的为中国航天员讲课，全部取得了很好的结果。一个人也许经常需要在公共场合下表现自己，所以，从容不迫地应对这种场合的能力是必须具备的。

细心的朋友也许会发现，我从1999年入学到2004年毕业，读了五年大学。是的，我因为"专升本"而比别人多读了一年，也许我是哈工大（威海）历史上唯一一个"专升本"以后又获得十佳大学生荣誉的。现在，母校的大学生中，可能有很多人并不知道"专升本"是怎么回事，但肯定有人曾因为没发挥好而影响了高考成绩。我想告诉那些高考发挥欠佳的同学们：也许你的目标曾是国内外更好的名校，但在哈工大（威海），你只要努力，照样可以积累很多宝贵的知识财富，将来照样可以飞得很高、很远。

大学毕业的时候，我并没有意识到大学的重要性。现在想想，工作以后所用的大部分知识还是那时候学到的，所以想在这里说一句：感谢母校！

机会是每一刻的积累

2004年7月，毕业季。我依依不舍地离开母校，离开熟悉的老师和同学，背着迷茫去探寻属于自己的路。北航的生活对我来说是崭新的，从偏机械的本科课程转到偏控制的博士课程，我需要抓紧时间补充大量的专业基础知识。第一个学期我感到相当吃力，为了能顺利通过各科考试，我只能付出比本科阶段更多的努力。为此，我提前一个月就开始准备，从最重要的《数值分析》《矩阵理论》和《控制理论》入手，多向本专业的同学请教，一点点把不懂的内容啃下来。到考试前，我终于从"几乎不懂"达到了"有一点点感觉"的状态。虽然最后顺利通过了各科考试，但我已经没有了本科时轻松应付的感觉，甚至可以说这是我一生中最累的一个学期，这就是转专业带来的阵痛吧。

在北航的四年，我依然坚持着在工大养成的习惯：首先把学习成绩搞好，与此同时再多做一些有意义的事。我曾经编著了机械制图与公差配合教材，以及Pro/E、SolidWorks、AutoCAD机械类制图软件教材共7本。凭着自己出色的表现，我也多次获奖，其中包括研究生阶段最高级别的"三星奖学金"。

在北航的四年，我也能深切地感受到母校的学生与北航学生的差距。我并不是说母校的学生不聪明，而是指母校的学生得到的锻炼不多，视野不开阔。例如，哈工大（威海）的学生关注的主要是国内不错的大学，而北航的学生关注的主要是国际不错的大学。北航的学生动手能力很强，每年都有机会参加"冯如杯""挑战者杯""亚太大学生机器人大赛"这样的比赛，实践能力方面得到了很大的提高。不过，我相信，通过迅速发展，哈工大（威海）与国内一流大学的差距会越来越小。

很幸运，我遇到了一位非常开明的导师，他不仅不反对学生出国，而且想尽办法帮学生出国；平时也会将注意力放在学生如何能取得研究成果，如何能发表上档次的论文上。恰好赶上国家公派留学的资助，我也准备争取一下出国学习的机会。机会是难得的，竞争是异常激烈的。我所在的自动化学院共有18人报名，但名额只有6个。幸运的是竞争又是公平的，每个人都要准备材料并参加答辩，经过学院老师打分后排出名次，前6名获得出国资格。由于坚持不懈的努力和平时的积累，我的学习成绩和论文发表情况都不错，再加上答辩过程中良好的表现，我以学院第一名的身份拿到了出国名额，有幸出国进行为期一年的博士联合培养学习。这也说明哈工大（威海）培养的学生，只要肯努力，走到哪里都是有竞争力的。于是，我在神舟七号发射的那一天（2008年9月25日）踏上了飞往纽约的飞机，开始了第三站的生活。

快乐是化茧成蝶的喜悦

从北京到纽约肯尼迪机场，十三个半小时的航程。我感受到了人类科技的伟大，从地球一端到另一端的跨越居然这么容易。置身于完全陌生的城市，语言、饮食、交通和住宿等，一切都得重新适应。

纽约市立大学（City University of New York）是美国第三大公立学校，曾培养了十二位诺贝尔奖获得者，该项排名在全美列第十一位，美国前国务卿鲍威尔和IBM的创始人都是从这所学校走出来的。我所在的市立学院（The City College）是纽约市立大学最著名、历史最悠久的学院，位于市中心曼哈顿区。毕业于纽约市立大学的十二位诺贝尔奖获得者中有十位属于这所学院，我就在这所学院电子系的一个机器人实验室里，在导师指导下研究爬壁机器人的路径规划问题。实验室有九名研究生，其中两位美国人、三位印度人、一位哥伦比亚人和三位中国人。大家来自不同的国家，但有一个共同点，那就是在学术上非常认真，在实验室上网也是查资料，极少浏览与学业无关的东西，并且对每个学术细节都不放过。导师也非常认真，每周都与学生讨论问题并给予指导,甚至逐字逐句地帮学生修改论文。这种认真甚至让我感觉到可怕,在这种实验室氛围下,我当然也不能懈怠,一改在国内时效率低下的坏习惯,拒绝杂事打扰,静心作研究。

印象里最累的是建立机器人数学模型和研究路径规划算法的那几个月,大脑CPU天天高速运转,每天下午三四点就又胀又痛,基本到了极限。结束一天的实验室生活,我坐在回家的地铁上,头依然胀痛着,看上去跟傻子区别不大。但是傻子也有快乐的时候,记得有一次,一个数学难题困扰了我三四天,但我一直没有放弃。当解决问题的灵感在一瞬间迸发的时候,我当着实验室其他同学的面,情不自禁地手舞足蹈。那是一种纯粹、彻底的快乐,只有体验了作茧的痛苦,才能体会到化蝶的精彩。这样一年下来,我终于完成了几篇SCI论文,不至于没脸回国见导师。在机器人研究领域,我因为在国际期刊上发表了几篇SCI论文并经常参加国际会议而积累了一点小名气,后来应邀负责日本《Advanced robotics》杂志,以及机器人领域非常著名的ICRA、IROS、ICIA和ROBIO等国际会议的论文评审工作。

国外一年的生活,最大的收获是进一步了解了国际机器人研究的发展方向。当我们还觉得机器人属于机电一体化范畴的时候,国际机器人研究的方向已经转到数学、算法上面了。人工智能、机器视觉、模式识别、路径规划和多机器人协作等才是当今机器人领域的前沿,而且几个大型的机器人公司已经有了相应的机器人产品。

结束了一年的留学生活后,我回到了想念已久的祖国,虽然"腐朽"的资本主义生活很惬意,但我还是习惯国内的生活。回国后通过了博士答辩,求职时,我毫不犹豫地选择了航天五院的Offer。这很大一方面取决于我对天文方面的兴趣,虽然早就知道这份工作很辛苦,但能送航天员去探索宇宙,还是很有点实现自己小时候梦想的味道。

梦想是从每个细节开始

转眼间在航天五院工作已经近两年了,也许我人生的火车不会再有下一站。经历了入职与培训的新鲜感后,我的心逐渐平静下来。我明白,这是我的"菜鸟赛季",必须努力再努力,要想获得别人的尊敬,要想让别人觉得哈工大(威海)的学生是好样的,我必须这样做。我身边也有好几位来自哈工大(威海)的同事,他们都非常优秀,都在为我国的航天事业奋斗着。

这里的工作比较忙,比较辛苦。我们曾有过为了解决飞船出厂前的问题而连续60小时基本没睡觉的经历(有过这样的经历后,感觉以后再累的工作都是浮云),也曾经在酒泉卫星发射场三个月不能与家人团聚。但单位对员工的关心是无微不至的,神舟八号飞船在发射场进行最后的总装和测试期间,试验队员们无法与家人一起过中秋节,单位特意派人到员工家里拍摄亲人的视频,并带到发射场,在中秋晚会上播放。当队员们惊喜地与亲人"团聚"时,无论是老总还是一线员工,都无法"hold住"自己的眼泪。我很清楚地记得,我的爱人宋凌珺(也是我校第一届十佳大学生之一)是视频中第一个出现的。看到那熟悉的笑容,我心中充满幸福,这也是我收到的最有意义的礼物。

2011年神舟八号飞船发射前(右一)

从2003年本科期间的相识算起,我们已经一起走过了九年时光,这些年多亏她的陪伴和支持,我才能一步步走得更好。这里还得感谢母校,不仅给我带来了知识,还给我带来了一位美丽贤惠的妻子。

在发射场还有很多有意思的故事,其中一个是关于"蚊子"的,它体现了精益求精的航天精神。在飞船扣整流罩之前,按正常流程已经不需要再对飞船状态进行检查了。但是,为了进一步确保不出任何问题,总装人员还是通过整流罩上为数不多的几个窗口对飞船进行拍照检查。我们在对其中的一张照片进行回放时,突然发现对接机构上趴着一只"蚊子",还能看到几根细长的"腿"。这种事情是令人无法容忍的,总装厂房是洁净无尘的,怎么会有这种多余物?蚊子到底是死的还是活的?如果是活的,如果上了天,那岂不成了中国第一只航天蚊子?经过再次检查和多方确认,最终确定那是对接机构在做试验时留下的痕迹,不影响交会对接任务。这个小插曲虽然让大家虚惊一场,但它正体现了航天人一丝不苟、不带任何疑问上天的精神。

经历过"天宫一号"和"神舟八号"的发射,也亲身体会了交会对接的成功,我永远难忘成功后大家举着酒杯叫喊着庆祝的疯狂,觉得这才是自己实现人生价值的舞台,是自己愿意为之奋斗一生的事业。成功过后,仍要继续努力,因为神舟九号、神舟十号马上就要发射,并进行载人交会对接任务,在这里也祝愿能够圆满成功。

最后,想对母校和培养过我的老师说一句:感谢你们,我一直在努力实践"今天我以工大为荣,明天工大以我为荣"的诺言。

岳荣刚简介

1980年出生于山东省青州市庙子镇曹家庄，中共党员。

1999~2004年就读于哈尔滨工业大学(威海)汽车工程学院。

2004~2008年于北京航空航天大学自动化科学与电气工程学院直接攻读博士研究生。

2008~2010年就读于美国纽约市立大学市立学院，进行博士生联合培养学习。

在校期间曾获第一届"山东省高校机械工程专业大学生现代产品设计竞赛"一等奖、国家奖学金、"长清"奖学金，一等优秀学生奖学金四次，二等优秀学生奖学金三次，三等优秀学生奖学金一次，并多次获"三好学生"、"优秀团员"、"优秀记者"和"社会活动积极分子"等称号；博士研究生期间从事移动机器人研究，发表论文13篇，编著教材7本，获博士研究生创新基金、"三星"奖学金、优秀研究生奖学金等。

2010年参加工作，目前为中国空间技术研究院载人航天总体部副主任设计师，从事载人航天器总体总装工作。曾获"载人航天总体部载人航天工程突出贡献者"、"航天五院2011年度型号试验模范共产党员"、"发射场试验队优秀共产党员"、"优秀工会活动积极分子"等多项荣誉称号。

恩师的教诲　坚持的力量

贾志平

第一届十佳大学生

时至今日，我越发觉得这种"危机意识"和"坚持"的重要。安逸时提醒自己不要轻易满足，止步不前；艰难时提醒自己不必畏惧，不要放弃。而每当别人问起我毕业于哪所大学时，我依然会坚定地说："哈工大（威海）。"

毕业后，我时常回忆起美好的大学时光，那些在校园里奋斗的过往一直使我难以忘怀，每次回忆都会使我平静的心中泛起阵阵涟漪，并且久久不能平息。蓦然回首，离开母校已近十年，可是大学生活的点滴仍然历历在目。

记得刚来威海校区的时候，学校的大门还未落成，我踩着一块木板穿过大门旁边的小水沟进入校园，边走边晃，生怕一不小心就掉进沟里。校园很大，却很空旷，只有几幢教学楼和公寓楼零星立着。说心里话，眼前的景象和我所憧憬的大学相去甚远，着实让我失落了一番，心里一直抱怨：我梦寐以求的大学怎么会是这个样子呢？但一进入校园，便陆续有学长主动上前给我们带路，帮忙拎包；来到宿舍后，更有学长来主动为我们答疑解惑。学长们的热情顿时让我倍感亲切，心中的阴霾也随之散去不少。这事先准备好的迎新工作，一方面让我们刚离开家的新生感到了学校的温暖；另一方面，也让作为学生的我们感到自己也是某种意义上的创业者，我们也在用自己的奋斗书写着母校的历史，与母校共成长。

"今天我以母校为荣，明天母校以我为荣"——大学四年里，这种精神一直鼓舞着我，每当累了想要放弃的时候，我总能从中汲取力量，继续前进。

秉承校训精神的老教授

"高数其实没那么难。"如果这话从我嘴里说出来，一定会遭人唾弃。可说这话的并非是我，而是我本科时期的数学老师——孙振绮教授。初听这句话时，我半信半疑，学完后才发现，这话也对也不对。之所以不对，是因为高等数学对于很多同学来说就是一棵很高的"歪脖树"，很多人都"挂"在了这棵树的树杈上；之所以对，是因为如果有名师点拨，再加上学生的勤奋，再高的树也能砍倒。这个是有据可查的，当年我们班有一半同学的高数成绩都超过了90分，高居同年级各系之首。这首先归功于孙教授的大师风范，他的教学使同学们获益匪浅。

除了有大师风范的孙教授，还有乐观开朗的霍老太太——这是我们对她老人家的爱称。老教授本名叫霍彬茹，她每次给我们讲笑话，总能把我们逗得哄堂大笑，不过不是因为笑话本身可笑，而是老太太的笑点实在太低。每次她还没把我们逗乐，自己就先大笑起来，让我们听得莫名其妙，就跟着哄堂大笑了。不过，让我们佩服的是，霍老太太每次上课，只要扫一眼教室，不用点名就知道谁没来，这让我们畏惧三分，不敢旷课。

还有治学严谨的许承斌教授，他老人家课堂上工整的板书，作业里细致的批改，让我明白了"细节决定成败"的道理。

还有讲课只拿两支粉笔的崔明根教授，不用看书就能告诉我们翻开书本的第几页，看第几行，当时我就震惊了……

哈工大"规格严格 功夫到家"的校训真的不仅仅是一句校训，而是一种代代相传的精神。老教授们的一言一行都深深影响着我的学习和成长。在学习的过程中，我就一直要求自己也要做得像老教授们一样业务过硬。在求知的过程中，我真切感受到了哈工大精神的内涵，而这种精神的传承，需要我们世代师生的共同努力奋斗才能实现。

令人难忘的金工实习

我是学计算机的，对于这个专业来说，"金工实习"可能是八竿子都打不着的亲戚。实习内容本身并没什么特别之处，无非是锉锤子、车外圆、铣平面，可是这"并没什么特别"的金工实习却给我带来了不少的乐趣。

实习过程中，我第一次焊接了一个哑铃，第一次锉削加工了一个小锤子，第一次用车床车出了圆柱体，着实过了一把工人师傅的瘾，不过也确实体验到了工人师傅的艰辛。原本焊哑铃并不在实习内容之列，或许你会好奇哑铃为什么是焊出来的，这就是这个哑铃的特殊性：我们找了一堆破铁片和一根铁棒，因为铁棒没有螺纹，举起来不磨手，我们就用焊枪把铁片给硬焊到了铁棒上，焊成了哑铃状。不过，哑铃在被用了几次后，铁片就掉了。虽然这只是个粗糙的玩具，但在制作它的过程中，我们仍然感受到了快乐。

也是在那段时间里，我见识了威海的台风：车间的大门紧闭着，大风还是顺着门缝将滂沱大雨吹进车间里5米远。最惨的就是我们班的某个寝室，他们在实习期间忘了关窗户，结果整个宿舍上演了一出校园版的"水漫金山"。回宿舍后，大伙自发帮他们一起排水，重新收拾宿舍。看着焕然一新的宿舍，大家感到彼此的心更近了，这种集体自觉行动着实令我们难忘。

金工实习就像第二次军训，大家一起进车间，一起做加工，一起擦机床，一起休息逗乐。在一起工作生活的日子增进了同学之间的相互了解，班级同学越发团结和谐。

让人成长的换寝风波

大学四年是一段很长的日子，同学相处久了，难免会有摩擦，但这也是生活的一部分。我们班有六个寝室，三个朝南，三个朝北，其中有两个是女生寝室。由于朝南的寝室向阳,大家形成了一个不成文的规矩:每年南北寝室都要互换。

然而,有一年,轮到女生寝室南北互换时,居然搞到要全班同学集体投票表决。其实事情起初并没有这么复杂,每年一换,除非朝北的寝室自愿放弃,然而这次却把两个女生寝室之间平时积累的矛盾掺杂进来了,南向寝室的女生拒绝互换,北向寝室的女生也绝不退让。

为这件事情,我们召开了一次特别班会。班会上真是公说公有理,婆说婆有理。有人嚷着要投票表决,两位代表北向寝室利益的同学却站起来说,如果投票就退出,不承认这个投票的有效性。说实话,当时我看得糊里糊涂,只觉得如果继续争执只会浪费大家更多的精力,而"少数服从多数"的原则,算是目前中国社会公认的、快速合理的解决问题的方法。

然而投票结果出来后,我明白了为什么那两个同学会退出。事情并没有朝着公平、公正的方向发展——南向寝室的同学"胜利"了,依仗大部分同学的支持,却漠视了北向同学的合理利益。北向寝室的同学不甘心,她们找到了班主任林建秋老师。林老师得知此事后,支持了北向寝室同学的合理要求。在第二次班会上,林老师指出北向寝室的同学的要求是完全合理的,这件事情本身不应该与其他的事情牵扯在一起,因此换寝室是无可非议的。

之后,林老师话锋一转,给大家讲起了自己大学时代的故事。林老师强调,同学之间的矛盾都是暂时的,不要让矛盾遮蔽了同学们之间弥足珍贵的感情。我第一次从林老师那里听到了所谓的"三大铁关系"——"一起扛过枪的、一起下过乡的、一起同过窗的"。直到现在,这件事情还是让我回味无穷,一方面是佩服林老师处理矛盾的能力;另一方面是我们明白了许多做人的道理,学会了如何去处理同学们之间的矛盾,懂得了如何珍惜同学们之间深厚的情谊。这一次的换寝室风波真让我们长大了。

历练能力的网络中心

如今的我,正在一家在通信行业内处于全球领先位置的跨国公司做产品经理。路是一步一步走出来的,毫不夸张地说,如果没有当时在学校网络中心的锻炼,就没有我的今天。

对于一个上大学后才第一次接触互联网的学生来说,网络的魅力是无法抗拒的。一次偶然的机会,我结识了网络中心的陈晓鹏老师。那时,陈老师正在筹备校园网的建设,网络中心只有两位老师和几个同学;校园网也刚刚起步,整个学校共享一路128 kbps的ISDN互联网出口。说那时网速慢是有"证据"的,国外管"网吧"叫"因特

百舸争流
——哈尔滨工业大学(威海)十佳大学生成长心语

网咖啡馆"(Internet Cafe),那是告诉我们:每打开一个网页,都可以去喝一杯咖啡,喝完回来正好可以浏览。

陈老师一直带着我们参与校园网络建设,从简单的做网线头、网络服务的调试开通,到网络故障排查、参与各种软件项目,处处都有我们的身影。我们不仅平常大部分课余时间都泡在网络中心的实验室里,寒暑假里也都是尽量晚些回家,早些回学校。

后来,随着学校基础设施建设的加快,光纤到楼、百兆出口、学生公寓联网等已逐步实现了。能作为学校网络中心的一员参与其中,是一件让我觉得很有成就感的事情。

不知疲倦的毕业设计

大四了,作为一名可以免试攻读硕士的推免生,我与另外两名同学一起被保送到哈尔滨工业大学。大四的课程结束后,我们就通过了选拔,加入校本部"国家计算机网络与信息安全重点实验室"在北京的项目组。对于爱好网络技术的我来说,这简直就是如鱼得水。能有这个机会,一方面要感谢母校老师的极力推荐,另一方面也要感谢同样被保送到该实验室的前两届学长,他们的杰出表现为母校争了光,更为母校学生树立了好的榜样。这么说是有事实根据的,97级保研的只有王百玲同学加入了该实验室,98级有两个,到了我们99级就增加到了三个。再后来,这个实验室几乎成了威海校区计算机专业推免生的"基地"。

然而,成功并不是想当然的,又有谁知道这里面凝聚着多少个奋进的不眠之夜、多少工大学子的辛勤与汗水呢?那段日子,宿舍离实验室较远,每天路上来回要花两个小时。我们早上8点准时到实验室报到,晚上9点以后才走,也不知周末为何物,有时会通宵达旦地赶进度。就这样,我们不知疲倦地在两点一线间奔波了半年多,直到毕业。累是累了点,不过活得很充实,毕竟这样的机会是不可多得的,我们不能辜负了母校的殷切期望。

最后我们的努力和成绩证实了威海校区学生的真正实力,再一次受到了实验室老师的大力赞赏。

令我自豪的哈工大(威海)

一直以来以哈工大人自居的我们,不去一趟哈尔滨似乎对不起这个称号。本科毕业后,我收拾行囊,告别母校,告别让我终身难忘的威海的"人""海"和"风",来到了有"东方小巴黎"之称的哈尔滨。

哈尔滨的冬天果然很冷,冷得刺骨。我虽然是北方人,但也从未感受过如此的寒冷。但是,松花江"冰窟窿"里的冬泳者和饭店巨大菜盆里热气腾腾的杀猪菜让我看到了这个城市热情和豪爽的一面。

研究生阶段的必修课不多,选修课非常丰富。虽然有班级,但是大部分时间同学们都是以"实验室"为单位进行活动,"班"的概念被弱化了。而同一个实验室里,也分为很多的课题小组,我有幸接受邀请加入了"病毒组"。这个课题组是专门研究反病毒技术和网络蠕虫的,对于一些类似于我这种骨子里充满了"正义感"的热血青年有很大吸引力,而实验室的位置就在网络中心的后院。

冥冥中,似乎注定了我与网络有缘。平心而论,在研究生阶段,我能体会到本部是有着威海校区所不及的优质教育资源的,而且哈工大作为全国前九所重点大学之一,也是实至名归的。

就我们个人发展而言,是内因加外因共同作用的结果。我觉得威海校区的同学能吃苦,能坚持,有创业精神和拼搏精神,而这正是一个人能否成功的关键内因。造就这样的人格的关键,恰恰是一种危机意识,一种坚持的精神。母校创业时期的环境,决定了我们无法像校本部的同学那样大树底下好乘凉,而这也促使我们加倍努力来弥补差距。

时至今日,我越发觉得这种"危机意识"和"坚持"的重要,安逸时提醒自己不要轻易满足,止步不前;艰难时提醒自己不必畏惧,不要放弃。而每当别人问起我毕业于哪所大学时,我依然会坚定地说:"哈工大(威海)。"

注重细节的求职经历

研究生,顾名思义,是要作研究。但是我个人对研究并没有浓厚的兴趣,便决定硕士毕业之后直接就业。为了能够学习一下国际知名公司的先进技术和管理经验,我决定将自己的目标定位为外企。

经过一个师兄介绍,我给西门子投去了简历,之后收到了西门子 HR 的来信,约我进行电话面试。当时我很激动,也有点紧张。面试官是个德国人,要用英文对话,而这也是我第一次与外国人对话。为了准备这次面试,我专门挑了一个安静的地方,提前半小时就守在电话旁,心里不停地默念之前准备的英文自我介绍。德国人很准时,电话铃如约响起,我接起来后说了声:"Hello?"对方回敬:"喂?"当时我一愣,原来他会中文啊,我心里悬着的一块石头落地了。紧接着我说:"您好,我是贾志平,很高兴和您通电话。"对方马上回应:"Sorry, I don't speak Chinese."我差点晕倒,您不懂中文,干吗要"喂"那一声啊？白让我高兴一场。

无奈，只好再次硬着头皮用自己的"Chinglish"跟他对话。我惊奇地发现，他居然能听懂我在说什么，心中暗自庆幸自己碰上了一个懂"Chinglish"的德国人。电话面试很顺利，他对我很感兴趣，希望能安排一个面对面的交谈。面试的那天，我早早地来到了面试地点，然而大院里楼群实在是太多，我找了半个钟头才找到，看来早点来真的是有备无患。见到德国人后，我又是一顿大侃特侃，描述自己以前做过很多的项目，系统的架构应该如何设计等等，恨不得说连"神舟五号"都是我设计的。可是德国人只是默默地听着，时不时会提一些具体的问题，对于我提到的大项目充耳不闻，只是关注一些具体设计方案的细节。当然，我都一一作了解答。

之后他认真地对我说，他对我参与的那些项目并不感兴趣，最关注的是我在这些项目中都做了什么具体的、创新的工作。他感觉我的专业基础不错，也很有实际经验，最终决定录用我。

临危受命迈入新的征程

入职后，我被分配到一个开发新产品的项目组。整个项目包含多个子项目，由德国研发中心统一管理，我们负责的就是其中一个子项目。

在这个项目进程过半时，我们遇到了一次信任危机。起因是该项目初次进行系统集成时，由于接口和质量问题导致集成失败；也由于这位德国项目经理是第一次与北京研发中心合作，不了解这边的具体实力；再加上初次系统集成失败的不良印象，他对北京的能力产生了严重怀疑。这对我们是一个警醒，部门的领导也意识到了问题的严重性——这不再是简单的项目问题，而是关系到整个北京研发中心的声誉。

为了挽回局面，我们立刻加班加点，进行返工。德国人为了监控项目的进度，一天一个例会；经理为了让我们持续奋战，拿来了一堆雀巢咖啡……最夸张的一次，我们连续三天三夜没合眼，甚至有位同事的生日都是在加班中度过的。就这样忙到年底，第二次系统集成的时候到了。我临危受命，带着众多期望，怀着忐忑的心情，独自一人登上了前往慕尼黑的航班。

这是我第一次坐飞机，第一次置身于异国他乡，第一个工作项目……从未坐过飞机的我，就是一个"土鳖"。刚到首都机场，我就开始晕头转向，只好打电话向经理求助，经理耐心地告诉我：先去检票，然后安检，出海关，登机……整个旅途我的精神高度紧张。无数个第一次伴随着无数次的尴尬，我就这样抵达慕尼黑，来到了西门子德国总部，见到了这位很久以来"只闻其声、不见其人"的项目经理。他身材高大，面色严峻，一看就是一位难对付的主儿。

之后的一周内，我们每天都泡在实验室，不停地调试、测验。每天的日程很满，恨不得按分钟来作计划。但是，德国人从来不加班。有一天，因为一些小意外，我建议加班一个小时来解决问题，但被德国人拒绝了。他说德国的法律不允许他加班。为了完成当天的任务，我还是自愿留在实验室，直到任务做完。有好几次下班时，连回旅馆的公交、地铁都停运了。回到旅馆，我又因为时差的问题，凌晨四点多就醒了，每天几乎只睡三到四个小时。

功夫不负有心人，拼命的努力换来了成功的喜悦，这次系统集成测试任务圆满完成。这位项目经理对我们这段时间的工作给予了高度认可，而且他承认，现在的软件质量已经远远超出了他的预期。带着喜讯，扛着一桶从机场商店买的德国啤酒，我在大年三十的下午赶回北京，乘上了开往家乡的末班大巴。

年后上班，领导就此事专门为我们开了庆功会。后来，跟领导闲聊的时候，我问他：当时团队里那么多人，为什么选择一个刚入职半年的新人担当这么重要的任务？领导的解释是我的英语好，对整个软件系统的把握最全面，虽然刚入职，但是很有发展潜力。我很感激这位领导，是他对我的无条件信任，激发了我的干劲，使我完成了对我来说看似不可能的任务。

再后来，诺基亚网络和西门子通信合并，成立了诺基亚西门子通信公司，我也就转入了现在的诺西公司。从一名普通的软件工程师成长为系统架构师，到部门经理，再到产品线经理，这其中有成功的喜悦，也有失败的苦恼。然而一路走来，所到之处并非终点，而是新的征程。如果有一天，我们累了，想要歇歇的时候，回想起当年的意气风发、艰苦奋斗，我们的内心也能没有遗憾，没有惆怅。

寄语学弟学妹

《那些年，我们一起追过的女孩》："成功的人往往不是天分最好的，而是最能坚持的。"

百舸争流
——哈尔滨工业大学(威海)十佳大学生成长心语

贾志平简介

1981年9月出生于山西省阳泉市，中共党员。

1999~2003年就读于哈尔滨工业大学(威海)计算机科学与技术专业。

2003~2005年于哈尔滨工业大学攻读硕士研究生。

在校期间曾获"2003届优秀毕业生"等荣誉称号。

2005年加入诺基亚西门子通信公司，曾担任部门经理、系统架构师等职务，负责多个团队和项目的管理工作。目前担任产品经理，负责所在产品线大中国区的市场推广及软件维护团队的管理等工作。最近两年绩效考核连续被评为最高级，同时参加公司的"全球领导人才培养计划"。拥有三项技术发明专利。

怀揣梦想　扬帆远航

韩志萍

第一届十佳大学生韩志萍

有时候我们会抱怨自己的运气没有别人好，抱怨自己的努力没有换来理想的结果。这些表象后面有一个很重要的问题：你是否尽到了最大的努力，是否作出了足够的尝试？不轻言放弃，这几乎是我们每个人都知道的道理。但是很多时候，当离成功仅有一步之遥时，首先无法坚持而主动放弃的却往往是我们自己。

百舸争流
——哈尔滨工业大学(威海)十佳大学生成长心语

本科毕业已近十年,十年时光可以让很多记忆中的美好渐渐变淡,但威海的四年却始终在我脑海里挥之不去。它在我的时光魔轮上刻满了奋斗和收获的印记,让我日益成熟,能冷静地面对色彩变幻的人生。

博学善思　奠基之石

1999年,作为大一新生,我曾迷惘不已。高考成绩的不如意,与理想学校的失之交臂让我一度产生了复读的想法,那时的我在思想上历经了痛苦的挣扎。当别的同学在努力学习时,我却徘徊在去留之间难以抉择。就这样,在犹豫和迷茫中,一个学期很快过去了,第一次期末考试,我勉强拿到三等人民奖学金。

大学第一个寒假没有了以往的惬意。痛定思痛后,我终于下定决心:既来之,则安之。伴随着对学校的接纳和融入,我久锁的心灵被威海校区的魅力和实力打开了,命运之神为我开启了走向未来的闸门。心态改变之后,我重新对自己进行了审视和规划,学习的目标、需锻炼提升的能力也变得非常清晰。

大一期间,我主要是参与各种社团活动,向前辈们学习。从大二开始,我从参与者逐步变成了策划组织者。大二、大三两年时间里,我先后担任过机械系学习部部长、校团委组织部部长、校团委办公室主任及材料系团总支副书记等职务,并组织了全校团日活动、2001年考研经验座谈、第六届"霸王杯"辩论赛、组织97级和98级优秀学生出版《工大学子成功谈》一书等。这些经历在为别人带来收获的同时,也赐予了我一笔无法用言语来形容的财富——成功感、自信心和幸福。

与此同时,我的学习也没有因为这些社团活动而受到任何影响,最重要的方法就是时间管理。我按照优先次序把要处理的事情分为四类:重要紧急、重要不紧急、紧急不重要、不紧急不重要,然后合理分配时间、精力。这样坚持下来的结果是:除了大一第一学期之外,我在每学期均获一等或二等人民奖学金,连续两年获"长清王"特殊人民奖学金,并于2003年获特等人民奖学金。威海校区让我真切地感受到了"一分耕耘、一分收获"的真谛,也让我感受到一个人的能量可以有多大。

在2003届毕业典礼暨学位授予仪式上,我作为毕业生代表发言。至此,我的本科生活圆满地画上了句号。如果命运能让我再次选择我的大学,我依旧会选择威海校区,选择那些教育我、指导我、陪伴我一起成长的辅导员和老师;选择那些与我一起奋斗、一起成功、一起失败过的可爱的同学们。

保送哈工大本部攻读研究生时，我对自己的定位是学习、研究。研一生活最难忘的场景就是早晨5点半起床洗漱，跑到教室占前排的座位，然后在哈尔滨冰冷的寒风中跑步、朗读《新概念英语》。研二时因为有了独立的实验室，我几乎每天早晨都是早早地到实验室，经常是在我晨读了许久后，其他同学才陆陆续续来到实验室。

研究生时，我还选修了日语、德语两门课。因为睡眠质量一直不好，我有一个在睡前听收音机的习惯。选修了日语后，每天晚上听日语广播成了一个雷打不动的习惯。研二时曾有一次国际学术交流会议，几个日本人要到我们实验室参观。得知这个消息后，作为陪同学生的我主动用日语和他们交谈，那几个日本人和我的师兄都非常惊讶地说："原来你会说日语？"其实，除了会一点日语外，我还具备不怕被别人笑话的"胆量"。而且我相信很多时候，胆量比智慧本身更重要。

专业课结束后的实验室生活是紧张而又枯燥的，我的课题研究方向是分子动力学模拟纳米尺度材料拉伸变形行为，这是一项国家自然科学基金和国家高技术研究发展规划的资助项目。由于微/纳机电系统（MEMS/NEMS）器件所用材料结构尺度已步入微米级别，这些材料的力学行为和性能将很可能有别于其传统宏观尺度，然而微米尺度进行试验测试比较困难甚至不可能实现。为此，采用分子动力学方法根据原子间的相互作用计算整个系统的形变机理和性能是研究微纳米材料力学性能的有力工具，这在当时乃至今日仍是国内外研究热点领域之一。分子动力学模拟精度的关键在于势函数和边界条件的选择，势函数决定了原子之间的相互作用，而边界条件决定了所模拟的系统与实际系统的接近程度。我们的研究核心是在计算过程中着重考虑温度和应变速率的效应，采用自己编写的子程序，不断克服理论计算迭代算法难题，夜以继日地调试程序，最后终于取得计算上的成功。同时，为了将模拟结果和试验结果进行对比分析，我们还利用计算机运行过程中的"空闲时间"做了大量的试验研究工作。为了获得比较理想的单晶Cu的抛光样品，以便在纳米压痕测试中获得有效数据，我经常是"五加二"、"白加黑"地持续作战。

付出总有回报。在仅有一年多的硕士课题研究期间内，我将研究成果撰写成研究论文"纳米尺寸拉伸变形行为的分子动力学模拟"，并在《哈尔滨工业大学学报》上发表。这又为我研究生阶段的科研经历画上了一个圆满的句号。

正因为有了出色的专业课学习成绩和研究课题的创新成果，在研究生毕业论文答辩时，我的表现非常出色。面对所有评委的提问时，我都自信地给予了简洁明了的回答。答辩结束后的送别晚宴上，我的导师郭斌老师开玩笑地说："这次的毕业论文答辩，我们课题组有位学生，把几位评委都说晕了。小韩，是你吧？"跟自己的预想一样，我的毕业论文被评为优秀论文，我也获得哈尔滨工业大学优秀硕士毕业生"金牌奖"和"黑龙江省优秀毕业生"称号。

兴趣爱好　助推之力

小的时候，我的理想是成为节目主持人或记者。当我还在小学的时候，就已经开始主持各种校级的大型晚会，参加各种市级的演讲、朗诵比赛，并获得很多奖项。到了大学，我积极参加各种辩论赛、演讲比赛和竞选评优等活动，曾在"山东省第七届大学生绿叶杯辩论赛"中获得"山东省优秀辩手"称号。在中兴通讯这样一家只面向全国重点高校招聘的公司中，我参加了很多大型的演讲、朗诵、辩论活动，基本上都是一等奖获得者。2011年公司春节晚会的策划组织、现场主持，更使我获得了同事们"堪比中央电视台节目主持人"的评价。

这段由兴趣引发的、使我从小一直坚持到现在的历练，让我具备了自信乐观、快速反应和在压力下应对自如的基本素质。这种素质直接影响的是我的精神面貌和处事能力。

韩志萍在公司晚会上担任主持人

当走出校园步入社会这个大舞台时，我们几乎都要经历面试这个环节；当在工作岗位上想要晋升时，我们几乎都要通过竞聘这个环节。能否用语言尽量完美地展现出你的业绩和能力，是衡量一个人能否胜任该职位的重要标准。在网上可以搜到很多关于面试的经验，我想分享的是2004年底，我在求职时的一段略显坎坷的经历。

由于哈尔滨地理位置比较偏僻，很多优秀的企业没有在哈尔滨设招聘点。而我由于一些原因必须要到深圳工作，这就使得我的选择余地更为狭小。在众多大大小小的公司中，我给自己设定的目标是中兴通讯。

在中兴的招聘网页上注册了简历后，我满心期待着回复却迟迟没有收到任何面试通知。第二天中兴通讯在哈工大的面试马上就要开始了，而我所在的材料学院却没有一个人收到结构设计、结构工艺方面的面试通知。这时我突然意识到：是不是简历注册出了问题？由于只能用身份证号码注册一次，所以当天晚上我擅自更改了自己身份证号码的最后一位并用自己的姓名重新进行注册，将专业改为了机械设计，就在晚上

10点多,我的第二次注册让我收到了面试通知,并由此成为了材料学院唯一参加此次面试的学生。

由于专业基础扎实,第一轮专业面试过程非常顺利。在面试环节结束后,我向面试官分析说明了材料学院材料加工专业的竞争力不低于机械设计这个专业。就这样,材料学院的其他一些同学在我的帮助下也有了第一轮面试的资格。

在第二轮综合面试环节,我全程用英语出色地完成了所有问题。被中兴通讯录取之后,当时负责哈尔滨地区招聘的HR在签约现场看到我时说:"你是韩志萍吧,我对你印象非常深,你是你们学校面试成绩最高的一个。"

有时候我们会抱怨自己的运气没有别人好,抱怨自己的努力没有换来理想的结果。这些表象后面有一个很重要的问题:你是否尽到了最大的努力?是否作出了足够的尝试?1和0、成和败之间的界限有的时候并不是我们想象的那样不可跨越。不轻言放弃,这几乎是我们每个人都知道的道理。但是很多时候,当离成功仅有一步之遥时,首先无法坚持而主动放弃的却往往是我们自己。

职业规划　导航之仪

"一个选择,决定一条道路;一条道路,到达一方土地;一方土地,开始一种生活;一种生活,形成一个命运。"通过这段话,我想给大家引入的是职业规划这样一个人生课题。在这个课题上,我不知道现在的师弟师妹是不是已经早早地有所认识并付诸行动。不同的人在职业规划面前会有不同的表现,我想先给大家讲一个"四条毛毛虫"的故事。

毛毛虫喜欢吃苹果,有四条已经长大了的毛毛虫,各自去森林里找苹果吃。

(1) 第一条毛毛虫

第一条毛毛虫跋山涉水,终于来到一棵苹果树下。它根本就不知道这是一棵苹果树,也不知树上长满了红红的可口的苹果,当它看到其他的毛毛虫往上爬时,稀里糊涂地就跟着往上爬。没有目的,不知终点,更不知自己到底想要哪一种苹果,也没想过怎么样去摘取苹果。它的最后结局呢?也许找到了一个大苹果,幸福地生活着;也可能在树叶中迷了路,过着悲惨的生活。不过可以确定的是,大部分的虫都是这样活着的,没想过什么是生命的意义,为什么而活着。

(2) 第二条毛毛虫

第二条毛毛虫也爬到了苹果树下。它知道这是一棵苹果树,也确定它的"虫生"目标就是找到一个大苹果,问题是它并不知道大苹果会长在什么地方。但它猜想:大苹果应该长在大枝叶上吧！于是它就慢慢地往上爬，遇到分支的时候，就选择较粗的树枝继续爬。于是它就按这个标准一直往上爬，最后终于找到了一个大苹果。这条毛毛虫刚想高兴地扑上去大吃一顿，但是放眼一看，它发现这个大苹果是全树上最小的一个，上面还有许多更大的苹果。更令它泄气的是，树上最大的苹果长在它当时不屑于一爬的一个细小树枝上。

（3）第三条毛毛虫

第三条毛毛虫也到了一棵苹果树下。这条毛毛虫知道自己想要的就是大苹果，并且研制了一副望远镜。还没有开始爬时就先利用望远镜搜寻了一番，找到了一个很大的苹果。同时，它发现当从下往上找路时，会遇到很多分支，有各种不同的爬法；但若从上往下找路时，却只有一种爬法。它很细心地从苹果的位置由上往下反推至目前所处的位置，记下这条确定的路径。于是，它开始往上爬了，当遇到分支时，它一点也不慌张，因为它知道该往那条路走，而不必跟着一大堆虫去挤破头。比如说，如果它的目标是一个名叫"教授"的苹果，那应该爬"深造"这条路；如果目标是"老板"，那应该爬"创业"这分支。最后，这条毛毛虫应该会有一个很好的结局，因为它已经有了自己的计划。但是真实的情况往往是，因为毛毛虫的爬行相当缓慢，当它抵达时，苹果不是被别的虫捷足先登，就是已熟透而烂掉了。

（4）第四条毛毛虫

第四条毛毛虫可不是一只普通的虫，做事有自己的规划。它知道自己要什么苹果，也知道苹果将怎么长大。因此当它带着望远镜观察苹果时，它的目标并不是一个大苹果，而是一朵含苞待放的苹果花。它计算着自己的行程，估计当它到达的时候，这朵花正好长成一个成熟的大苹果，它就能得到自己满意的苹果。结果它如愿以偿，得到了一个又大又甜的苹果，从此过着幸福快乐的日子。

在这个故事中，四条毛毛虫勾勒出了各种类型的职场众生，或主动或被动地作出了各种不同的选择而导致了不同的命运。

2010年我开始担任公司的"职业生涯规划"讲师。在课堂调研时，我发现不论是工作七年左右的社招人员，还是刚刚毕业的重点大学尖子生，在职业生涯规划面前都非常茫然。课堂上我用四条毛毛虫的案例形象地展开，并让大家把自己跟案例中的四条毛毛虫进行对比，看自己是哪条虫子。参加过授课的上千名新员工中，社招人员由于年龄和经历的原因，在职业规划上以第二条毛毛虫居多，而应届毕业生则几乎清一色地认为自己是第一条毛毛虫。

现代社会的竞争压力要求我们在高考之前就应当制定职业生涯规划，结合社会发展需要和自己的兴趣选定专业。在大学期间,还要不断地重新认识自我,调整自己的职业生涯规划,并积极作好知识、技能、思想和心理等诸方面的准备,努力实施生涯规划。可是,大多数的同学在大学期间缺乏这方面的认识,更谈不上有针对性地付诸行动了。

职业生涯规划中非常重要的一步是选择。许多重点大学的毕业生,步入社会后面临的选择往往很多。对于选择和努力的关系,我个人的观点是:选择比努力重要。这两者的关系就好比"抬头看路"和"低头赶路"。引用一位资深职业经理人的话:正确的选择是如此重要,然而你会发现,现实生活当中很多人在面临选择的时候非常草率。一个人花在影响自己未来命运的工作选择上的精力,竟比花在购买衣服上的心思要少得多,这是一件多么奇怪的事情,尤其是当他的未来幸福和富足全部依赖于这份工作时。

当发现目前的工作或选择不适合其一生的规划方向时,有的人选择在埋怨和不满中日复一日、年复一年,却不采取任何举措去作出改善;有的人盲目地跳来跳去,却权衡不出每次跳槽前后的利弊;而有些人却能始终不忘自己的人生规划,能审时度势并适时调整人生方向。

虽然我不觉得自己在职业规划面前有多明智,但是我一直在用心地去了解自己并进行思索、选择,进而付诸行动。

2005年刚加入中兴通讯时,我从事的是结构设计方面的工作。在这个岗位上,应用本科、研究生时所学的专业知识即可完成任务。虽然我在大学时成绩优秀,但作为刚刚入职的新手,在把理论知识转化为实际生产力时,还是需要不断摸索实践的。为了能尽快上手,我经常利用晚上和周末的时间在公司熟悉设计软件,熟读各项管理规范或者完成项目任务。有时在睡梦中还在对白天遇到的问题进行分析、优化。很多刚参加工作的同学都会觉得压力很大,我也不例外——就在这工作的半年间,我瘦了近10斤。

我一共做了两年结构设计工程师,这两年我把大学所学的专业同公司的通讯产品比较紧密地联系在一起。但是这两年间,我从未停止思考的一个问题是:"我愿意一辈子都做一个研发工程师吗? 如果是,那为什么我始终没有成就感? 如果不是,我还希望从这个岗位上获得什么历练? 如果这个岗位给我的历练已经足够,我是不是该换个方向?"

在2007年,我通过内部调动实现了从结构设计工程师到供应商认证管理工程师的转变,工作性质从研发转到了研发支持。2009年,我被任命为硬件研究所所长助

百舸争流
——哈尔滨工业大学(威海)十佳大学生成长心语

理,也就是副总裁助理,工作岗位为研究所成本总监、企业文化主管。我非常感谢我的所长冯力,他是一个非常正直、严谨、敬业的人,对下属能做到充分放权并给予尊重。他的信任和指导让我得到迅速的成长,并慢慢学会用管理的眼光来看待问题,用管理的方法来处理问题,使我在基础管理方面得到了很多锻炼和提升。在2011年下半年,硬件研究所组织架构调整为制造工程研究院,业务范围和人员规模进一步扩大,我被任命为成本总监。从个人发展的角度来讲,这个岗位在很多同事的眼里已经算是不错了,可是我却认为我的竞争力并不在此。通过再三的思量,我决定将职业方向改为人力资源管理。

就这样,我于2011年离开了熟悉的工作环境和工作伙伴。再次感谢冯力院长,在以前的工作中,他是我人生的导师,给了我无数的帮助、指导;在我对职业转型的选择中,他又给予充分的尊重及有力的支持,让我可以再次向着梦想起航。一生中能遇到这么好的领导,我除了感激外,就是满怀激情地继续奋斗。

人力资源管理是一门非常深的专业,全新的知识领域、全新的工作圈子,对于我来说,一切都要从零开始。学习知识的方式有很多种,我们可以向书本学习,可以向经验学习,可以像丰田那样向自己的错误学习,也可以向领导学习,还可以向类似岗位的其他同事学习等。由于向书本学习的过程较慢,所以像我这种刚刚步入新领域的人员,上面说到的这五方面都要抓,而且都要硬。

中国人讲究的是"熟人好办事",熟人走过的弯路、摸索出的最佳实践途径会使你的求知之路迅速、有效地缩短。这同牛顿所讲的"站在巨人的肩上"道理类似。所以,每天看书、迅速建立工作圈子并向他人虚心请教、在自己的工作岗位上大胆创新等尝试,使我很快熟悉了工作。当然,这个过程中令我沮丧、有挫败感的事情也有很多,有时我甚至会怀疑这种改变是否正确、到底值不值得。但幸运的是,经过了半年的磨炼,我已经能做到自信满满、精神十足地投入每天的工作中,并因为出色的表现得到了新领导的充分肯定。在我的职业规划里,人力资源管理将是最后一站,我会为了这个目标而坚持不懈地努力。

很多人说,工作七八年后,人的激情就会慢慢被消磨掉。这句话看似有一定的道理,也确实有很多人在岗位上选择混沌度日,但我却因为有了职业规划和明确的职业目标,依然保持着刚入职时的那份奋斗激情。

对于成功,我相信每个人都会有不同的定义。对于我,成功的定义很简单:能承受压力,不计结果,始终付出。不管你们对成功的理解是怎样的,我都希望你们能尽自己的努力去演绎一段你认为精彩的人生!

韩志萍简介

1980年出生于山东省青岛市,中共党员。

1999~2003年就读于哈尔滨工业大学(威海)材料学院材料成型及控制工程专业。

2003~2005年于哈尔滨工业大学攻读硕士研究生。

在校期间曾获哈工大优秀硕士毕业生"金牌奖",黑龙江省优秀毕业生,哈尔滨工业大学三好学生、优秀团干部和优秀学生干部等荣誉称号,并获得国家特等人民奖学金一次、特殊人民奖学金四次、人民奖学金多次。本科期间曾担任校团委副书记、校团委组织部部长、材料学院团总支副书记、机械学院学习部部长;硕士期间曾担任材料学院学生党支部书记。

2005年加入中兴通讯股份有限公司,从研发工程师、供应商认证管理工程师、副总裁助理成功转型为人力资源管理经理。

独立思考　成功基石

王　健

第二届十佳大学生

我所理解的成功，应该是积累和机遇的集合。积累是自己可以决定的，要倍加重视，在平时多积累自己各方面的才能，持之以恒，天道酬勤，一定会有收获。机遇有时却不能够完全由自己决定。因此，要顺其自然，不要强求。做自己能改变的事，接受自己不能改变的事。

转眼间，已经离开母校八年了，"十佳大学生"评选也进入了第十个年头。母校在不断地发展，作为一名毕业生，我也在时刻努力着，希望用自己的实际行动来实践当初对母校许下的诺言："今天我以母校为荣，明天母校以我为荣。"记得当初毕业时走出校门那一刻，我回头望着巍峨的主楼，心中充满了无尽的留恋。带着这种留恋和对未来的憧憬，我踏上了新的旅程。

2004年7月从母校毕业后，我考入清华大学自动化系，攻读硕士研究生，研究方向为智能控制系统。2007年1月硕士毕业后，我来到国家知识产权局专利审查协作中心，从事发明专利的实质审查工作，先后任审查员、室主任助理。

我工作至今已有五年多了。在这期间，有过成功时的激情万丈，也有过失败时的彷徨。但是，每当我想起自己在哈工大（威海）的四年，浮躁的心总能立刻平静下来。这不是恭维，而是事实，是本科四年的经历让我平静。

面对挑战　充满信心

当我在清华第一次参加研究组会时，导师就要求我理解一篇英文的科技文献。说实话我当时很紧张，心里没底，因为我还从来没有完整地读过一篇英文文献。起初我很担心自己不能完成导师布置的任务，但静下心来开始理解之后才发现，英文文献其实没那么难。可见，在第一次面对未知事物时，没有必要打退堂鼓，要充满自信，相信自己能够完成。

当今的社会竞争越来越激烈，面对挑战和困难是常有的事情。刚开始，我也有些天真，觉得要是没有那么多竞争该多好。不过时间久了，我渐渐发现，大部分你想要的机会都不会那么容易得到。世间的万事万物都是公平的，你不费力就能得到的机会，往往对你也缺乏吸引力。

人的竞争力从根本上讲是取决于平时的积累，但备战时的精神面貌也是不容忽视的因素。因为有时竞争很残酷，前几名的实力相差不大，此时，临场的表现就显得越发重要了。例如，现在的职业篮球比赛往往在最后的几秒钟才能分出胜负，那些最终赢下比赛的队伍，绝大多数都是心理素质过硬、充满必胜信心的一方。

对于在校的学生，在学习之余，可以多参加学生会、社团之类的组织，多走上学生活动的舞台，对自己的组织能力、表达能力加以锻炼。书面表达与上台演讲不同，上台演讲与即兴表达不同，十人场合的即兴表达与上百人场合的即兴表达又不同。这些不

百舸争流
哈尔滨工业大学(威海)十佳大学生成长心语

同需要我们在实践中体会,通过实践的锻炼,使自己在面对挑战时拥有良好心态。

培养能力　燃烧热情

在单位里,论资排辈是不可避免的。作为年轻人,我和"前辈们"在一起工作,有时很有压力,总觉得自己经验不如人家。但是,一次经历改变了我的想法:全科室进行业务研讨,每人通过PPT的形式介绍自己对一件专利案例的看法,我发现最终效果和工作年限并不是完全成正比的。有些年轻人的发言很全面,说理充分,得出的结论也很让人信服。与此相反,那些"前辈们"的总结却让人感到非常失望。这是为什么?我当时在心中打了一个大大的问号。后来,我才发现:工作热情在其中起了至关重要的作用。

随着工作经验的增加,一个人的能力仅仅能够保证工作的完成,但一个人的热情可以使工作完成得更加细致,更加完美。例如,两人同时给领导写一篇工作汇报,他们的工作能力、汇报内容都差不多。若其中一人在此基础之上,又进一步改善文章的逻辑结构,并对行距、字体等进行合适的调整,那么这两个人在领导心目中的印象可能会产生很大的差别。因此,做一项工作,形式和内容都很重要。重形式轻内容,或者重内容轻形式,都不可能将工作做到最好,在激烈的竞争之中都可能使自己处于不利的位置。

学习知识　培养习惯

我是做发明专利审查工作的,在审批专利时,首先需要进行技术的检索,之后评价这项专利的新颖性和创造性。如果有授权前景,我们还要指出这件专利申请的一些形式问题,最后是填表格,发出审查意见通知书。专利局会对发出的审查意见通知书进行质量抽检,以此作为对审查员考核的一项指标。通过对质量抽检结果的统计发现,一些审查员几年也不会出现一个质量问题,有些审查员却在一年中出现好几个质量问题,这就引出了学习习惯的问题。

我在研究生毕业时,一个最直接的想法是:我的学习时光终于结束了,自己之后可以到社会上大干一场。工作后才发现,在现代社会里,学习早已成为伴随人一生的过程。因为,我们现在处于一个学习型社会,若无法不断地补充自己的知识,就会被这个社会无情地淘汰。例如《专利法》,从1984年到现在已经修改了三次,其中最近的一次修改是在2009年。每一次修改后,我们审查员都要对新的《专利法》进行认真细致的学习,考试、知识竞赛更是必不可少的。因为学习是个长期的过程,还不如从现在起

就养成一个良好的学习习惯,去接受它、喜欢它,相信它会给你带来意想不到的回报。

工作之后的学习与学生时代的学习相比,最大的不同就在于,前者利用的主要是业余时间。例如,周末本应该是放松的时间,但为了提高自己某方面的能力,还要不断地去学习。能坚持利用业余时间进行学习是一件很难的事情,因此工作后应该调整自己的学习方式,注意劳逸结合。

例如,我发现周末两天时间里,周日下午用来学习,周一上班时的状态会更好。长此以往,不断坚持,最后形成了自己独特的学习习惯。举这个例子是希望大家都能不断地培养对学习的兴趣,根据不同的学习环境,不断地调整自己的学习方式,让它成为你的一个朋友。

掌握宏观　注重细节

我上学时,《细节决定成败》这本书非常流行。许多成功人士都讲述了"细节"在自己成功道路上的决定性作用,号召年轻人在工作和学习中要多注意细节。只有注重细节,才能走上成功的正途,这种说法对吗?当时我并没有问自己这样的问题,而是盲目崇拜这些"专家"的经验,认为只要抓住细节,成功就离自己不远了。日后的工作经历证明,我将成功想得过于简单了。

首先,"细节"是"成功"的必要条件,但不是充分条件。也就是说,成功离不开细节,但仅仅有细节是不能够保证成功的,而且是远远不能保证。决定成败的因素很多,而且每个人对自己成功的定义也是不同的。我所理解的成功,应该是积累和机遇的集合。积累是自己可以决定的,要倍加重视,在平时多积累自己各方面的才能,持之以恒,天道酬勤,一定会有收获。机遇有时却不能够完全由自己决定。因此,要顺其自然,不要强求,做自己能改变的事,接受自己不能改变的事。

其次,千万不要忽略"宏观"。有时,人在"细节"方面想多了,最容易犯的一个错误就是缺少宏观的判断。这是很致命的,因为"宏观"解决的是"方向"的问题,而"细节"解决的是"点"的问题。一旦方向错了,细节做得再好也没用。一个人是否成熟的标志就在于自己能否正确选择适合自己的发展方向,而在竞争日益激烈的今天,这种选择的机会其实并不多。所以,当机会来临时,具备能准确地作出抉择的能力是非常必要的。

任何经验都不是绝对正确的。不进行独立的思考就对经验采取盲从的态度,这对自己今后的发展很不利。当今的社会,需要我们拥有自己的思考、自己的判断。

生活多彩　知足常乐

　　北京很大,到现在我还没有完全走遍。生活在大城市中,人会不知不觉地变得很浮躁:一天忙忙碌碌,却不知道自己在忙什么;总觉得自己的压力很大,但却不知道压力来自哪里。这是很多工作后的人常有的心理状态。社会的竞争很是激烈,有时甚至是残酷的。人生活在社会中,必须具备很强的适应能力,其中很重要的一点就是要学会不断地调整自己的心态,做到知足常乐。

　　不知足的心态是很可怕的。读大学时,可能因为自己所在的学校不是中国最好的而不满足;读了中国最好的大学,又可能因为这所学校不是世界最好的而不满足;读了世界上最好的大学,还可能因为自己所学专业不是最好的而不满足……我想这样的人永远也得不到满足,因为世间的万事万物都是有缺陷的,真正的完美就是灭亡。我不是一个悲观主义者,但在我眼中,这就是事物发展的规律。

　　知足不等于缺乏进取心。进取的心态即有目标,敢于努力,平和而能接受任何结果的心态。不知足的心态是有目标,很努力,但是不能接受失败而急功近利的心态。可见二者是不同的。有进取心的人会成功,同时很幸福,尤其是在取得了属于自己的成功之后;不知足的人可能也会成功,但他可能不会幸福,因为他的成功不够完美。这是我工作后的一点体会,希望大家好好感悟,走出象牙塔后,你可以靠的只有你自己。

结　语

　　以上是我学习和工作中的几点体会,总结起来就是:用自己独立的思考,去选择自己的道路,去丰富自己的人生,去追求属于自己的成功。现在是一个知识大丰富的时代,获取知识的方式较以往更加多样化,但也促成了很多"人云亦云"的思考方式。没有主见在工作的初期显得并不重要,但随着工作时间的增加,自己面临的选择机会也将越来越多。此时,判断能力就显得越发重要:如果判断不好,就可能会影响到今后的人生轨迹。因此,我希望大家有意识地培养自己独立思考的能力。

　　初入学校,有些同学或多或少会受他人影响,纠结于哈工大(威海)中的"威海"二字,掰着手指头数落威海校区的劣势,甚至以此作为自己不努力奋斗的原因。我想,这种思考方式也是应该被摒弃的。很多人没有看到威海校区的艰难创业史,没有在意威海校区打下的一个又一个攻坚战,她年轻,但她一直在拼搏、奋进。而哈工大(威海)的每一次进步,都需要全体师生的共同努力。在我看来,每个进入威海校区的学子身上都多了一份使命,那就是秉承哈工大精神,时刻牢记"规格严格 功夫到家",以自身

的努力,为母校的进步贡献力量,真正做到"今天我以母校为荣,明天母校以我为荣!"

作为一名毕业生,我也会继续努力,用自己的实际行动诠释哈工大"规格严格 功夫到家"的校训,用自己的工作业绩来实现当初对母校许下的庄严承诺!

最后,我想向多年来教育、帮助我的老师表示最由衷的感谢。祝愿他们身体健康,工作顺利,也祝愿母校的明天更美好!

王健简介

1981年出生于辽宁省葫芦岛市,中共党员。

2000~2004年就读于哈尔滨工业大学(威海)信息控制专业。

2004~2007年就读于清华大学自动化专业。

在校期间曾获黑龙江省优秀毕业生、黑龙江省三好学生、清华大学研究生综合优秀奖。

2007年3月起就职于国家知识产权局专利审查协作中心,先后任审查员、电学部电力工程一室党支部组织委员、室主任助理和电学部党总支副书记。2010年作为课题负责人参加业务课题"PCT申请国家阶段程序中若干问题的研究"。2011年入选局级培训教师,负责完善法律思维与实践系列课程;参加代理机构促进项目,并赴重庆为专利代理人授课;作为课题统稿人参加业务课题"基于控制理论的审查进程优化研究"等。工作期间曾获2008年中心审查业务知识竞赛二等奖;2009、2010和2011年度"优秀审查员"荣誉称号;2008、2009和2011年度审查质量被评定为A级;2011年被评为"骨干人才"。

百舸争流
哈尔滨工业大学(威海)十佳大学生成长心语

奋斗·机会·感恩

闫伯儒

第二届十佳大学生

  困难，在我们的人生中总是如影随形，没有谁会一辈子一帆风顺。只要你把困难看成你的朋友，看成你挑战自我、提升自我的工具，就一定能克服它。

第一篇　我从这里走来

转眼间,离开哈工大(威海)已经七年多了。每每想起大学四年的时光,我总是心怀感激与眷恋。无论走到哪里,我的脑海中总是萦绕着大学生活的点点滴滴。那些欢声笑语,那些奋斗,那些期盼,还有那一张张永远灿烂的笑脸,都在我的心中历久弥新。

同学情谊　终生难忘

大学,是我人生中最重要的转折点之一。我至今清楚地记得第一天入学时,欣喜与紧张交织的心情。当我和父亲一起漫步在海边柔软的沙滩上,温暖的海风吹在脸上时,心里充满了对未来的希望。我知道,我的生命将在这里揭开新的篇章。

然而,大学第一年并不如我所希望的那么顺利。多年的应试教育让我对大学突如其来的自由有些无所适从,与其他见多识广的同学的差距,也让自卑慢慢占据了我的心,使本来就内向的我变得更加沉默寡言、独来独往。孤僻的性格使我日渐消沉,第一学期期末不尽如人意的考试成绩更让我的自卑情绪愈发严重。我开始有意识地封闭自己,除了同寝室兄弟,我一般很少和其他同学交流,也基本上不参

闫伯儒(右四)与本科期间的寝室兄弟们

加任何班级活动。记得有一次需要到系里办学生证,我都不愿意去,反而央求寝室兄弟去帮我办。我也曾想,也许,我的大学四年就要这样度过了。而这时,同寝室兄弟们、老师和同学们无私的关怀和帮助,恰如冬日的一缕暖阳照进了我的心里,让我感到了家的温暖。他们陪我一起学习、吃饭,拉着我一起参加活动,开导我、鼓励我,让我重新找回了自信。其中,让我铭记一生的是寝室兄弟林乐彬同学和他父亲对我的帮助。

第一次见林叔叔是在新生入学的第一天,当时他来送林乐彬报到。我由于个性内向,一个人坐在铺位上一言不发。林叔叔发现了我,可能也看出来我是农村来的孩子,而且个性内向,就主动与我攀谈,嘘寒问暖,让我显得没那么孤独。本来以为与林叔叔也就一面之缘,可是让我想不到的是,在五一长假的前几天,林乐彬同学找到我说,林叔叔想让他在"五一"期间去林叔叔工作的城市转转,而且想让我陪他一起去,费用由林叔叔出。当时的我正处在情绪的低谷,听到这个消息,我一方面觉得受宠若惊,另一

百舸争流
——哈尔滨工业大学(威海)十佳大学生成长心语

方面也充满了感激和期待。

但我无比自卑，因为没见过什么世面，交际能力又太差，感觉自己不配拥有这样一个机会，去了反而让林叔叔的同事们笑话，于是我提出拒绝。林乐彬看出了我的心事，反复地开导我，希望我抓住这次可以见识外面世界的机会。在林乐彬的反复劝说下，我怀着忐忑的心情与他一起踏上了南下的列车。林叔叔热情地招待了我们，带我们把周边几个城市玩了一个遍。这次旅行不仅让我眼界大开，更重要的是，让我体会到了那种放下心里的层层戒备、忘却自卑、打开心门、无拘无束放声大笑的快乐。

五一回来之后，我开始慢慢地改变自己，下意识地逼迫自己主动和陌生人说话，主动参加班里和系里的各项活动。就这样，我的状态有了明显好转，并在第二学期拿到了一等人民奖学金。从此，我的大学生活开始步入正轨。是的，如果没有他们，也许我将永远紧锁心门。每每想起这些，我总是心怀感激。虽然我不曾亲口对他们说一声谢谢，但是，此时此刻，我真的想说："感谢上苍，让我在那时遇见了你们，谢谢你们！"

项目研发走向成功

对计算机系的学生来说，接触并参与真正的项目对于提高自己的软件设计能力是至关重要的。那个时候，能拥有一台自己的电脑对我来说还是非常奢侈的事情。而且，能够进入实验室与"牛人"们一起学习，更是每个学生梦寐以求的事情。在大二结束的那年暑假，我和另外几个同学找到"企业智能实验室"的初佃辉老师和张小东老师，希望能够进实验室学习。当时的我们几乎没有什么编程经验，但是两位老师看我们勤奋、肯吃苦，最终答应让我们来试试，这也成了我迈向软件设计道路的第一步。

实验室给我们每个人都配了一台电脑，并安排了师兄们帮助我们熟悉环境。当时实验室条件还比较艰苦，在F楼一间没有窗户的房间里，每到夏天，屋里像蒸笼一样。虽然如此，我们还是很珍惜这样的机会，一有时间就泡在实验室里，如饥似渴地在知识的海洋里汲取着养分。

一开始，我们从简单的软件测试做起，随后开始慢慢承担部分开发工作，最后开始独立承担一些核心项目的设计。那段日子，是我感觉最充实的一段时间之一。我感觉自己每天都在成长，每天都能学到新东西，而且每天都有更多的新东西要学。即使在工作多年之后，我也依然觉得那段日子学到的东西让我受益终生。因为，在那段时间里，我找到了自己真正热爱的东西，而且这份热爱，我一直保留至今。

看着母校实验室队伍逐年壮大，各类项目遍地开花，我心里感到无比自豪和骄傲。我相信，将来会有越来越多像我一样的学子可以从实验室提供的机会中获益。在此，

第一篇 我从这里走来

我衷心地感谢母校和实验室老师为我们提供这样的机会,谢谢你们!

哈工大(威海)计算机系一直与校本部各实验室之间保持着密切的联系,而保送校本部的学生则有机会提前进入校本部实验室实习。在我之前,97级的王百玲师兄,98级的张兆心师兄,以及99级的贾志平、沈智杰和张永师兄都以优异的成绩保送校本部,并在大四就获得了去北京国家网络安全中心实习的机会。他们一直是我们心中的榜样,他们的故事也一直激励着我们。我那时也一直幻想着能有一天像他们那样去北京实习。

2003年下半年,大四第一学期快结束的时候,我与另外一个保研的同学俞志春获得了去北京实习的机会。到达北京的第一天,我们见到了正在读博的王百玲师兄,师兄亲切地为我们介绍了实验室的情况,并语重心长地告诉我们:这几年从哈工大(威海)来的学生在实验室表现都很突出,一直都是实验室的中坚力量,实验室老师们对我们也有很高的期望,希望我们能够好好表现,不给哈工大(威海)丢脸。听着师兄的话,我们顿时感到肩上的担子很重,与此同时,一种使命感和荣誉感油然而生,我们的表现在一定程度上决定着以后学弟学妹们能否继续来这里实习。是的,在这里,我们不仅仅代表着我们自己,也代表着哈工大(威海)。

在之后的日子里,我们每天早出晚归,放弃了所有的节假日,几乎要把所有的时间都花在了实验室里。由于我们初来乍到,对整个系统还不是很熟悉,因此刚开始还是感觉有些吃力。但是我们没有灰心,遇到不懂的问题积极向师兄们请教,并用自己的业余时间慢慢研究消化。有很长一段时间,我和俞志春都是实验室里来得最早并且走得最晚的。功夫不负有心人,在实验室的老师和同学们的帮助下,我和俞志春很快都在国家级项目中担当了重要角色,我们的表现也受到了实验室老师的认可。

在这段日子里我收获了很多,不仅接触了很多"牛人",学到了很多知识,而且我对大规模软件的设计和开发也有了更清晰的认识。以前自己总觉得很多大型软件非常神秘,它们背后一定有很多我们无法想象的高深的技术。但是,经过这段时间的学习,我才慢慢发现:所有的系统归根到底都是基础知识的堆积,只有基础打好了,在以后的工作中才能做到游刃有余。随着年龄的增长,阅历的增加,我们会发现基础知识变得越来越重要。我个人甚至觉得,实际的项目是引领我们进入软件设计大门的钥匙,而基础知识,则是不断提高自我的基石,这两者相辅相成,缺一不可。没有实际的项目经验,我们可能永远无法深刻体会基础知识的重要性,没有坚实的基础做后盾,任何一个项目也都无法达到它应有的质量和高度。这些感悟也在我以后多年的工作经历中得到了验证。

把握机会　永不言弃

2005年下半年我从哈尔滨回到北京,准备研究生毕业设计。而这段时间的求职经历,让我深深地体会到把握机会的重要性。

记得在九月初,各大公司都开始了校园招聘,我也满怀信心地在各大招聘网站上投了简历。九月下旬,我参加了微软公司在北京的笔试,但是之后就杳无音讯,我自己也渐渐失去信心,不再抱什么希望。十月下旬,一个在微软工作的师兄给我打电话说,第二天微软要到哈尔滨宣讲,问我要不要回去试试。我本来想放弃了,一来感觉机会渺茫,二来时间太紧也不知道能不能赶得上。但是后来转念一想,只要有一线希望,我就不应该放弃。于是我连夜从北京赶回哈尔滨,并幸运地赶上了第二天在香格里拉大酒店举行的笔试。我还记得,当时的笔试题目是要求写程序实现给定应用场景并给出测试用例。我由于程序实现部分写得太过详细,以至于笔试时间结束的时候,测试用例部分没来得及写。我当时一阵懊恼,心想:这下完全没戏了。

可让我没想到的是,我成为了最终进入面试环节的十个人之一。面试官告诉我,我是所有人里唯一没有写测试用例的,但是由于我前面的程序实现做得非常好,他们愿意给我一个面试的机会。

最终,我没有再让自己失望。经过五轮残酷的面试,我终于在11月初拿到了微软的 Offer,圆了自己的梦想。现在回头想想,如果当时我没有把握住哈尔滨笔试的机会,也许将永远与微软失之交臂了。希望我的求职经历能给正在找工作的学弟学妹们一些启发,希望每个人都能把握住自己的机会,哪怕仅有百分之一的希望,都不要轻易放弃。

2006年7月24日,我正式上班的第一天。在签完一堆协议之后,我见到了我在微软的第一个老板 Jay Herbsion,一个正宗的美国人。Jay 以前在微软雷德蒙总部工作了将近十年,由于为中国文化所吸引,他决定来中国研发中心工作。Jay 人很好,但是中文会的不多,因此组里平常的交流必须用英语。这让我本来就不太强的英语口语能力面临更加严峻的考验,之前还信心满满的我顿时觉得压力倍增。

以前在学校的时候基本没有锻炼过口语,课堂上学过的知识对于应付考试,或者进行简单的写作和阅读都还可以,但是用于日常的交流就显得力不从心了。为此,我内心挣扎了很长一段时间,而且经常因为害怕自己说错或者说得不够好而不敢发言,这又会影响自己的工作表现。Jay 很快发现了我语言上的问题,主动找我沟通,并鼓励我要大胆地说出来。他告诉我只有不断锻炼才有可能进步,即使说错了也没有关系。

经过和Jay的沟通，我渐渐放下了思想包袱，但是我也深知，提高英语口语能力绝非一日之功。随后，我给自己制定了严格的学习计划：一方面充分利用工作时间大胆地用英语和Jay交流，不断地给自己创造用英语沟通的环境；另一方面，充分利用上下班在路上的时间，强迫自己用英语思考，强迫自己用英语和自己对话。

一开始我有些不适应，每次开口前总要先把中文在脑子里想一遍，然后再翻译成英文，一直没有办法养成直接用英语思考的习惯。有段时间，我甚至觉得我自己在语言方面确实没有天赋，再怎么努力都没有用，甚至想到了放弃。但是，想想自己这么多年一步步走来，没有什么困难是克服不了的，要相信自己，要相信付出总会有回报。终于，在坚持了几周之后，我慢慢习惯了，开始在路人诧异的目光中用英语喃喃自语，开始用英语思考问题，有时甚至连做梦都在说英语。

就这样，大概坚持了半年之后，我的英语口语突飞猛进，成为组内口语最好的几个人之一，连Jay都惊诧于我的进步。这六个月的坚持，让我充分感到了一分耕耘一分收获的快乐。困难，在我们的人生中总是如影随形，没有谁会一辈子一帆风顺。只要你把它看成你的朋友，看成你挑战自我、提升自我的工具，就一定能克服它。

细细数来，今年已经是我工作的第六个年头了，算来都是公司老员工了。在微软工作的几年里，我的同事来自全国各大名校，如清华、北大和中科大等。但一直令我感到骄傲和自豪的是，我们哈工大人，尤其是哈工大（威海）人，一直都是同辈人中的佼佼者，丝毫不比其他名校的人差。我想，这与学校"规格严格 功夫到家"的精神有很大关系。在校的四年，我深切体会了工大人刻苦、扎实的学风，深夜自习室里挑灯夜读的身影和清晨海边高亢的诵读声就是最好的例证。扎实、肯干和动手能力强一直都是哈工大（威海）人的优点，而相对于清华、北大等学校，我想，我们只是比他们少了些机会。我深知，所有的哈工大（威海）人都在不断努力，因此我坚信：我们的明天会更好！

同时，我深深地觉得机会是可以创造的。参与软件设计大赛、ACM竞赛、实习甚至开发自己感兴趣的程序都能让自己获得更多的机会。这些年，我也参与了很多公司的招聘，发现很多有大公司实习经验或者在各种软件设计大赛中有突出表现的面试者都或多或少地受到公司人力资源部门的青睐。当然，并不是每位同学都有大公司实习的机会，或者在大赛中获奖的经历。但是，只要能展示自己的能力，你就能获得比别人多的机会。我有个同事，大学的时候非常喜欢自己写程序，因为在招聘会的时候给面试官演示了自己利用空闲时间写的系统，就被直接邀请到北京参加面试，并被成功录取。机会总是留给有准备的人，我希望每一个哈工大（威海）人都能通过自身的努力创造出属于自己的机会。

百舸争流
——哈尔滨工业大学(威海)十佳大学生成长心语

大学对于我,不仅仅是一个学习和成长的地方,而是更像一个家,一个留着温暖回忆的地方,愿更多的学子能和我一样感受到这份温暖。

闫伯儒简介

1982年出生于山东省滕州市,中共党员。

2000~2004年就读于哈尔滨工业大学(威海)计算机系。

2004~2006年于哈尔滨工业大学网络安全专业攻读硕士研究生。

在校期间曾获国防科工委优秀毕业生、三好学生、优秀团员等荣誉称号,获国家二等奖学金一次、统一奖学金一次、人民奖学金六次。

2006年进入微软研发集团Office部门工作,参与设计并研发了微软新一代统一沟通平台OCS(Office Communication Server)2007,OCS2007 R2,以及Lync Server 2010。目前在微软互联网工程院负责必应(Bing)搜索引擎的索引检索系统的设计和研发工作。

第一篇　我从这里走来

成长·十年

王　丹

第三届十佳大学生

　　乐观的态度让我一次次从困境中看到希望，倔强的性格让我一次次告诉自己：坚持到底！每一天，不管是顺利或是磕绊，我的心里都是甘甜。

母校的"十佳大学生"评选迎来十周年纪念,而我从2002年进入大学到现在刚好是十年,不经意间的巧合牵动了我的思绪,带我回到在哈工大(威海)的四年……

老爸的梦　让我与威海结缘

和威海结缘是很有意思的小故事。高考时恰巧我感冒发烧导致发挥不好,成绩低于自己的预期,填报志愿时,我和家人都很为难。父亲对我寄予很高的期望,也曾有过非北大清华不上的心思,所以对报志愿很消极,一再给我推荐复读的学校。我当时思想非常单纯,碰碰运气吧,万一刚好能去个理想的学校呢。第二天要交志愿表,凌晨三点钟我还在纠结填报哪所学校,在旁边床上睡觉的老爸忽然翻过身来,说:"报完了吗?记得报一下哈工大(威海)。"我应了一声,就糊里糊涂地加了一个志愿。后来,我来到了这里,并且将这件事戏称为:老爸的一个梦把我送到了威海。

刚来威海报到的时候,由于车径直开到了B楼,我并没注意到美丽的主楼。那时候,B楼西侧是一片空地,乍一看还有几分荒凉。虽然没有期许太多,但是这和我预想中的大学校园相差实在太远。寒窗十余年,竟是为了这样的"象牙塔"吗?报到结束后,到了一处人不多的地方,我忽然对着爸爸大哭起来。爸爸连忙问怎么了,我说,这不是我想象中的"象牙塔",我要回去。爸爸笑了,调侃道,比你们高中强多了,安下心来吧。我也意识到既然已经作出了选择,就再没有后悔的余地,只得下定决心在这样的一片土地上,辛勤耕耘,争取做到最好。只要有一颗上进的心,哪里不能成为我们求知的"象牙塔"呢?

现在想来,那时的自己有些傻,但也是这样的幼稚和简单,让我的路更加明晰——用知识来充实和完善自己。大学四年的不断成长和进步,也让我渐渐相信自己的选择没有错。如果学弟学妹也遇到这样的问题,希望你们能够摆正心态,脚踏实地地去学习,努力终将带来改变。

如今,我们的校园变得很美,夜幕中的主楼,宽阔的音乐广场,美丽的喷泉都是别致的景色;上行几步就到了后山,茂盛的花草树木,生机盎然;下行几步,就来到了海边,时而汹涌澎湃,时而静谧安详……

知识是我前进的力量

如果说人类是展翅欲飞的雄鹰,那么知识就是人类飞翔的翅膀。因此,在探索知

第一篇 我从这里走来

识的道路上我一直踏着坚定的脚步,追求卓越。

刚入大一,一切新奇的事物都让我敏感、兴奋甚至眼花缭乱。我什么都想做,却又不知道该做什么。课程之外我们有充裕的时间,周围的同学大多去自习、逛街、打球和游山看海。我曾一度不屑于学习、健身之外的一切活动,心里有个非常简单的信念:父母赐予我们健康体魄和聪明才智,我们应该用它们来做有意义的事情,别辜负了这大好的年华!

我的生活很简单——早起,跑步,读书,上课,自习。那时候白天有一起自习的女伴,但早上我却经常是独行。六点钟起来,我会一口气跑到海边,读一读英语,也读高中留下来的喜欢的文章。有时候读累了就坐下来听听海的声音。现在回想起来,那真是最快乐的日子。我很少有不开心的事情——你简单,这个世界就简单。偶有不顺,来看一看辽阔的海,心情就豁然开朗了。海纳百川,人心应当是比大海还宽广。这些事情做完大概到了七点半,我去餐厅吃早饭,并按时来到课堂。不上课的时候,通常自习到晚上十点钟。晚上去占第二天上课的座位,这对于我来说也是每天必修的。

现在来说说学习生活。从高中到大学,丢掉了刻板的教条,老师的讲课风格也与之前大不相同。面对老师们课堂上的幽默风趣、旁征博引,我望尘莫及,却又心神往之。知识的海洋原来是如此的奇妙,浩瀚无边又深不可测。我总仰慕那些博学的人,在我看来他们更加睿智、聪颖和敏锐。刚入学时,孙振绮老师讲的高等数学给我的印象非常深刻,他讲课总能深入浅出,通俗易懂,也让我对课程产生了兴趣。脱离了高中那些既定的课表和规则,我忽然感觉到从未有过的自由。你可以自由地选择何时、何地学习何种内容,这种自由让我的求知欲与日俱增。

刚开始学习大学课程时,我也遇到了很多困难。但我一直坚信,兴趣是最好的老师,所以我努力培养自己的学习兴趣。我曾在《高等数学》的第一页写上:我,喜欢高等数学。在当时,学习对我来说不是苦差事,而是一件能让自己内心快乐的事。记得临近考试,大家都在紧张地复习,而我有个问题始终不明白,就去找孙老师请教。孙老师先解答了问题,然后对我说:"小姑娘,这个不是考试范围。"我笑了笑,跑开了。其实,我就想享受一下把问题弄明白的感觉。浓厚的学习兴趣和持之以恒的努力也让我在期末的高数考试中取得99分的成绩。也许,好的结果都是水到渠成的。

就这样,生活因为奋斗而充实,知识的增多让我的每一天都是崭新的。大一时,我的成绩就非常好,第一学期考评分97.4,名列全院第二,第二学期全院第一。当时并不觉得辛苦,有点成绩也不觉得骄傲。你付出了努力,做了自己该做的事情,生活自然会给予馈赠,没什么值得炫耀的。但比成绩更重要的是,知识积少成多,大脑日益充实。后来我的成绩一直不错，每学期都拿一等奖学金，给家里减轻了不少负担。

在这里，我想对学弟学妹们说，学习真的能给我们带来快乐，在大学里一定要好好利用那些可以自由支配的时间来充实自己。上街买件漂亮的衣服固然开心，能够提升我们的形象和自信，但无形中也花费了太多的时间，心里难免会有一点空虚。只有心里充满了知识，才会倍感踏实、自信而且有底气，那才是真正的快乐。

但是，没有人一路走来都是鲜花铺就。大二任院学生会学习部部长，我曾作为主要组织者策划"网页设计大赛"。网页设计需要耗费大量的时间，许多参赛同学半途而废，因此赛前的动员以及赛中不断了解选手的进度，并提供鼓励和帮助等造成了很大的工作量。当时从没想过放弃，在学习和工作上以同一个标准要求自己：要做就做最好！那段时间特别感谢学生会的同学们，我们彼此帮助，相互扶持。在那个学期，我的成绩居全院第四。这种退步在别人看来可能不大，但是，这透视出我在时间管理方面能力差的问题。之后的日子里，我开始注意做好学习和工作的计划。

责任　让我在思索中前行

要想成为一个优秀的人，不仅需要广博的知识，还需要有完善的人格。学习上的如鱼得水，让我开始想做更多有意义的事情，比如思考人生的价值。爱因斯坦说："一个人的价值应看他贡献了多少，而不应是取得多少。"这句话深深地鼓舞了我，也许我没有那么高尚和无私，但我想我应该追求高尚。我希望自己发光，希望用我的智慧与热情照亮世界，哪怕只是照亮世界的一个小角落，所以我选择了学生会这个服务同学的平台。

学生工作给我留下很多回忆和收获。大一时我曾参与组织与外商投资服务中心的联谊，为部分同学赢得了资助；大二时作为学习部部长主办网页设计大赛等；大三时作为团委副书记组织山大与哈工大联办的"万多福杯"电脑知识争霸赛等。组织活动的各种辛酸苦乐只有我自己知道，但每每想到自己在为多少踌躇满志的青年搭建着施展自己、提高自己的舞台时，我就备受鼓舞。乐观的态度让我一次次从困境中看到希望，倔强的性格让我一次次告诉自己：坚持到底！每一天，不管是顺利或是磕绊，我的心里都是甘甜。而选手们台上的激情飞扬，台下观众的掌声雷动告诉我：姑娘，干得不错！

学生会的经历让我更懂得承担责任。到现在我还清晰记得王瑞玲老师当年给学生会立下的"勇于履行诺言，敢于承担责任"的原则，并时时借此提醒自己。学生会的经历也让我更懂得合作的力量。我清楚地记得组织网页设计大赛和电脑知识争霸赛时，作为主要负责人，我一度承受着很大压力。看似简单的活动，其间却包括各种赞助、准备工作和临场应变等复杂的细节。任务的圆满完成一方面取决于精密的策划，更重要的是责任到人，通力合作，总体大于部分之和。这些经历让我更加注意与人沟通，统筹全局，让我更加自信、豁达、诚信和果断。

除此之外，我个人还参加了校园丰富多彩的活动："霸王杯"辩论赛、校园英语词汇大赛和"挑战杯"等。这些经历让我更加自信、敢闯敢拼，虽然这些活动占用了不少时间，但我认为很值得。工作和学习是重要的事，但也只是生活的一部分。为了防止自己变成机器人，我想以这种方式全面发展自己的爱好和特长，让自己的生活更加多元化。

坚定的信念，不懈的追求，也让我得到了许多奖励和殊荣：连年一等优秀学生奖学金、哈工大"优秀团员"、连续两次评为"优秀学生干部标兵""三好学生标兵"、山东省"优秀学生""山东移动全省贫困大学生奖学金"特等奖等。我一直提醒自己：荣誉是对我们努力的肯定，但不是目的。后来，评奖评优时我有些犹豫，担心这些让自己忘记初衷，迷失方向。

我清楚地记得一次评奖时，岳彩领老师叫我到办公室，我非常委婉地表达了不想参评的意思。岳老师听后表示理解，并希望我摆正心态。但因为参评人需要满足五个学期都是一等奖学金等条件，满足条件的人太少，学院也希望我不要放弃。那之后，我一直努力调整心态，更加注重务实，让自己保持清醒的头脑和坚定的方向。时至今日，我仍坚持，不要过分在乎荣誉、奖励。如果有，我们就把它当成是一种鼓励；没有，也不必沮丧。因为日后沉淀下来的，是那些学到的实实在在的东西，那些在学习过程中培养出来的优秀习惯。

实践　是我进步的阶梯

古人云，"纸上得来终觉浅，绝知此事要躬行"。随着年级升高，我越来越感觉到自己的实践能力是个弱项。之所以弱，一是因为长久以来没有意识到问题的重要性，我对实践课要求很低；二是没有及时买台电脑。回过头来看，计算机是一个应用学科，在学习了基本的知识后，必须有充分的实践环节，才能融会贯通，学以致用。如果让我重新念一遍大学，我想我会花更多的时间去找一切机会锻炼自己的实践能力。当然，这并非说理论不重要，扎实的理论知识对日后的科研攻关起着至关重要的作用。

大三，我才开始进入实验室，尝试参与到实践中来。接触的课题并不容易，但我一直有比较清醒的认识：自知无知也是一种进步，正视当前的状态并勇于改善，才是该做的事。一头雾水的时候，我去找过柏军和林建秋老师，他们很耐心地开导我。林建秋老师性格很爽朗,跟他谈心后,我总会觉得前面一片光明,充满希望;柏军老师很平易近人,给我讲了些他年轻时的经历,嘱咐我要沉住气。他建议我多向郭恒业老师请教,并且很风趣地说:"郭老那里有很多知识、经验,只要肯挖,总是有东西出来,不要怕他忙,一定要善于'挖掘',穷追不舍。"我因此去找郭老师诉苦,大抵是说不知道如何下手,郭老师从文件格式的细节开始讲起,给了我一些点拨和建议。其实是不多的几句话,但是我却受到了很大的鼓励。感谢郭恒业老师,这位老专家给了我很多的包容和无私的帮助。人生路上遇到几位授业解惑的良师真是一大幸事。

后来我被保送到了哈尔滨工业大学。来到哈尔滨后,我一方面庆幸本科时学校安静的学习环境;另一方面也发现自己的想法太少,差距很大。比如在人生规划方面,我本科从来没想过出国。这并不是说出国就有多好,而是说我没有好好思考过未来的可能性。本科阶段的学习,有几分执着,也有几分盲从。幸好还有个到哪里都要做最好的信念,使得目前的状态不至于太差,但对于未来的规划,我却突然变得很茫然。

进入研究生阶段,研究、实践工作的重要性也很快凸显。因此,我一边努力地弥补科研上的不足,积极地读论文,做实验,一边思考着自己的未来。我的研究生导师姚洪勋老师给了我很大的自由发展的空间。她支持我自己选择研究方向,并鼓励我继续攻读博士。我在科研生活中也慢慢找到些感觉,但是未来的路,依然迷茫。研究生成绩不再是衡量学生的唯一标准,甚至不再是一个标准。为了尽量不让自己的迷茫消磨太多的时间,我将精力集中到课程学习和论文撰写上来,所以我研究生阶段的课程成绩拿到了专业第一名,毕业论文也是金奖。我很感谢在此期间一直鼓励我的老师、师兄师姐、实验室的兄弟姐妹等等。走到这里,我又获得了"哈工大三好学生标兵""黑龙江省优秀毕业生"等荣誉。虽然我已经把成绩、荣誉以及论文的奖励看得很淡很淡,但是不得不说,这些都带给我更多的信心。毕业时也有 IT 公司的 offer,但我还是选择了科研这条道路。我的想法其实很单纯,想过简单的生活,做简单的事,拥有淡泊的心态。与此同时,如果又能利于他人或社会,何乐而不为?

如今,我来到了中科院计算技术研究所攻读博士。这个决定也得到了姚老师的理解和支持,我由衷地感谢她的宽容和无私。博士的前两年是我得到磨炼最多的两年,也是成长最快的两年。进入实验室时我就很清楚,这是重新铸造自己的地方,不要怕知识和技术上的缺陷,发现一个解决一个才是王道。科学永远不拒绝任何一个虔诚求知的人,在求知的路上人人平等。越是不擅长的事情,在求学阶段越应该更多地去磨炼,导师和周围的同学都会给予你无私的帮助,这也许是走向社会后就可遇不可求的事情了。另一个经验是,很多时候,不是问题本身有多难,而是我们把它想得太难了,一定要消灭这种畏难情绪。相信自己能攻克,就已经成功了一半。现在我还在科研的道路上摸索着,前进着。我相信,坚持到底,没有到达不了的明天。

母校　人生殿堂中的丰碑

2002年,我第一次来到哈工大(威海)。在这里,一直都演绎着数不尽的成长故事,我对母校的老师、同学有太多的感激和眷恋。在这里,我第一次开始自己规划人生,自己面对成功和失败。走在工大的校园中,我对这里的一滴水、一方土、一草一木都有感情,这里给予我知识的琼浆,教会我做人的道理。十年一晃而过,但是母校一直像我生命中的一处小岛,驻扎在记忆的河流中;像一块丰碑,矗立在我人生的殿堂中,让我时时感念,不敢忘怀。

最后,祝愿母校青春常驻,不断谱写新的辉煌!

王丹简介

1985年出生于山东省郓城县,中共党员。

2002~2006年就读于哈尔滨工业大学(威海)计算机科学与技术专业。

2006~2008年于哈尔滨工业大学攻读硕士研究生。

2008年开始在中国科学院计算技术研究所攻读博士学位。

在校期间先后担任院学习部部长、院团委副书记、班级党支部书记。曾荣获国家奖学金、马祖光奖学金和山东省"优秀贫困大学生学金"特等奖。两次被评为"哈工大优秀学生干部标兵"(2003、2005),两次被评为"哈工大三好学生标兵"(2004、2007)。2006年荣获"山东省十大优秀学生"提名奖,在2006、2008年两次获得"黑龙江省优秀毕业生"称号。

追求卓越　勇往直前

刘霜叶

第四届十佳大学生

现实的残酷无情磨砺着自己的信心和热情,但心中的理想总能够让我在即将放弃的时候坚持下来。崩溃和愤怒也无济于事,我总提醒自己冷静、再冷静。慢慢地,在枯燥的工作中我也能发现乐趣。

转眼间，我已经毕业五年了。时至今日，我一直对母校哈工大（威海）有太多的眷恋和思念，这里承载了我四年的青春回忆，是我成长历程中不可或缺的一部分。

从不屑到不舍

说起出身，我勉强算是出生于书香世家。我的爷爷是毕业于上海美院的画家，在山东大学乃至济南都小有名气。在这种艺术氛围的熏陶下，从七岁开始学习书法的我获得了很多奖项。高三寒假，我参加了清华大学招收艺术特长生的冬令营。凭借行、楷、隶、篆四种书体的扎实功底，我赢得了评委的一致好评。在最后的汇报演出中，我与弹奏古筝的同学合作，在清丽舒展的琴声中展现出书法的古老魅力，并最终获得了艺术特招生的资格。但是，由于高考发挥失常，我与清华失之交臂，来到了哈尔滨工业大学（威海）。

新生报到时，我被美丽的校园景色吸引的同时，心中也涌起阵阵惆怅。在迎新晚会上，我不禁将晚会的内容与清华工字厅的汇报演出相比较，觉得处处不如意。在当天的日记中我写到："这所学校只是我的一个中转站，我会好好努力，再次回到清华的怀抱。"现在看起来当时的誓言是那么的幼稚可笑。相信现在也有同学当时填报志愿的第一选择并不是哈工大（威海），在入学之初心中也有种种的不甘和失落。但是，母校以其宽广的胸怀包容着我们，以浓厚的学风感染着我们，最终会让我们深深地爱上这所学校。

大一，在一种"奋发图强、以雪高考失利之耻"的心理作用下，我拒绝了学生会宣传部的邀请，一心投入学习中。那时，我经常在自习室坐到深夜，一刻也不敢放松，终于如愿取得了班级第一名的好成绩。但是现在想来，这种努力缺乏引导，显得有些盲目。因为我太死抠书本，除了课本以外没有深入地学习更多知识来拓展自己的视野。比如，《基础会计》这门课，我只是把课本里的概念例题看很多遍，如果当时能够看下中级会计师考试用书，哪怕是初级会计学的书籍，我都会对相关的概念有更深刻的理解和掌握。

这期间还发生了一件改变我对大学生活的看法的事情。有一次自习的间隙，我误入了优秀共青团员的评选现场，学长学姐们的精彩演讲深深触动了我。他们除了具备难以置信的优异学习成绩之外，还一人兼任多职，组织并参与到丰富多彩的学生活动当中。我仿佛一下看到了另一个世界，我开始思索：目前这种一味死读书的学习生活，

百舸争流
哈尔滨工业大学(威海)十佳大学生成长心语

是否是我想要的大学生活？

于是，我决定转变自己，从加入国旗班和校健美操队开始，以积极的心态参加各类学生活动。大一下学期我担任了班里的团支书，相比参与活动，组织活动更能让我体会到其中的乐趣，在这个过程中我也收获了班级同学的友谊和信任。

大二刚开始，我就面临了更大的挑战，在院学生干部的竞选中我成功当选为院团委副书记。新的工作还没有完全适应，我又被选为预备党员培训班大班班长，身上的担子一时间让我有些透不过气来。

"干中学"效应指出：在生产中产生并尝试解决问题的实践将会极大促进生产的发展。这个经济学原理在我的工作生活中得到了很好的体现。通过实践，我明白了很多令自己受益匪浅的道理。刚开始接触这么多工作，我拿出自己的全部精力也只能算是刚刚跟上进度，特别是预备党员培训班大班班长的工作，只能用"疲于应付"来形容我一开始的工作状态。有了在积极分子培训班学习的经历，我觉得按照党校的时间，组织好学员上好课，就算是把这项工作完成了。直到组织部的李新老师询问关于学员讲坛的活动安排时，我才发现自己完全忽略了这个环节。那天晚上我一个人在自习室中思考良久。我认识到比起大一一开始就在学生会中锻炼过的同学来说，我在组织大型活动方面的能力还很欠缺，工作的主动性不够。

在紧迫的时间面前，我要尽全力来弥补前期工作中出现的漏洞。意识到这个问题之后，我首先找到有经验的同学，学习这类活动的相关经验，在心中形成一个大致框架，再找另一个大班班长商量讨论，制定出详细的工作计划。对于活动中人员安排、投票等容易产生问题的环节，我们反复商议，大胆创新，争取找到更好的解决办法。活动计划得到老师的肯定后，我们与小班班长开会，详细解读活动方案，对于重点环节具体到每个责任人，在彩排之前也对每个参与的学员讲明活动的意义，让大家在心里真正重视起来。最后，学员讲坛活动取得了很好的效果。在之后的学员感想中，很多人都提到了学员讲坛对自己的影响，这次活动也让我更加明白了党校的意义：这是个有关信仰和人生哲理的地方，只有全身心投入，才能使自己得到升华与提高。

在这段忙碌的日子中，我每天忙得像个不停转动的陀螺，挤出了所有的空余时间全力应对。没有时间吃饭就买个面包凑合一下，在浴室临关门前冲进去用五分钟洗个澡。强大的压力下我开始觉得腰痛并发起高烧。开始我没有太在意，在校医院打点滴时，还在做着计算机三级考试的模拟试卷——毕竟，考试已经迫在眉睫了。直到腰疼得挺不下去，到市区医院一查，才发现自己得了严重的肾炎，最终不得不放弃了考试。

在病床上我明白了另一个道理——学习、工作、生活，就像是三个被我轮流抛起落

第一篇 我从这里走来

下的玻璃球，如果不能把握好这之间的平衡关系，就会有一个玻璃球掉到地上，摔成碎片。像我这种满手抓、不分主次的方式早晚会出问题。从那时起，我就养成一个习惯，随身携带小本子，每当有新任务时就记录下来。所有需要处理的事情按时间先后排序，并标记好重要程度，在自己预计无法完成时，就寻找其他的解决途径或者寻求他人的帮助。

我渐渐发现：单纯一个人扛事情，远没有团队合作效果好，集思广益总能产生让人惊喜的结果。辩论赛、大学生服装节和运动会，这些大型活动的背后，都有我们的努力和贡献。在别人身上我也学到了很多宝贵的经验，汗水的挥洒让我真正体验到了绚丽多彩的大学生活。

羽泉的《奔跑》是我们的班歌，也是我们大学生活的真实写照。回想当年，在金海滩洁白的月光下，毕业前的散伙饭上，我们对着广阔的大海放声高歌："随风奔跑自由是方向，追逐雷和闪电的力量……"橘色的篝火映照着我们年轻的脸，明天我们就将扬帆远航，看奇迹在眼前发生！

抉择的迷惑

当付出积累起来，就会带来沉甸甸的收获。整个大学生活，我收获了所有学期的一等奖学金，最终的平均成绩达到了92分。十佳大学生、优秀共产党员与共青团员标兵等荣誉纷至沓来，我仿佛已经尝到了成功的滋味。虽然心里一直提醒自己要不骄不躁、放低心态，但是对于今后的道路，我却失去了明确的方向。父母的保守心态希望女儿能够留在自己的身边，做个公务员或许就是最好的结果，我也同意了父母的安排。确定保研后，我放弃了自己当年重回清华的愿望，在研究生的两年时间里也只是按部就班地完成学业，对于未来职业生涯的规划几乎为零。

很快就到了研二找工作的关口。我又一次站到了人生的十字路口，该何去何从，我陷入了深深的疑惑和思索之中：公务员的工作真的适合我吗？回家工作会是最好的选择吗？最终，我决定放手一搏，为自己多争取一些选择。

在学校的职业规划工作室中，我在老师的指导下，通过分析自身的优势劣势，对未来发展有了更清晰的定位。在制作和修改简历的过程中，我将简历反复交给周围的同学和已经毕业的师兄师姐，请他们提出修改意见——事实证明这个决定是正确的。一位师兄用自己的求职经历告诉我，求职的过程代表着你对这个企业的认同，包括对其价值观的肯定和对其历史的尊重，我在每投出一份简历时，都将对该企业的理解融入其中。

百舸争流
哈尔滨工业大学(威海)十佳大学生成长心语

在选择企业投简历的过程中，我没有进行漫无目的的"海投"。一个人的精力是有限的，应该努力追寻自己真正喜欢的工作。因此，在整个求职过程中，我仅为自己做出五个去向的选择。首先，国家公务员的考试是必然要参加的。公务员的工作岗位相对固定，要报就报最满意的岗位，于是我申报了财政部的会计司。其次，宝洁公司的宣讲会给我留下了深刻的印象，这个大型跨国企业可以说是很多大学毕业生心中的一个梦，我也义无反顾地投入了宝洁的求职大军中。虽然我是一个会计专业的学生，但是总感觉国际四大会计师事务所距离我又遥远、又神秘，对其了解几乎为零。为了不留下一丝遗憾，我还是硬着头皮通过网络向其中三家投出了求职申请。此外，我还选择参与中兴公司的招聘以及北京一家事业单位的招聘，前者招聘较早，我将其作为积累经验的过程，后者则是为自己进入北京工作增加可能性。

公务员笔试结束后，在等待成绩的过程中，我轮番经历了宝洁公司和德勤会计公司北京分所的面试。有了坚实的知识储备以及精心的准备，我最终幸运地得到了这两家公司的录用通知书。外企规范严格的公司制度、悠久鲜明的企业文化和良好的办公环境都给我留下了深刻的印象。在比较这两个工作机会时，我心中的天平开始向德勤倾斜，我舍不得学了六年的专业课而去从事陌生的销售行业。正在我犹豫不决时，公务员考试的笔试成绩公布了，在几千人竞争一个岗位的情况下，我进入了面试名单。到这时，我才开始认真了解我报考的这个岗位：财政部会计司主要负责会计准则的编制和修订，是整个会计行业的标杆。想到如果有机会进入会计司，那么在未来会有一项行业准则出自我手，并被所有会计同行们使用，这将是多么大的荣耀！同时，我也看到了自己的不足，彼时的我连注册会计师的考试都没有通过，对行业准则的基本框架和发展前景几乎一无所知，比起会计学博士来说我更缺乏深厚的理论功底，我为自己能否做好这项工作而心虚。最终的考试结果也印证了我的担忧，经历了英语、专业知识笔试和两轮面试后，我最终以一名之差与这个工作机会失之交臂。这次经历，反而坚定了我加入德勤的决心。通过近半年的寻找，我心中渐渐形成了一个职业理想，我要借助国际事务所这个平台不断充实自己，完善自己，真正成为会计领域的专才，只有这样才能够有机会为中国会计行业的发展贡献一份力量。

理想的远航

怀揣着"雄心壮志"，我走入了德勤，参加了第一次入职培训，认识了很多可爱的同事。他们很多是来自北大清华这样的国内名校，还有不少是"海归"精英，或有满分的托福成绩，或有世界五百强的实习经历，可以说每个人都有自己的闪光点，都有让人

学习和钦佩的地方。面对优秀的同事，我一度产生了自卑情绪。我并不怕这种起步阶段的暂时失利，而是害怕永远没有领先的机会。四大在招聘时不限制专业，因此很多同事并不是学习会计专业的，所以我感觉自己的优势在于有一定的专业基础。但由于过去模糊的职业定位，我从没认真准备过注册会计师的考试，入职时也只通过了其中的一门。不取得这项职业资格就不能算是一个真正的审计师，我认识到了自己身上的"短板"，决心攻下这座堡垒。

入职后处在高强度的工作环境下，我只能利用周末的时间来学习备考，但是这样无法保证学习的连续性，于是我就利用上下班坐地铁的时间听课件。北京的地铁可以把人挤成相片，但我还是一边戴着耳机听课件一边拿着书专注地做笔记。有些乘客看到我刻苦的模样，还会给我让座，也算是一点苦中作乐吧。我的努力有了回报，工作后第一年就一次性通过了三门考试，拿到了专业阶段的合格证。英语曾经也是我的弱项，我被分到了为美国上市公司做审计的项目组，所有的底稿、邮件和报告都使用英文书写，其中涉及大量的专业词汇。从几乎看不懂到自己也能流畅地书写，我比别人付出了更多努力和汗水。有很多同学认为学习只限于读书期间，其实不然。无论选择哪种职业，走出校园的我们，都需要将在校期间的学习作为基础，继续深造，只有这样，才能具备优秀的工作能力。

在通过注册会计师考试和提高英语水平的同时，我也感受到了很多曾无法想象的压力。真实的工作总是和理想有极大的差距，100%的热情经常被残酷的现实浇灭。对外，我们的客户的素质参差不齐，有些人对审计人员连最起码的尊重都没有，认为审计师就是"找麻烦"的代名词，经常无理刁难和嘲讽。起初，在与客户交流时，我的问题经常被三言两语打发回来，仔细想想才发现自己被糊弄了，再去问时又会被说是"not professional（不专业）"。更令人焦躁的是，偶尔遇到"极品"客户还会被投诉，但是问题又没有明确的答复，搞得自己左右为难。对内，作为一名硕士毕业生，我总觉得自己已经足够老练。但是，入职后我们这些新人被高级别的员工亲切称呼为"小朋友"，经常被派去做一些完全没有技术含量的工作。比如从几千页的资料中挑出几百页的内容复印出来，经常一印就是一天，我们自嘲是"影帝"和"影后"。工作中虽然知道定期存档的重要性，但是经常忙起来就忘记了。有一次在桂林出差，我正准备上交辛辛苦苦熬了几个晚上做出来的底稿，但电脑突然死机，所有的资料和数据全都丢失，一切都要从头开始。当别人利用周末欣赏山水甲天下的美景时，我却在熬通宵重做文件，委屈和压力让自己真想躲在洗手间好好哭一场……

现实的残酷无情磨砺着自己的信心和热情，但心中的理想总能够让我在即将放弃的时候坚持下来。崩溃和愤怒也无济于事，我总提醒自己冷静、再冷静。慢慢地，在枯燥的工作中我也能发现乐趣。一有时间我就把自己复印的资料仔细查看，按照过去的习惯将每项收获随手记录下来。我对客户的情况逐渐熟悉，项目负责人开始直接向我询问客户的情况，而不是查找资料，因为这样更快捷方便。与此同时，我对每一份报告中所涉及的内容也能提出自己的看法。面对难缠的客户，我总是笑脸相迎，每问一个问题之前都想好几种可能性，对于不合理的解释能够立即指出来。渐渐地，客户也对我产生了信任和重视，认真回应我的要求。空闲时，我会找出 Excel 的使用指导书，仔细研究各种函数的用法，把电脑的快捷键记在心里。现在的我也成了传说中的"无影手"，电脑操作起来，让旁观的人眼花缭乱，工作效率提高了不少。

　　通过自己的不懈努力，在连续两年的年终绩效考评中，项目负责人和经理都给我打出了 EE(Exceeds expectation，优秀)的评价。哈工大的毕业生在他们心目中留下了知识扎实、踏实认真的良好印象。这几年，有更多的校友走上了四大这个舞台，相信会有越来越多的名企记住哈工大(威海)的名字，让我们用行动践行"今天我以工大为荣，明天工大以我为荣"的誓言！

　　我在德勤工作已经三年，这期间的工作经历使我坚信最初的选择是正确的，即便现在的我在审计领域才刚刚起步，也能感受到每天都离我最初的梦想越来越近。在刚刚过去的一个月，我得到了到香港德勤分所轮换工作的机会，这将为我提供更多更具挑战性的成长机会。我相信：只要勇于付出，明天会更好！

　　曾经职业规划方面的失误让我走了不少弯路。总结经验教训，我觉得主要是缺乏与专业老师、高年级学长学姐的沟通交流，别人的一句话可能就会"一语点醒梦中人"。因此，在毕业后的这些年里，只要是学弟学妹找到我，无论是否认识，我总是尽最大的努力帮助他们。

　　时光匆匆而过，我从一个初入大学的青葱少年成长为一个自信乐观的职场白领。在疲惫不堪难以坚持之时，我总会回想起那个美丽干净的海滨小城、如童话般的校园、亲切的老师与亲爱的同学，这些都是我坚持不懈的动力。"规格严格 功夫到家"不但是我永铭心间的校训，更成为了我奋斗的精神支柱。无论我今后走到哪里，工大的精神都将激励我不断向理想迈进！

　　注：本文中的"四大"，指的是世界上最著名的四个会计师事务所：普华永道(PWC)、德勤(DTT)、毕马威(KPMG)和安永(EY)，业内人士将其简称为"四大"。

刘霜叶简介

1984年出生于山东省济南市，中共党员。

2003~2007年就读于哈尔滨工业大学（威海）人文与管理学院财务管理专业。

2007~2009年于哈尔滨工业大学攻读硕士研究生。

在校期间曾担任院团委副书记、班级团支部书记、党校大班班长以及专业党支部书记等职务，曾获山东省"优秀学生干部"、黑龙江省"优秀毕业生"、哈尔滨工业大学"优秀学生干部标兵""优秀团员标兵""优秀团干部""优秀共产党员"等荣誉称号。曾获"挑战杯"首届大学生创业比赛校二等奖。本科及研究生期间每学期均获一等奖学金，并获"光华"奖学金。

2009年起就职于德勤华永会计师事务所有限公司北京分所审计部。

第二篇

 逆境是一种财富

　　人的一生总会有一些艰难困苦,总会遇到些磨难。面对困难,有的人整日怨天尤人,消极颓废;而有些人则欣然面对,勇敢地奋斗,愈挫愈勇。他们没有在逆境中被困难打倒,相反在他们看来,逆境正好是人生的历练,是他们成功的基石。放平心态,不畏贫穷的张立伟,通过努力和坚持在深圳收获了事业和爱情;面对病魔,选择奋斗的田陶然,把握住了人生每一个机会;曾因贫寒而自卑的张兰杰,通过不断努力奋斗改变命运,成为优秀的金融白领;通过勤工助学和贷款完成学业的学生会主席华玉锋,在韩国公派读博期间积极创业;童年饱受艰辛却自强不息的谢庭相,获得了公派留学韩国的机会,并取得了极度严格的韩国教授的赏识;穷且益坚,不坠青云之志的武克斌在困难面前不妥协、不抱怨,最终实现了她的清华梦。

　　他们的成长经历告诉我们:其实人生的逆境又何尝不是一种幸运,一种财富呢?如果你是一面生锈的铜镜,逆境的打磨能让你重放光彩;如果你是一株小树,人生的风雨可以让你更加结实茁壮;如果你是打金匠人手中的金子,那艰难生活的打磨可以延展你生命的高度。只是,你一定要充满希望,要相信阳光总在风雨后。

第二篇　逆境是一种财富

路漫漫其修远兮　吾将上下而求索

张立伟

第三届十佳大学生

一个人起点低并不可怕，重要的是有进取心。有机会就好好表现，没有机会也要想办法创造机会好好表现。

只有舍去别人不能舍去的，才有可能赢得别人不能得到的。

百舸争流
哈尔滨工业大学(威海)十佳大学生成长心语

2002年9月,19岁的我第三次坐火车,第一次坐船,经过二十几个小时的颠簸,来到了哈工大(威海)。

放平心态　不畏贫穷

没钱交学费,直接走绿色通道,除去住宿费和书本费,口袋里仅剩几百块。还好,我很省,4两米饭加大头菜炒粉,1.6元一顿饭。申请助学贷款的同学可以住在一公寓,这是学校照顾贫困生的一个优惠政策(因为一公寓住宿费最便宜)。可是班长的表达方式有误,他说,学校规定申请助学贷款的学生"没有资格"住五公寓。从五公寓搬进一公寓那天,我没有吃饭,独自坐在金海滩看海,不停地告诉自己:贫穷并不可怕,可怕的是心穷,所以我不能自卑。

一个人起点低并不可怕,重要的是有进取心。有机会就好好表现,没有机会也要想办法创造机会好好表现。

对于贫困生,我想通过自己的亲身经历告诉大家:不必过多担心钱的问题使我们无法完成学业或者计划,总会有解决的办法。就像学校后面那座山,到达山顶其实有很多条路。我试着从很多角度攀过,最近的路往往最陡峭,也最危险;平坦一点的路虽然远,沿途却有很多美景值得我们驻足欣赏。有时候我们可能迷失了原定路线,当你艰难地越过草丛时却会发现,其实路一直在这里。我们要集中精力做好该做的事情,想办法解决面临的问题,而不是消极对待,自暴自弃。虽然有时候条件不是特别完善,但是只要能够放平心态,尽力为之,你肯定会拥有非常出色的大学生活。

大学里充满了许多诱惑,五花八门的活动让人眼花缭乱。像其他同学一样,我也迷茫过、失落过。但是,在经过短暂的停留后,我明确了自己的努力方向——稳扎稳打,积极主动。

"一等人忠臣孝子,两件事读书耕田",作为农民的儿子,我深深地知道知识改变命运的道理。除了积极参加各类课外活动,我最喜欢去图书馆读书。几年里我读了很多人物传记和各类小说,从汉武帝到曾国藩,从成吉思汗到康熙大帝,从狼图腾到成功者,我汲取着营养,充实着,成长着。

机械制图是我最喜欢的课,当一张张图纸从手中描绘出时,一股成就感油然而生。三个小时的制图课,我仅用一个小时就能完成。等大部分人画完,我已经在图书馆读书了。给大家推荐一本书——清华肄业生张宏杰的《一切从大学开始》,其中有关校

第二篇 逆境是一种财富

园生活、工作和爱情的文章深深吸引着我。这本书陪着我从大一到大三,我读了至少5遍,其中个别章节对我影响非常深。

千里之行　始于足下

积极参加各类活动,在图书馆、自习室、党校培训班、学生会以及舞会上,我接触到了很多优秀的同学,大家互相学习,提高兴趣,开阔视野。记得时任汽车工程学院党委书记的师雄达老师在我入党时找我谈话,谈起理想,我说要像师兄岳荣刚(我校第一届十佳大学生)他们一样有成绩。他鼓励我说,这并不遥远,只要你肯努力。那个时候,"十佳大学生"这几个字就牢牢刻进我的心里。

大二时,凭借在迎新活动中的出色表现,以及01级的林乐川师兄和王立辉师姐的推荐,仅做过体育委员的我通过竞选,成功担任汽车工程学院02级团总支副书记。踏实积极的工作态度,使我很快就能在团总支独当一面。由于各项任务均能出色地完成,我得到了老师和同学们的认可,大三时又成功当选为院团委副书记。职位高了,责任更重大,压力也更大。我深深地明白学生干部密切联系同学的重要性,任何工作没有同学的支持是不可能顺利开展的。在学代会召开之际,我被选为校学生代表大会常务委员会委员,并有幸担任常委会主任一职。在此期间,我认真完成了提案的答复、反馈工作,组织学校各职能部处领导与学生代表的座谈会,主持提案答复会,为母校的发展出谋划策。

我还是学校国旗班的一员,从大一到大三,从一名国旗手到第四届国旗班班长。我从小就喜欢军旅生活,高中时只是因为身体原因才没能报考军校。当时国旗班的条件很艰苦,没有正规的服装,我们只能穿军训的迷彩服。早上,同学们还在睡梦中时,我们已经来到主楼广场,喊起了口号。校运动会前夕,我们每晚都自发来到体育场训练。通过不懈的努力,我们的队伍更加整齐,铿锵的脚步更加有力。开幕式上,当雷鸣般的掌声响起时,我们发自内心地笑了。校庆时,我们整齐地走出主楼,沉着自信的脚步踏着《歌唱祖国》的节拍,白色的手套划出优美的弧线,出色的表现再一次赢得了大家的好评。威海市高区运动会上,国旗班作为第一个方队进入体育场,并博得了威海市领导的好评。

我永远忘不了那些忙碌的日子:每学期十几门的课程,团总支、国旗班两份学生工作,每周两次的家教。记得那时,多休息一个小时都是件奢侈的事情。同学在学习时,我在工作;晚上他们休息了,我又拖着疲倦的身体,来到走廊里,追赶落下的功课。周末,大家都出去玩,我却忙碌在活动的组织工作中,忙碌在国旗下的训练场上,忙碌在

百舸争流
——哈尔滨工业大学(威海)十佳大学生成长心语

去家教的路上……

个性就像弹簧，外界的压力越大，激情就越高，反弹力就越大。只有舍去别人不能舍去的，才有可能赢得别人不能得到的。

当我们护卫着国旗从主席台前经过，听到雷鸣般的掌声时；当校庆结束后，校领导亲切地慰问，并与我们合影时；当我们的活动在威海电视台上播出时；当拿着奖学金证书、计算机证书，获得综合素质测评专业第一名，以及优秀团员、优秀学生干部、三好学生等荣誉时，我更加坚信"付出总有回报"。

创新之始　梦想启程

当我还是一个普通大学生时，校园新建餐厅的工地上，一个拉伸钢筋的场景引起了我的思考：如何用一部机器实现钢筋的拉伸？于是，我多次跑到工地上调查，并在边文凤老师的指导下写出了《一种钢筋拉伸机器的设计》论文，获得材料力学免试资格。暑假里，我加入创新实验室，继续完善作品，并参加了"山东省高校机械工程专业大学生现代产品设计大赛"。面对繁重的工作量和二十多天的准备时间，有些迷茫的我得到了创新实验室刘会英老师和同学们的极大帮助和支持。山东赛上，我的作品获得优秀奖。站在泰山之顶，我坚定了自己的目标：要做就做最好，明年我要拿一等奖。

当我载誉而归的时候，创新实验室又收到了好消息——我校参赛作品《汽车转向同步照明灯》入选"全国大学生机械创新设计大赛"决赛。我主动加入了决赛筹备小组，在仅仅一个月的时间里，我们要完成控制系统的改进、模型的制作。材料的紧缺给模型制作带来很多麻烦，我们跑遍了威海市大大小小的加工厂，寻求解决方案。记得那个酷暑的夏日里，我们用一块块的砂纸将粗糙的模块抛光，再用胶水拼接起来。手磨破了，用胶带粘上继续干。同学们毫无怨言，为的就是那份执著，做好作品，为母校争光！同时，我又非常荣幸地被选中，代表我校去南昌大学参加比赛。成功属于有准备的人，我们出色的回答和制作美观的模型赢得了现场专家的好评，艾兴、杨叔子院士分别参观我校展区，并亲切地与我们合影留念。中央电视台新闻频

张立伟在实验室动手制作科技创新作品

第二篇 逆境是一种财富

道也对我校作品进行了报道。最终该作品获得全国三等奖。

大二下学期的南昌之行，可以说是我大学生活的一个转折，从此我走上了创新之路。虽然奖项不属于我，但参与的乐趣的确是令人激动和充满成就感的，这个过程让我感受到了集体荣誉的魅力。在自己得到锻炼的同时，我也积极帮助其他同学，参与课题讨论、模型制作，举办创新设计讲座，吸引更多的同学参与到创新中来。在大家的共同努力下，汽车工程学院首届"创新设计大赛"成功举办。

兴趣的力量是巨大的。于是，为了寻找材料而经常出入在废品收购站、汽车修理厂时，我更加坦然；在厕所改造成的加工车间里一干就是一天，成为我的自豪。灵感源于勤奋和思考，我设计发明的"手动木工锯条插齿机"在次年的"山东省机电产品竞赛"中获得一等奖，并获得国家专利；"钢筋拉伸装置"也获得国家专利。在创新实验室的那段时间里，我过得非常充实，也体验到了创业的艰辛。实验室初建阶段，很多设备都不完善，基础材料的短缺需要我开动脑筋，想尽办法去寻找，并且努力创造实验条件。

理想在创新中翱翔，这是对我们努力为之付出的我校首个"全国先进班集体"——0201101 班的最好总结，也是我们每位身在其中的同学奋斗与成功历程的真实写照。

美好的时光总是那么短暂。大量的学生工作、创新设计活动不可能不影响功课，大三下学期，考查课《液压传动》的挂科犹如一记重磅炸弹，轰得我如梦初醒。仅靠期末突击也可以得奖学金的神话终于破灭，也许这已经在提醒我应该停止学生工作，将精力转移到已经荒废许久的学业上。学业无捷径，工科的同学必须严肃认真地演练，努力学习每一门课。

大四上学期，持续的努力终于换得"十佳大学生"的参评资格。当我以十佳第五名的身份坐在全校表彰大会上时，座位旁边的女同学，即十佳第四名，引起了我的兴趣。原来她叫李琪，外语学院的。也正是两年前在主楼某个自习室与我擦肩而过，被我认为不适合做我女朋友，只会打扮的"花瓶女生"。爱情终于在酝酿许久之后的某个时刻与我邂逅，一个月后，我们已经手牵手地走在校园里了。

大学四年级，拿着各类获奖证书、专利证书，我已尽力，却也无法实现自己在大学的终极目标——保研。灌了自己半斤二锅头，昏睡过后，我毅然决定考研。我的好朋友，时任班长周亮亮曾经对我说过一段至今让我记忆犹新的话："立伟，我觉得你最适合工作，你为什么一定要读研究生呢？而且按照你现在的状态很有可能考不上。""兄弟，或许只有这样我和她才能在一起啊！"我苦笑着回答。

考研路很漫长。2005年底，数年不遇的圣诞大雪差点让食堂无法供应饭菜，似乎注定那个冬天不寻常。2006年2月28日，我在船上得到考研失利的消息，当晚到达威海，转乘火车去了北京。

清华园体育馆里人头攒动，我振作精神，最终签约广本。

现在回想起来，这正是我人生的一个转折点，是我重新思考未来和再次启程的契机。由此我体会到：人要不断去发现自己喜欢做什么，能做什么，应该做什么，在这个过程中不断认识自己。要做好职业规划，千万不要为了读研究生而去读研究生，因为最可怕的就是盲目，浪费了时间且没有成果，除了能锻炼脆弱的心理承受能力，别无益处。至于大学应该怎样度过，我想借用班主任刘会英教授的总结：基础大一，规划大二，个性大三，发展大四。个中道理，令我们受益匪浅。真正发现自身兴趣和发展方向了，也就不会盲目了。其实，社会需求的大部分人才都是应用型的，研究生完全可以在工作一段时间后再有目的、有选择地读。

感慨往昔　学会感恩

顺利完成大学生活，我心中充满感激。父母的经济支持、老师们的谆谆教导以及同学和朋友们的帮助令我感激不尽。更重要的是，母校为我们提供了广阔的发展空间。

大学生活，给我留下了太多的回忆，其中有成功，也有失意。比如参加过多的社会活动让人无法及时总结。我发现，盲目追求更高的学生干部职位未必是件好事，其实能够做好班长就非常不易。学生干部职位越高，往往锻炼越少，班长其实比学生会主席难当。太多的精力耗在位置上，已停止了成长。要多花点时间做实在的事情，学会与人沟通，注重团队的力量，适当务虚。

在此，一并感谢最可敬可爱的人，我的恩师：辅导员吴琼老师、隋海瑞老师、黄蕊老师、时任学院书记师雄达老师、创新设计室刘会英教授、王毅老师、校党委王建文副书记、时任校团委王彦岩书记、刘群书记以及许鹏老师。感谢我的榜样，01级林乐川师兄、王立辉师姐和00级刘纪涛师兄。我的团队支持者：汽车学院团委学生会、校团委、学代会常委会、国旗班以及创新实验室全体成员。

坚守爱情　抵住流年

"当火车开入这座陌生的城市，那是从来没有见过的霓虹。手中握着你的照片，那是从来没有的思念。"似乎只有陈楚生才能够体会我的心情。

第二篇　逆境是一种财富

不禁苦笑,难道这就是命运的作弄?北上南下,这3 000公里外的爱情,我们该如何继续?想起我用502胶水和金海滩的贝壳为女朋友做的生日礼物——"张冠李戴",似乎早已预示着结局。我们并不认为我们之间的爱情是纠缠不清的,我们选择了坚持,与其相信命运,不如把握好每个瞬间。2008年7月,李琪研究生毕业后,放弃各种机会,毅然来到广州与我共同打拼。9月,第二次搬家,我们蜗居在城中村40 m²的房中房里(业主私自将原来较大的房子进行了间隔改造),只有一个2 m²的窗户和外界相通。这间半夜偶尔有"访客"的小屋子对于我来说,倒也算得上清净。难为的是李琪,她是在客厅都比现在房间大的环境中长大的,却要和我半夜起来大战水老鼠,条件虽然艰苦,但我们坚信有爱就有家。

好的爱情,战得胜时间,抵得住流年,经得起离别,受得住思念。

2009年4月,从金融危机中走出来的我清掉股票,参与拯救了第二轮探底的广州楼市,终于有了属于我们自己的房子。7月,小飞(广本飞度)带我们远行。在职苦读,我终于打破魔咒,在第二次全国联考中获胜,于2010年9月考入中山大学管理学院MBA,圆了我的研究生梦。

只要努力,梦想就在你眼前!

逆境求生　坚定目标

公司为刚刚毕业的大学生准备了宿舍,虽然比较简陋,但也令在广州读大学的高中同学羡慕不已。邻居基本都是新来的,每到下班后或者周末大家都一起小聚,说着各自的故事,憧憬着未来。2006年8月,我拿到了第一个月的工资单,扣除各类费用,剩下1 600元。当时一阵眩晕,我什么时候才能买得起笔记本电脑?为了赚取每天25块钱的车补,我买来自行车,每天骑车往返10公里上下班。后来自行车丢了,就打的上班。听起来挺牛,实际上是5个人挤一辆出租车。

那时大家都很少做饭,公寓楼下有一排小吃店,一个掉了漆的铁牌子上写着"经纬大饭店",实际上就是广东人的大排档,也就是只有三五张桌子的没有门的小餐馆。这里有我们很多回忆,下班后小聚,代送外卖。那时,下班后坐15分钟班车都能够睡一觉,下车到宿舍继续睡,不知几点,拿起电话打给餐馆:"老板,韭黄炒蛋加两碗米饭,B座701"。后来为了吃得健康,下半年和室友合伙买了厨具,开始自己做饭。虽然是三天打鱼两天晒网,可厨艺功底却也有所长进,西红柿炒鸡蛋做得可谓炉火纯青。每天下班后除了加班、学习,一个重要的必修课就是给女友打电话。孤独的岁月,美好总是一瞬间,感谢她陪我一路走来。

百舸争流
哈尔滨工业大学(威海)十佳大学生成长心语

当韭黄炒蛋从六块钱涨到十块钱的时候,我第一次搬家,在一个叫东圃镇的地方住了一年半。9楼顶楼,没电梯,在广州长达半年之久的夏天里,每天爬上楼之后,后背就已经湿透。楼下一个电信营业厅从早九点到晚九点一直放着同一曲音乐,一年都不变。时隔四年有余,现在想起来还在耳边回荡。

广州30 ℃的夜晚让人烦躁。不眠之夜,我经常算账:广州非中心城区房价在2007年左右是每平方米5 000~6 000元,即使是70平方米的房子,也要35万元以上。什么时候能够拥有自己的房子,成为我的个人课题。于是,拿起我的小黑(港版水货IBM电脑),学习何为IPO,何为PE。从3 000点到6 100点,再到1 700点,都有我的身影。广州城区几条主干道周边的楼市中介,每个月都会收到一个不买房只询价的客户电话,打电话的人就是我。

那个夏天,我席地而坐,光着脊梁,吹着风扇,挑灯夜战。考了三次后,我终于通过全美通过率35%的采购经理认证——C.P.M。

我想说的是:"坚持你的目标,肯定能实现!"

明确定位　迎接挑战

如果说工作也是一部戏,那么我演过主角,当然也演过内耗牺牲品。绝大多数人都会遇到而且必然遇到潜规则之类的事情,以下是我的教训和体会。

首先是不要抱怨,要有好的心态,做人做事都要低调。这是一个成熟的职业人第一重要素质。没有哪个老板喜欢下属唠唠叨叨或者经常阴着脸。相比70后,80后目前的就业环境面临比较激烈的竞争,这应该就是人口数量现状和扩招的缘故。这个社会问题让我们赶上了,也只能接受而已。可能是一路走过来比较顺利,以为领导喜欢而且重视自己,经常会由着自己的个性做事情。虽然绝大多数结果很好,但是会有人受不了,也就容易埋下隐患。

其次是经常做些现状估计,明确自己的定位。审视自己正在做的、思考的事情是否是内心真正的需求,而不是浮于表面的欲望。管理好自身需求非常重要。我们有时候之所以痛苦,往往不是不清楚自己的需求,而是被欲望蒙住了双眼。如果你想坐那个位子,就要按照那个位子的标准要求自己,不是单纯努力工作、业绩出色就能够升职的。如果你所在组织的领导经常换,你一定要注意,除非你把适应不同风格的领导也当成是一种锻炼。内心强大很重要,忍耐也是一种锻炼。

此刻心情　尽洒笔下

　　毕业多年后，我依旧经常浏览母校的网站。虽然很多新闻已经陌生，可那块热土却经常浮现在我的梦中，那里有我们太多美好的回忆。某次从美国回来，我去探望辞去亚组委公职后到印第安纳大学读博的妻子，她却又正在积极申请MBA。她说可能某天在纽交所会有她的身影，我则开玩笑说，到那时就去种玉米给她吃。

　　这就是生活，一直在变化着，我们很清楚的是梦想一直没变，一路向前！

张立伟简介

　　1983年出生于吉林省辽源市东辽县云顶镇水缸村，中共党员。

　　2002～2006年就读于哈尔滨工业大学（威海）汽车工程学院。

　　2010年考取中山大学管理学院在职MBA。

　　在校期间曾担任国旗班班长、汽车学院团委副书记、学代会常委会主任等职务，并多次获得省、校级"三好学生""优秀学生干部"称号，所在班级0201101获得全国先进班集体。曾获得省级一、二等奖，个人拥有国家专利两项。

　　2006年进入广汽本田汽车有限公司，从事采购与供应管理工作。工作期间，两次获得优秀员工称号，发表核心期刊学术论文1篇，通过美国注册采购经理认证（C.P.M）。

百舸争流
——哈尔滨工业大学(威海)十佳大学生成长心语

与时间赛跑 向命运挑战

田陶然

第四届十佳大学生

回首一路走来的奋斗历程,我感受到生活中处处有精彩。无论家庭背景如何,无论相貌性格如何,只要有努力的习惯和拼搏的态度,就会离目标越来越近。

第二篇　逆境是一种财富

自 2007 年毕业,我就一直惦记着有一天可以再回到美丽的威海,回到熟悉的校园。毕业几年后,我终于明白,自己最想回去的是青春年少的时光,最惦念的是曾经满腔的激情,是那群熟悉的人。回去一座城,可以期盼;回去一段经历,已成惘然。

在威海,青春的脉搏在不经意间跳过了四年。2003 年,当我第一次踏进校门时,青涩而懵懂;多年后的今天我坐下来梳理过往的日子时,自信而坦然。无论是在流光溢彩的舞台上,还是在剑拔弩张的比赛现场,还是在国家重点实验室的日日夜夜,还是在公司紧张工作中,我都感到自信、充实与荣耀。这些年,我在蜕变,在慢慢地走向成熟。在老师、同学、同事与朋友的指导和帮助下,我正在创造属于我的那片天地。

面对病魔　选择奋斗

当我满怀着希望踏入哈尔滨工业大学(威海)时,惊奇地发现原来身边的人都很优秀,这让一向好强的我禁不住问自己:我还能在这里取得优异的成绩吗?我用坚定的态度告诉自己,无论多么艰难,都要尽自己最大的努力把学习搞好。可是,只有我自己知道,作为一个患有坏死性胰腺炎的人,作为一个曾被连续三次下病危通知书而奇迹般出院仅仅半个月的人,我该付出怎样的代价,才能在使自己仅有 50% 活细胞的胰腺得到充分恢复的同时,还能把大学的课程学好。我只是不停地告诉自己,我曾经很优秀,我可以做得更好。就这样,我轻轻地抚平伤口,全力投入学习当中去。我不停地记笔记,不停地做练习,也不停地开夜车,我在拼命!我深知自己在干什么,我随时都可能倒下,但我从来不后悔,因为我曾经努力过。

大学期间,我的成绩一直位于专业前列,曾经多次获得人民奖学金和单项奖学金。可能对他人来讲这并不是最好的成绩,但对于我来说是多么的重要和珍贵啊!这是一个差点失去生命的人在重获新生时所作出的选择,我选择奋斗,选择优秀,并为之付出艰辛的努力,我为自己的选择感到骄傲。

当病魔侵蚀我的身体时,我也曾想到过放弃。母亲总是说:"只要你的身体好了,其他一切都无所谓。"可就是为了这句话,我更要努力,我要让母亲觉得自己没有教错儿子。我要做到优秀,因为作为继母的她已经为我付出了太多的辛劳和关爱,哪怕我明天就要离开,我依然要在今天让母亲觉得她拥有一个优秀的儿子!但是,对于我的身体状况,我从未详细向别人说过,寝室舍友也只是知道我身体不好罢了。今天我写在这儿,就是想告诉大家:我选择努力,并为之冒险,无论我努力的结果如何,我都不会后悔,并将一路走下去。奋斗将是我生命中永不改变的旋律。

发挥优势　努力拼搏

　　在学习之余,我意识到:想成为一个优秀的人,必须利用好自己的优势,充分创造适合自身发展的条件,从而得到全方位的发展。在大学的第一个学期我就参加了"校园英文朗诵比赛"并获得了一等奖,这无疑给了我很大的信心。英语一直是我所有学科中的强项,我曾不止一次拿过省、市级英语比赛的大奖,到了大学,它更成为我开阔视野的第一工具。紧接着,我参加了2004年"校园英语演讲比赛暨CCTV全国大学生英语演讲比赛校园选拔赛",在参赛的百余名选手中,我一路过关斩将,杀入决赛并在激烈的竞赛中脱颖而出,获得特等奖。在我又一次站在最高的领奖台上的同时,也成为了唯一一个代表学校赴济南参加省级选拔赛的学生。当我得知自己可以代表学校参赛时,心里有种久违的感动。我告诉自己,无论比赛结果如何,我都要在过程中表现出哈尔滨工业大学(威海)人的自信沉着的气质以及谦让有礼的美德,在他人心中留下对哈工大的美好印象。就这样,我踏上了征程,开始了又一次探寻。在强手如云的济南,在激情如火的山师大,我与各路好手同场竞技,拼尽全力,最终带回了山东赛区的优胜奖。虽然失去了去北京的机会,但我的无怨无悔给其他选手留下了深刻的印象,为哈工大(威海)作了一次宣传。

　　除了英文比赛以外,我还参加了"校园主持人大赛",并用机智的反应和富有逻辑性的回答征服了全场观众和评委,最终获得一等奖,从此开始了我的又一个角色。在哈工大(威海)的校园里,我包揽了自己所参加的所有比赛的第一名。经历了主持人大赛的磨炼,我开始频繁地走上舞台。作为主持人,我先后主持了十佳歌手大赛、食神争霸赛、寝室文化节闭幕晚会、迎新晚会、校庆晚会和毕业晚会等30余次大小晚会,并主持了十佳大学生评选、五四表彰大会以及优秀班级表彰大会等,亲身感受了优秀的个人和集体的风采。

　　在不断的自我提升过程中,我开始尝试双语主持。由于拥有良好的语言能力和舞台形象,外国语学院的老师们让我以上届冠军的身份主持新一年的"CCTV英文演讲比赛校园选拔赛"。通过认真的准备,我不仅圆满地完成了任务,还超越了自我,对于英语主持也可以运用自如,真正成为校园里一名合格的双语主持人。我用我的努力告诉大家,工科专业的学生也可以活跃在文艺领域。

　　作为一个要求进步的当代青年,党组织无疑对我有着巨大的吸引力。从最初朦胧的思想意识到加入党组织,我走过了一年半的时间。成为预备党员后,我不断体会着

党员的含义,努力用实际行动实践入党誓言。在党校学习期间,我担任了大班班长的职务,这是党组织对我的信任,也让我有了更多的锻炼机会。这不仅要求我组织好每一次大课的所有环节,还要求我处理好整个党课期间所有的问题。这个过程中,我看到的是老师严格的要求和党校严肃的纪律,这都给予了我很大的震撼。党校的学习还让我清醒地认识到,作为党员,更要处处为同学着想,起到模范带头作用。于是,我在生活中严格要求自己,主动帮助后进同学,并注意听取他人的意见,改正自己的缺点,以期在校期间能为同学们作出更大贡献。

在大学期间,我还参加了创新设计实验室,对"公交车自动报站系统"和"蜂窝煤成型机"两个课题进行了探索。尽管由于种种原因没有能够给出合理完善的改进方案,但在整个设计过程中,通过不停地翻阅资料,不断地与同学讨论,我的分析、解决问题的能力得到了很大提升。这个简单的开始,使我踏上了创新实践之路,从而对今天的工作产生了巨大影响。

在威海的四年,我扮演着不同的角色:主持人、演讲者、参赛选手、学生干部和预备党员,这些不同角色的背后都留下了我奋力拼搏的足迹,我在努力让自己不受身体因素的牵累。因为我相信努力是一种习惯,拼搏是一种态度,爱拼才会赢!

转换舞台 提升自己

加入新世纪讲坛主持人部的经历使我有机会与更多优秀的人一起工作,比如王健、麻文华、宋琪珍等。在此期间,我还主持了大小讲座多次,成为校园里最活跃的主持人。这些活动不仅增长了我的见识,也使我第一次意识到自己的存在原来可以活跃整个校园的气氛。这是我思考如何为同学们服务的开始,这些经历也给了我很多与优秀人士合作的机会。比如迎新晚会上,我与威海电台著名节目主持人李琳一起,通过电台的直播,将我校的文化活动传遍胶东半岛;在校庆晚会上,我又与来自校本部的研究生高震极、我校十佳大学生宋琪珍一起,为包括诸多两院院士在内的各界宾朋带去了青春活泼的表演,为母校的发展贡献了自己的力量。

当我意识到自己需要全面提升自我时,又加入了学生会,而且从开始起就将自己定位在更开阔的层面上,选择为更多的同学服务。从大一时的部员到大三时的副主席,我脚踏实地、时刻不敢忘记自己的责任,认认真真地完成每一项工作,积极努力地为他人服务。这期间我不停地进行着角色的转变:从普通的部员到办公室主任,我学会了如何协调各部门的关系,领导本部门工作并使学生会形成整体性的发展;从主任到副主席,我在逐步形成从大处着眼、处处以大局为重的思维习惯,这些转变让我成为

百舸争流
——哈尔滨工业大学(威海)十佳大学生成长心语

一名可以把握校学生会发展方向的主席团成员。在工作中，我不仅从台前转移到幕后，从事更多的组织策划工作，还有了很多创新的想法。我先后组织策划了多期沟通之桥、迎新晚会、毕业晚会、校庆晚会和校园风采之星等大型活动。为了宣传我校学生的风采，我主动联系了《21世纪报》，并成功地制作了哈工大(威海)专版。作为国内发行量最大的英文报纸，这个专版的发表为学校提高知名度起了积极作用。尽管整个过程耗费了我很多的时间和精力，但给我的启示是巨大的。这件事让我明白，开阔的思维对于学生会工作的重要性，也提升了我作为学生干部的能力。

离开校园　结缘奥迪

离开威海后，我被保送到吉林大学攻读硕士学位，并于2009年毕业。离开做学生的日子三年了，回过头去想想，享受了吉林大学两年轻松的研究生生活，在国家重点实验室毕业，一点都没有给我预想中的喜悦。做了六年学生，三年社会人，我一直在不断寻找自己：我是谁，我能做什么，我想成为怎样的人？这三个问题对我来说至关重要，也值得我用一生去寻找答案。

就在今天，我刚刚完成了奥迪品牌最重要的国产车型的公关沟通计划，开始奥迪在华品牌营销的又一个项目。这对现在的我来说，是平凡而普通的一天，但对于以前的我，却是不平凡的一天。

我的毕业季与金融危机一同到来，所有雇主都削减开支，节衣缩食。在这样的季节想找到期望的工作，还真得靠点运气，否则只能面对礼貌性的微笑。本想彻底拒绝汽车行业，拒绝技术工作，去适合我性格的快速消费品行业、咨询业或者银行业，来开始我的职业生涯。但这对于一个汽车专业的学生，似乎有点困难，尤其当自身都难以为继的时候。经历了最残酷的面试后，我幸运地成为400人中被留下的那个十分之一，到了一汽-大众的奥迪新总装车间，开始了我的职业生涯。

对于困难时期的企业，即使补充人才，也只是储备使用，不会有具体的岗位。所以，我在总装车间闲逛了一个星期，跟工人们在一起，了解车间的布局与简单的工作流程。但我最不喜欢无所事事的感觉，于是主动联系了办公地点在总装车间的制造技术科，看看他们是不是缺人，至少可以让我有点工作干。很凑巧，经过几次沟通，他们还真缺一个工程师，很快，我就从总装车间现场工程师，转成了制造技术科的匹配工程师，负责两款车型的匹配分析工作，而且竟然还有一个班组的技工供我支配，配合我的工作。最起码，这让我觉得，我还可以做点什么，哪怕是有些枯燥的工作。

在别人还在闲着的时候，我踏实地做了一年的匹配工程师，在焊装、总装车间来回地跑着，不停地开会汇报，似乎还真有点忙。终于，公司通知所有人都可以去相关部门工作的时候，我很激动，尽管在别人眼中我早就已经确定了部门。机会就是这样，能否把握住全看自己。我可以跟别人一起填志愿，希望能去我想去的地方工作，现实却告诉我，那些我喜欢的部门不是想去就可以去的，我才第一次了解到社会的现实性。但我告诉自己：没关系，每个人实现梦想的方式不同，你有你的方式，我有我的坚持，即使不行，也不至于后悔。

于是，在他人的质疑中，一个不认识任何领导、也没有任何后盾支持的我，开始了自己的坚持。我在将近两万人的通讯录中寻找那些我需要的人，查找他们的职位，他们的电话，他们的邮件。我给每一个我所期望的部门领导，乃至办理此事需要涉及的部门的领导写邮件，去查询他们的工作时间，通过我能联系上的人跟他们约时间见面。在那段时间，我一点都不觉得等两三个小时让人抓狂，甚至还有点小兴奋，因为我在为实现目标而努力，哪怕将来自己想起来时觉得不靠谱。按照自己的节奏和沟通技巧，一个星期以后，我竟然真的可以在我梦寐以求的部门中选择自己最想要的。人生就是这么神奇，当你没去追寻的时候，很多事情那么让人忐忑，但一旦你开始努力了，就会发现这根本没你想象的那么难。

于是，两年前，我从一名匹配工程师变成了公关市场营销经理，开始负责奥迪品牌在中国市场所有国产车型的公关营销沟通，以及部分品牌建设工作。作为中国市场中最为成功的高档品牌，奥迪以竞争对手无法比拟的销量和口碑，在这个市场连续称雄24年。在这个平台上，我可以获得很多锻炼的机会。我一向认为，平台对一个人的前几年至关重要，但几年之后，能力将超越平台，决定你的发展。但这份能力，必须是在这个平台上锻炼出来的。我需要锻炼的地方还有很多，很感谢奥迪给予我的一切。

回首一路走来的奋斗历程，我感受到生活中处处有精彩。无论家庭背景如何，无论相貌性格如何，只要有努力的习惯和拼搏的态度，就会离目标越来越近，用青春去拼搏，去奋斗吧！我也会一直坚持自己的梦想，不断地努力，不断地创造，与所有的哈工大（威海）人一起奋斗，明天就在我们脚下！

百舸争流
——哈尔滨工业大学(威海)十佳大学生成长心语

田陶然简介

1985年出生于内蒙古自治区，中共党员。

2003~2007年就读于哈尔滨工业大学(威海)汽车工程学院热能与动力工程专业。

2007~2010年于吉林大学国家级重点实验室(汽车动态模拟实验室)攻读车辆工程专业研究生。

在校期间曾获"黑龙江省优秀毕业生""山东省优秀学生干部"，哈尔滨工业大学"优秀团员""优秀学生干部"等荣誉称号，并获二等人民奖学金两次、三等人民奖学金两次。

2010年就职于一汽-大众汽车有限公司。

第二篇　逆境是一种财富

不抱怨的世界

张兰杰

第五届十佳大学生

　　我是个有些笨拙的人，小时候经常因为各种各样的生理缺陷遭到嘲笑；又是一个出身贫寒的孩子，不得不承认我有些自卑，甚至有时希望独处，不与人打交道。但我同时知道，我的优点是有梦想，且梦想带给我的勇气超越一切。我很勇敢，越害怕，就越要勇敢面对，一点点超越，终会变得强大。

百舸争流
哈尔滨工业大学(威海)十佳大学生成长心语

我出生在一个贫寒的家庭,兄弟姐妹也多,所幸父母还算支持儿女的教育。十年寒窗,终于在2003年考上了大学。

破冰之旅

2003年的秋天,那时我16岁,怀揣着家里东拼西凑的三千块钱,独自一人踏上了通往威海的路。除了上大学的喜悦,还有对学费、对未来的担忧。所幸学校用温暖的怀抱接纳了像我这样的贫困生,严厉而真诚的辅导员迅速帮我办好了助学贷款,一位学姐给我买来了第一顿早餐。冬天的时候,班主任送给我几件御寒的衣服,我至今仍然记得老师把衣服送给我的时候,那种饱含疼爱又怕伤害我的眼神。

大一时的我,青涩而略有自卑,对很多社团活动都很胆怯,想法也很简单——希望自己能顺利拿到奖学金。因此,大部分时间我都在图书馆,过着类似于高中的生活,各门功课取得了很好的成绩,也顺利通过了英语四、六级考试及计算机二、三级考试。

大二上学期,我开始了解注册会计师考试。当时正是注册会计师稀缺的年代,老师说了一句激动人心的话:"也许你不能通过这个考试改变命运,但你一定能改善命运。"可以想象,"改善命运"这个词对于我这样的女生有着多么大的诱惑力。于是,那个炎炎夏日,我闷坐在教室,蒸发着汗水,也升腾着希望,忍受着痛苦的煎熬,追逐着自己的梦想。终于在2005年,我通过了《会计》《审计》《经济法》和《税法》四门考试,次年又以高分通过了《财务成本管理》考试。

考完注册会计师后,时间相对宽裕了些,我也意识到自己在实践方面的不足。此时,"挑战杯"大学生创业计划大赛拉开了序幕。由于当时的我有了一点"知名度",所以叶青师兄找到了我,希望我能参与到他们的项目中。于是,几个来自不同专业的人一拍即合,组成了"焦点创业小组"。2005年的冬天,我们开始准备比赛。大家兵分三路,联系各个医院去调研产品需求,找供应商了解材料价格,到税务局等政府部门商讨高新技术企业税收优惠政策,晚上回来后在暖意融融的M楼三楼的教师休息室整理讨论。2006年春,"挑战杯"的校内选拔赛,即"橄榄杯"拉开帷幕。我每天泡在H楼三楼的经管机房里,甚至连饭都来不及吃,与负责市场和产品方面的组员反复沟通协调数据,抓住一切机会向何中兵老师请教,终于完成了一整套财务数据,包括数十张漂亮的财务图表。之前对Excel一窍不通的我已经可以熟练运用Vlookup等函数,甚至能够做出敏感性分析图等复杂的表格了。

第二篇 逆境是一种财富

初战告捷,我们在"橄榄杯"比赛上获得了第一名。随后,又根据评审专家的意见进行了修改,在何老师的带领下,与其他学校进行了学习交流,几经易稿后提交了省赛稿。六月,捷报再次传来,我们获得了省赛特等奖,并拿到了十月份全国决赛的入场券。欣喜之余,我们面临着一个严峻的形势:小组成员除了我都将毕业离校,踏上各自新的征程,而我也即将迈入大四,处于选择考研或保研的人生重大抉择阶段。校团委朱美丽老师告诉我们,她会尽最大可能为我们争取支持,保证我们的参赛过程没有后顾之忧。大家又鼓足了劲,奔向全国各地的组员利用各自优势,分别设法了解到了当地的市场数据,拜访了当地的风险投资公司,我们把集体讨论的阵地转移到 Skype 及 QQ 群里。唯一在威海的我承担了较多的任务,还记得全国决赛交稿的前一天,组员孙钢从青岛赶来,我们联系到一家质优价廉的打印社,为了避免白天受其他人的干扰,我们决定通宵进行打印。为保障优质效果并节约经费,要对一页纸上的图片先进行彩色打印,然后再对剩下的文字部分用黑白打印。为了避免出错,我和孙钢的精神一直处于高度紧张中。第二天早上九点多,我们抱着几千页的材料从打印社出来,然后深一脚浅一脚地赶到学校的印刷厂,终于在截止时间前将印刷精美的材料邮寄了出去。

十一假期的时候,大家分别从武汉、上海、哈尔滨等地赶来,重新聚集在母校进行最后的冲刺。最终,我们在全国决赛中获得银奖,并与一家创业投资公司签约。这是哈工大(威海)在"挑战杯"创业计划大赛全国决赛获奖记录中零的突破,我相信母校定会有更多的人沿着我们的道路在"挑战杯"中取得更加优异的成绩。这一年多的准备过程对我们团队的每个人都有着非凡的意义,我们结识了志同道合的朋友,有一名组员还在全国决赛时认识了其他学校的一个女生,并在几年后结成佳偶。我们也获得了丰富的实践经验,七人小组里有三人走上了创业的道路……

叶青师兄是个很有想法的人,也善于启蒙他人。他多次跟我讲到,身处威海是我们的优势,也是我们的劣势。一方面我们可以在这个风景如画的地方去除浮躁,打牢基础,度过我们愉快的四年大学生活;另一方面,这所大学给予我们的机会远不如身处北上广的同学多,比如我们无法在大学期间就近在世界五百强公司实习。因此,我们要更加关注外界,争取一切机会去证明我们的实力。在这样的鞭策下,我主动联系了北京的企业,积极参与实习。当我从网上得知上海财经大学"全国经济学优秀大学生夏令营"这项活动后,便开始了艰苦而琐碎的准备过程。由于没有成功的先例,所以,对于申请书、经济学个人陈述、学术论文、论文翻译和导师推荐信,全靠自己一点点摸索,最终我被录取了。在夏令营中,我接触到了全国最顶尖的学校,了解了那些优秀的学生都在做什么、思考什么,也有机会让他们了解到哈工大工科院校的财经教学特色。

百舸争流
哈尔滨工业大学（威海）十佳大学生成长心语

一位复旦的同学在博客上写到："哈工大很多人都学数学分析，也学物理，他们教学很有特色，研究基础也很牢靠。"另外，在上海期间，我还参加了中国留美经济年会，聆听了诺贝尔经济学奖获得者和高级政府官员的演讲及海内外著名学者的学术报告，并有幸与他们进行面对面交流，近距离感受大师风范。

到了大四，我以专业第一名的成绩被保送到华中科技大学读研。在保研过程中，我有过无数的犹豫和徘徊，保研可选择的学校范围很小。当时，我在学校已经有了很大的知名度，大家见面都称我为"神仙姐姐"。我是中国年龄最小的注册会计师，是考试从不失手的"神仙姐姐"。在考注册会计师时一次性报考五门，大家都说我疯了的时候，我仍无所顾忌。但对于此时想去考研的我，这层光环却成了束

张兰杰（左一）与诺贝尔经济学奖获得者合影

缚。我一次一次下定决心，又一次一次决定放弃，担心万一考不上能不能承受住别人的议论，担心考上自费研究生又将何去何从。

最终，我没战胜自己的懦弱，选择了保研这条轻松的路。这可能是我成长阶段唯一脆弱过的一次。

毕业的那个夏天是我最怀念的日子，我参加了"十佳大学生"评选。在六一儿童节那天，我站在G楼的讲台上，面对所有的评委和观众，克服了我的胆怯和羞涩，勇敢地展示了自己，也对所有人说出了我的感恩。六一过后，就是一场又一场的聚会。伴随着校园里怒放的合欢花，对同窗的不舍、对母校的留恋、对青春的怀念以及对未来的期待，在那个炽热的夏天，化成了一杯一杯的酒、一行一行的泪。

江城生活

夏天过后，班里的同学考研去了北大、人大等。刚到华中科技大学读研的我很失落，过了一段相对消极而轻松的生活。直到有一天，我看到一句话："从安静的关山口（学校所在地），只要你有足够的积累，只要你出发，就能到达北京的长安街、香港的中环和美国的华尔街。"我知道，我所做的不应是怨天尤人，而是更加努力。

研一时，我听过多场求职座谈会，师兄师姐个个意气风发，师兄去了顶级投资银行，师姐去了某部委，工作体面风光，薪金相当丰厚。伴随着股市攀升到6124点，我们

学金融的孩子个个信心满满、跃跃欲试，恨不得早日毕业去股市淘金，大展宏图。谁料到 2008 年，形势急转直下，全球经济危机呼啸而至，股市也一泻千里。我还清晰地记得在 2008 年 10 月 28 日，股市降至 1664 点的冰点，此时，多家公司冻结了人事招聘，很多已签约的同学也遭遇了企业解约。每位求职者的脸上写满了焦躁和不安，拼力试图抓住每一根救命稻草。由于一直没有证券公司招聘，我暂时去了一家会计师事务所实习，做项目时跑遍了宁夏和内蒙古。终于，在 2009 年 2 月，我们等到了姗姗来迟的第一场券商招聘会。我以充分的准备和真诚的沟通打动了面试官，从上千人中脱颖而出，成为那家券商总部招聘的唯一一人。

工作敲定后，我开始全力以赴准备毕业论文，我的导师是传说中的"大牛"。但是他身体不好，又带了很多博士，很少能顾及到研究生。所以，论文选题、开题报告他也没能在场指导。当然，这从另一个方面也给了我更好的发挥空间，结合对时事的思考及对国内外研究方向的持续追踪，我选中了既切合专业实际，又令我很感兴趣的课题。写论文时，我翻译了很多国外的相关文献资料，在巨潮资讯网搜集了三千余家上市公司的年报相关数据。面对大量的数据时，我很感谢大学时认真对待过的每门选修课，当时高分通过的计量和统计学在此时发挥了巨大作用。我做了大量的实证工作，通过有理有据的过程得到可靠的结论。论文完成后，导师高度赞赏，邀请我读博，我婉拒了。虽然对学术仍存一腔热爱，但赚钱养家也迫在眉睫。我的论文最终成为湖北省优秀硕士毕业论文，在答辩完后，大家放松下来准备毕业时，我给院里的师生做了几次论文方面的讲座，以求以后能有人将论文主题延伸并深入研究下去。

对我来说这两年还有两件大事：第一是我也赶了一把时髦，加入了出国备战大军，在 GRE 考试中取得高分，只是后来意识到自己的盲目，又放弃了；第二件是研究生毕业前，我坐了很长时间的火车，去了哈尔滨，看了看冰城的模样，与在总校读研的诸多同学相聚在一起，开怀畅谈。

研究生毕业再回首时，我对学校少了抱怨，多了感恩。这里，给我留下了一生中特殊的回忆。我记得人文素质讲坛的拥挤，记得青年园的雪，记得东湖的落樱，记得做课题时一群人奋战到天亮的激情。

鹏城启航

2009 年 7 月，我到深圳工作。我从母校汲取了做人的力量，从参加工作的第一天起，始终保持谦虚低调，时刻以"规格严格 功夫到家"来要求自己。

刚来公司的时候，我遇到过很多困难，做稽核审计，会进入很多陌生的领域。经常

百舸争流
——哈尔滨工业大学(威海)十佳大学生成长心语

与在资本市场叱咤风云的人物访谈让我感到惶恐,怕访谈时无话可讲,怕被对方质疑自己的专业性。那段时间,我经常在访谈的前一天晚上睁着眼睛到天亮,在心里一遍一遍地思考具体的环节。后来,我在学习观察以及经验教训中渐渐成熟,开始担当一个团队领导者,懂得了如何去做事前准备工作,懂得了如何协调各方关系,懂得了在访谈时如何起承转合,懂得了如何应付与掌控各种场面。

工作面临的另外一个挑战就是作培训。记得刚来公司时,我就出乎意料地被安排作部门业务流程的制定和培训工作。当时我对很多业务都不熟悉,仅仅局限于刚接触的水平,而很多老员工已经对工作方法烂熟于心。经过思考,我决定从一个新的方面进行突破,制作一个业务标准的 SOP 流程,将工作用标准化和流程化的步骤表现出来。虽花费了很多心血,但起到了很好的效果,部门有了一套标准化的工作留痕验证体系,帮助老员工提高了效率,也为新员工提供了易于上手的规程。这次培训的成功给了我很大的信心。此后,我充分发挥了初生牛犊不怕虎的精神,为自己部门及其他部门作了多场培训,甚至还包括 Word、PowerPoint 等办公软件方面的培训。

为了工作需要,并贯彻"活到老、学到老"的专业精神,在工作之余,我还通过了司法考试及 CFA 二级考试。记得司法考试前,我一直都在上海出差,工作压力非常大。每天都要面对形形色色的人和事,只能每天早上三四点钟起床学习至八点去上班,体验了周总理所推崇的作息习惯,即早起工作,不仅不伤身反而在万籁俱寂时效率特别高。但是,我也承认,身体和床的分离是个非常痛苦的战斗过程。由于时间实在仓促,司法考试每场考试的前半个小时我都在门外拼命地看书,直到监考老师一再催促才进场迅速答题,最终以 393 分这个还不错的分数通过了考试。

付出总有收获,我也很快得到了大量回报。2009 年底,刚入职的我即获得了最佳新人奖,2010 年又获得了史无前例的三个优秀项目奖,我也得到了领导和同事的认可,迅速拥有了相对丰厚的年薪及美好的前景。作为令人艳羡的金融企业白领,我穿梭在全国各地。

这一切似乎很顺利,但在这似乎一帆风顺奔向康庄大道的路上,却有着另外一个故事。2009 年 11 月,我在公司体检时查出病症,在医院住了几个月,做了手术,切除了一个器官,开始了每天吃药定期检查的生活。在生病消息初传来时,我也如五雷轰顶,感叹过造化弄人,感叹过上天不公。但同时,这次生病也给了我另外一种收获。在住院期间,我认识了很多病友,组织了一个联盟,每天聊天交流,一起看了很多以前没顾得上看的电影。我也认真反省了自己的生活方式,告诫自己要过更规律、更健康的生活,要懂得珍惜。

出院后，我加入了深圳的义工组织，在"生命之光"组服务，利用自己的法律知识对服刑、劳教人员进行帮教工作。2010年，我随驴友团队一起征服了一座又一座的大山。2011年，我去了梦想中的西藏，面对澄澈的蓝天，面对大昭寺前虔诚地叩头的信徒，我心静如洗。2011年12月，我参加了"为爱奔跑"深圳山地马拉松比赛，除了为与我一样生于贫困地区的儿童募捐了一笔钱，尽了自己的微薄之力外，我也体会到了坚持到终点的喜悦。

我是个有些笨拙的人，小时候经常因为各种各样的生理缺陷遭到嘲笑；又是一个出身贫寒的孩子，不得不承认我有些自卑，甚至有时希望独处，不与人打交道。但我同时知道，我的优点是有梦想，且梦想带给我的勇气超越一切。我很勇敢。越害怕，就越要勇敢面对，一点点超越，终会变得强大。

"在未来金融传奇中，一定会出现中国人的名字。"这句话是我在十佳大学生评选时说过的，在人海中顽强地拼搏时，它一直清晰地回响在我的耳畔。

张兰杰简介

1986年出生于山东省菏泽市单县，中共党员。

2003～2007年就读于哈尔滨工业大学(威海)人文与管理学院财务管理专业。

2007～2009年于华中科技大学攻读研究生。

在校期间即通过了注册会计师考试，随后又通过了司法考试、国际内部审计师考试等，曾获得第五届"挑战杯"创业设计大赛省特等奖及全国银奖(团队奖)，校社会实践一等奖等。曾获得国家奖学金、湖北省优秀硕士毕业论文、哈尔滨工业大学优秀毕业生、华中科技大学优秀毕业生、创新一等奖学金、人民奖学金七次。

2009年进入安信证券股份有限公司工作，获得最佳新人奖，曾在一年内获得三次优秀项目奖。

追梦路上 昂首阔步

华玉锋

第七届十佳大学生

我们不应该总是跟着别人走,也没有必要一直纠结于别人怎么评价自己。做自己,我们就会发现心里有一块地方是真正属于自己的,生命的激情一定就在那个地方。认识到自己的激情所在,不要压抑它,将它开发出来,我们可以看到,自身的价值就在这里。

第二篇　逆境是一种财富

我是09届机械专业的毕业生,目前在韩国汉阳大学攻读博士研究生。时间过得真快,一转眼,自己大学毕业已经三年了。回想多年前的我,那些往事历历在目,母校留给我的回忆实在太多了。大学生活的点点滴滴,我觉得是无法用语言文字完全记录和描述的。

困境中激励自己

我出生在辽宁省鞍山市岫岩满族自治县的一个农村,父母都是农民,家境的贫困自不必说。从懂事开始,我便每天跟随父亲做小买卖维持家里的生计,艰苦的环境磨炼了我坚忍的意志。在这样贫困的条件下,父母用勤劳的双手供出我和哥哥两个大学生,这个过程有多苦多累,恐怕只有父母心里最清楚。

2002年,一直梦想着上大学的我考入了县城里最好的高中,那是家里最困难的时候。哥哥正在读大学,母亲由于常年患病身体不好,每一天都过得那么艰难。我永远都忘不了那一幕:月末放假回家,家里实在凑不出我下个月150元的生活费,我和母亲哭作一团。那是母亲唯一一次当着我的面哭,我不知道她私下里流了多少泪。邻居的大娘正巧看见,随即回家为我取来200元钱,我感动得无法言语。

在学校,我想尽一切办法,努力省钱。还记得那时候,我每天早上花六毛钱买两个馒头,就着免费的豆腐脑的卤汤,吃得那么香,中午和晚上都是1块5的套餐。还记得我每天总是找借口最后一个离开教室,然后把垃圾桶里面的饮料瓶收起来带回宿舍,周末去学校外面的废品收购站卖掉,一个月下来竟然有十几元的收入,让我高兴得不得了。那时候自尊心强,怕同学笑话自己,所以几乎很少和城里的同学交流,我的几个朋友基本都是宿舍中的农村娃。

学校规定,只要考进学校前十名就可以免学费。于是,我更加勤奋刻苦地学习,因为只有优异的成绩才是能够让我不自卑的保障。困境历练了我那种不服输的性格,我相信通过我的刻苦努力一定能考进前十,一定能考上大学,一定能有一番成就,为自己和父母争气。

宿舍十点半强制关灯,我就在床上打着小手电看书。其实厕所是有灯光的,但是那里实在是太冷了。后来,我与宿舍的管理员大爷混熟了,就每天早上4点多起床,去他的屋里看书。我很佩服当年的自己,因为以后再也找不到那种学习状态了。但是现在想来,我是反对熬夜学习的,因为跟考上北大的室友比起来,我虽然比他多下了好几

百舸争流
——哈尔滨工业大学(威海)十佳大学生成长心语

倍的工夫,但是成绩总不如他。学习效率和方法是最重要,而只有保证了充足的睡眠才能提高效率,想来那时候自己的做法还是有所欠缺的。

艰苦的生活也让我学会了感恩。我最感激的是高中母校的团委书记马铭老师,她就像姐姐一样照顾关心我,经常把她丈夫的旧衣服送给我,让我觉得她就是我的亲姐姐。也是她,亲自把我送上驶往威海的轮船。我的心里永远都记得那些帮助过我的人的恩情,感恩的心让我更加坚强!

高考的失利让我度过了一段难忘的阴暗期。然而上天的眷顾,让我有幸被哈尔滨工业大学(威海)录取,从此与威海这座美丽的海滨城市结下了不解之缘,实现了我的大学梦。

大学里丰富自己

2005年9月,我只身一人拖着沉重的行李下了船,身上带的是家里仅能凑出的三千多块钱。第一次走出县城的我,就像一个刚刚来到世上咿呀学语的孩子,对外面的世界充满了好奇与兴奋。第一次坐轮船,第一次坐公交,第一次见到海边的高楼,第一次走进大学的课堂……

入学后,学校的老师很快帮我办理了助学贷款,让我一颗悬着的心落了地。机械一班的同学们对我的关心更让我感受到了家的温暖。于是,我把这里当成家,开始了我充实的大学生活。

大学是梦开始的地方,进入大学的每个人都怀揣梦想,而梦想就是成功的翅膀。记得在高中,老师们经常这样告诉我们:"考上大学就好了,你们想怎么玩就怎么玩……"其实不然。当然我们也能理解老师们的良苦用心。然而,大学确实要比高中辛苦得多,不仅仅是脑力,更多的是心智的操劳。可惜真的就有一些同学将大学作为自己的奋斗终点,彻底放松,止步不前,浑噩度日,最终四年后带着悔恨离开。

大学是一个新的起点,是我们由纯粹的求学向社会过渡的阶段,也是我们形成价值观、塑造健全人格和个人魅力的关键时期。我们要充分利用这段时光去追逐自己的梦想,四年的时光才不会虚度。我们该如何度过这四年的美好时光?答案只有靠自己去找寻,我想,只要当自己毕业时觉得没有后悔,自己的大学时光就没有虚度。

我的大学生活是充实而忙碌的,可以简单划分成三大块:学习、学生工作和勤工助学。

学习是学生的天职,也是我们将来在社会上拥有可以立足的看家本领的保证。工作后便会发现,即使我们不去做科研,专业背景也是非常重要的。由于那时候辽宁的

第二篇　逆境是一种财富

高考还是大综合,学的知识广而不深,刚开始学习工科的课程时,我感觉特别吃力,没有兴趣,也跟不上。当时家里条件差,我一心想毕业找工作挣钱养家,认为学习成绩好坏并不重要,多搞搞社会活动也许更有用。所以,我并不愿意花大力气投入学习,只是在考试前突击,应付考试。虽然成绩也不错,但是回过头来却发现什么东西都没有学会,更不用说什么学习方法了。

现在作起学术研究来,捉襟见肘,发现什么都要临时补,实在吃力的很,非常后悔。

上了大学后,我们会发现,再也没人像高中老师那样逼着我们去学习了,什么都要靠自己,所以自学的能力必须培养起来。我现在读博士了,发现更是这样,导师给我一个研究课题,要我自己去搜资料,查背景,找方向,定内容,作实验……一切都是我自己的事情。所以,学习方法比知识本身更重要,因为知识也是在不断地更新,原有的理论未必正确。如果学会了学习方法,我们就可以用来学习任何领域内的知识,对我们的工作也大有益处,因为工作本身也是学习新东西的过程。

大学期间,不管是什么书,多读一读都是好的。遗憾的是,大学四年,我也极少去图书馆。现在身在韩国,虽然图书馆借资料,却难得再看到一本中文书了。

学生工作贯穿了我大学四年的生活。从入学时的班级团支部书记,到院学生会副主席,再到校学生会主席,我收获最多的是在这个平台中的成长和学生会团队中的友谊。我比较特殊,是以院学生会成员的身份,通过竞选直接担任校学生会主席的,这在历届校学生会中非常少见。我想,这得益于自己在对待每一份本职工作时认真积极的态度。

作为校学生会主席,我组建了全新的第四届第四任校学生会团队。当时学生会各部门都在搞活动,忙得不可开交。上任后我主张精简,少活动、多服务,把一些长期性和服务性的工作落到实处,让"为同学服务,做同学身边值得信赖的朋友"的观念深入人心。虽然没有创造出新的精品活动,但是我们的团队赢得了全校老师和同学的高度认可。我不仅在学生会团队中收获到了最宝贵的友谊,个人也得到了成长和锻炼。当然,校学生会主席每年只有一个,但是大到校学生会主席,小到班委,所有的学生干部都是一样的,无论在哪个职位上,只要用心去做,就都会得到同样的锻炼。为广大同学服务的态度和意愿是值得我们学习和肯定的,并且,从自我提高的角度来看,本科期间做一到两年的学生工作是培养自己能力的最好方式。

再就是勤工助学。从入学开始我便参加各种勤工助学活动。我做过短期促销,当过家教,订过书,卖过票……还记得那时候卖200电话卡,一张卡能赚两块钱。我白天忙学习、忙活动,晚上10点以后便穿梭于各个公寓推销电话卡,顺便在楼下公告栏贴广告。记得有一次，买卡的同学竟然是自己在学生会的部员，当把卡送去接过钱的时候，我的脸红了。

大学四年，我靠勤工助学和助学贷款，再也没向家里要过一分钱。同时我还结识了很多同行的朋友，毕业以后，他们有的留下来作学生考研培训，有的作了移动专职代理，还有的在利群附近开了火锅店，听说生意还不错。

经过几年的实践，我萌生了创业的想法。总感觉在大学里，利用还可以犯错的机会尽可能地按照自己的想法去作更多的尝试，相信任何事情都不会白做，总会有收获。

学习、学生工作、勤工助学是我大学生活的重要部分。其中，学习是最为重要的部分。正是因为始终没有放弃学习的目标，保持成绩，我才争取到了公派出国的机会，圆了我的留学梦；正是因为在学生会的多年工作经验的积累，我才能在担任韩国公派留学人员联谊会会长时游刃有余；正是因为勤工助学的经历，我才有了创业的激情和想法，并为之不懈努力。回想起来，大学生活的点点滴滴，日日夜夜，每一步都成为我日后取得进步的基础。

对于未来，我也曾迷茫。迷茫是因为我们面临的选择太多，当面前只有一条路的时候，我们便不会迷茫了。我曾经就此问题问过一位中国银行的大哥，他年纪轻轻就当上了市行的行长。他告诉我，他又何尝不曾迷茫，但是假如人一生下来，自己的路就被确定了，所有的轨迹都知晓了，那活着还有什么意思呢？所以，正确地面对现在的迷茫，选择本身并没有对和错，无论哪条路，只要好好走，都可以通向成功。

要听从自己内心深处的声音，选择自己最喜欢的，然后积极地坚持去做。因为只有做自己喜欢的事情才是最幸福的，它可以让我们在通往成功的路上伴着欢歌笑语。我们未来的人生路，就在每一次选择中逐渐明朗。

毕业前那段面临选择的日子非常折磨人，我本已签约东风日产公司的采购岗，待遇也蛮不错，这也正是自己一直以来的职业规划。然而，正巧公派留学的名额第一次分配到威海校区。突然面临出国深造的机会，这令我犹豫不决，备受煎熬。

感谢学校团委老师和学院老师在这段特殊的时期给予我最为关键的人生指导，教我学会如何选择自己的未来。他们鼓励我走出去，开阔视野，在更大的舞台上展现自己，实现自己的人生价值。也正是他们，让我懂得了眼界也是一种能力。我能遇到这样的好老师，实属幸运。

另外，我还要感谢我的爱人。我们由于一起考雅思而相遇相识，由于共同出国留学而相知相伴。而她为了与我在一起，舍弃了去欧洲留学的机会，去了最不愿意去的韩国。为了我付出了许多也牺牲了许多，我们只有相濡以沫相互激励共同努力，才不辜负彼此的真心情意。怀着感恩的心,我依然在追梦的路上!

留学时坚持自己

2009 年 8 月 26 日,在我的记忆中是非常特殊的一天。怀揣着激动、兴奋与莫名的渴望,我登上了从北京飞往首尔的航班,开始了一段全新的留学生涯。

《阿甘正传》中有这样一句台词:生活就像一盒巧克力,你永远不知道你会得到什么。之前的我做梦也没想到我会在国外留学,因为在传统的意识里,对于一个贫困家庭的孩子,出国是一件奢侈到不敢想象的事情。正是上一届学生会主席陈贤帅学长,让我明白了其实工科学生出国留学并不难,不必花钱,甚至可以比工作赚得更多。这为之前一心只想工作赚钱养家的我打开了一扇天窗,使我看到了外面的世界。每个月1 300 美元的奖学金加上实验室导师的项目补助,让我们这些公派留学生在这里的生活还算比较宽裕。相比于工作,我觉得自己的选择是正确的。因为我可以在生活自给自足的前提下有机会获得博士学位,更重要的是跳出了国界来开阔眼界。

有人说,眼界就是能力,我十分认同。一个人必须要有大视野,才能有大作为。尽管韩国是个小国,而且很多韩国人有着小国民族特有的狭隘性,但是也有值得我们学习之处。韩国人做事严谨认真,礼貌谦逊,这些都让我受益不少。

到如今,在韩国的学习生活已经两年半了。时间好像突然加速了七倍,一个星期就像一天一样快,转眼间我已经是博士第二学期了。回头总结一下,自己的生活依然被清晰地划分成三部分。

首先是学习和研究。在韩国求学的过程之艰难是我之前不曾想到的。我本科专业是机械设计制造及自动化,来到韩国研究室,我的研究方向是大脑动脉瘤的有限元分析,即基于有限元软件 ANSYS 分析大脑动脉瘤的形成、增长和破裂的过程,以及植入动脉支架后对血液动力因素产生的影响。开始时,面临的最大问题就是语言交流。好在自己的英语还算可以,但是专业领域的词汇完全不懂,学习起来非常吃力。加上本科时候的基础薄弱,很多东西要用英语重新学习,难度可想而知。我每天都要把一本英文的机械专业手册带在身边,随时随地熟悉那些专业词汇。每周实验室都要召开Group meeting,每个人都要做 PPT 并展示,准备不好就要挨导师骂。在韩国,导师具有至高无上的地位,骂起人来也是不讲情面的。我虽然在搞活动时做过 PPT,但是与作研究的概念截然不同,还是得从头学起。韩国人的 PPT 做得真的很漂亮,细节也很到位,不仅一个标点符号都不会错,而且字体上有着更加严格的要求。开始我还很不理解,到后来发现这些要求很重要,也让我受益颇多。

百舸争流

哈尔滨工业大学(威海)十佳大学生成长心语

来韩国的两年半里,我平均每天晚上工作到凌晨两三点,每周至少通宵一次,这些都是我在国内时不可想象的。韩国人是世界上有名的加班族,工科研究生也没有假期,春节和中秋节各休 3 天,这就是最长的假期了。有一次为准备组内会议,实验室成员集体通宵,这算是见怪不怪的事情了。韩国的学生英语口语很差,我又不会韩语,所以沟通时非常困难,有时候我一整天闷在实验室里,一句话都不说。好在导师和师兄们比较包容我,觉得我是一个外国人,需要慢慢地适应,即使做得不好,也没有批评我。终于我也渐渐地适应了这样的学习和生活,一年之后,我终于发表了自己的第一篇 Conference paper。机械专业博士毕业的要求是至少两篇 SCI 收录的期刊文章,目前我正在写第一篇,希望能够完成并且发表。我所研究的课题不仅是分析影响大脑动脉瘤的因素,更重要的是设计分析动脉瘤管内支架,有效地防止动脉瘤破裂,减少脑溢血、脑瘫等重症的发生。目前国内的生物医学器械生产加工相对落后,动脉支架基本依赖于进口,如果能够研发具有自主知识产权的产品,其意义非常重大。

作为国家公派留学生,这里的每一名学子的最大心愿就是能早点出成果,早点毕业回到祖国母亲的怀抱,能为自己的国家做些力所能及的事情。思乡情,归国愿和爱国志是激励我们的最大的动力。

其次是公派生联谊会工作。由于公派生这个特殊的群体是由驻韩大使馆教育处直接管理的,而教育处工作人员非常少,所以在韩的国家公派留学人员联谊会就作为最主要的机构,担负起协助使馆老师组织管理和服务在韩公派生的任务。在韩国的 8 万多中国留学生中,公派生只有 230 人左右。有趣的是,在这个精英团体中,有三分之二是哈工大学子,可见工大人才济济。本来我曾暗下决心,来韩国后不再参与学生会的事务,多花时间做些别的事情。但是,也许所有的学生干部都深有体会的是——自己总也闲不下来,总想为大家做些什么。遇到这样的组织,我们更想参与进去实现自己的想法。所以,我主动加入了公派生联谊会,并且努力为大家做些力所能及的事情。

得益于之前的学生会工作经验,我很快得到了大家的认可。2011 年底,经过竞选,我担任了第三届公派生联谊会会长,并且组织了 20 余人的干部团队。借鉴本科时校学生会的服务理念和工作方法,我们以"把为同学服务的工作落到实处"作为目标,切实帮助在韩公派留学生解决实际困难,"做同学身边值得信赖的朋友"的口号也成了新一届公派生联谊会的宗旨。借中韩建交 20 周年之际,我们刚刚推出了第一个活动——网络韩语培训班。部分韩语专业的同学作为志愿者老师,借助 YY 语音软件,在网上义务教授韩语课程。这解决了时间和空间上的不便因素,营造了学习韩国语的良好氛围,同时也实现了公派生组织的自我管理和自我提高。试点成功后,网络韩语培训班将在全韩国范围内大力推行,使全韩的中国学子都能受益。公派生学联的学生干部也都积极地参与到在韩学联总会,服务于更多的在韩中国留学生,我们的组织正在得到越来越多的人的认可。能够得到大家的信任和支持,我感到由衷的欣慰。忘不了在国家公派留学人员联谊座谈会上,大家脸上兴奋的表情;忘不了参加使馆组织的纪念抗日战争胜利六十五周年活动中,留学生们的慷慨激昂;忘不了组织大家共同为患病的留学同胞进行爱心捐赠的场景……公派生联谊会的工作赋予了我一份在异国他乡的神圣责任,我要将这份责任和工作坚持下去,而这也正是我成长的动力之一,将伴我不断走向成熟。

华玉锋(右一)被授予国家公派留学人员联谊会会长

最后是创业。来韩国的两年半的时间里,在攻读学位的同时,我也进行着创业的尝试。无论进行什么尝试,都不要只停留在梦想里,如果有想法就立即开始行动起来,只有行动才能让计划变成现实。

开始时,我在一个学长组建的互联网创业团队中承担人员管理的任务,该团队做的是国内旅游垂直查询网站。项目进行了一年多,网站顺利上线不久后,却因为融资失败而搁浅。之后,我又发现了韩国的中国留学生服务市场的空白,无论是留学、保险还是手机等任何方面,均没有一个标准和说明,而很多留学生刚来韩国时语言又不通,困难很多。结合之前做网站的经验,我马上想到了做一个专门服务于在韩留学生的网络平台,既给大家提供各种实用信息,又能给在韩留学生打造一个交流互动的平台,打造在韩中国留学生之家。同时设在线帮助系统,组织在韩国留学多年的、有经验的"韩国通"在线随时解决学生遇到的困难。

我的想法得到了驻韩大使馆教育处和总会学联的大力支持,网站被命名为"阿牛网"(www.aniuwang.com),我也组建了自己的团队——阿牛网创业团队,专门为在韩留学生量身打造服务项目,将网站与实体公司相结合,充分利用留学生资源,提供包括生活、学习、旅游和购物等各种服务。

记得这个想法刚刚诞生的时候,我激动得几天睡不着,每天琢磨该如何去实现它。我找到了当年一起在学校国旗班共事的好兄弟马兴毅来管理组织,找到比我小一届的信息工程专业的才子王昌帅来主管产品需求设计,找到国内学计算机专业的高中同学张克丰来主管技术开发,找到公派生联谊会的韩语好、办事认真的李薇来做团队秘书,这样一个初期5人小团队就诞生了。我们作了调查并策划了网络构架,迅速地组织了一支30多人的核心团队。我的创业理念得到了大家的认可和支持,同时,大家的热情也再次坚定了我的信心。

记得多少个夜晚,凌晨两点钟时大家还一起在群里热烈探讨的情景,每每想起,我都很受鼓舞。到现在,网站已经上线运营,团队也在持续发展壮大,目前团队正式成员已经有46人。每一个学校的学生会也都在该网站建立了自己的网上办公室。"阿牛网"留学生服务公司也即将在韩国注册,希望这次创业的尝试能够成功。

我觉得,在这个过程中最重要的一点,在于我们都有一颗乐于助人的心。我们应该学会与别人合作,而相互包容是合作的前提。只有包容他人,学会借鉴他人经验,取长补短,自己才能不断进步。即使这次创业尝试失败,我依然不会放弃努力,并且相信下一次会做得更好。只要坚持努力,总会成功!只有坚持追求,坚持行动,我们的梦想和目标才可能真正实现!

人生路上做最好的"自己"

做事先做人,培养一个好的性格十分重要。性格是人成功的第一关键因素,或者可以说性格决定成功。那么什么是好的性格呢?没有严格的标准。但简而言之,就是让别人喜欢的性格——积极向上的态度,时刻怀着感恩的心,以及真诚地关心别人。性格与习惯一样,是可以培养和改变的,只是花的时间比较长。我推荐唐骏的《我的成功可以复制》,按照唐骏的成功理论,成功要素"4+1",其中的"1"就是指性格,"4"分别代表了智慧、勤奋、激情和机遇。一个好的性格和四要素中任意之一搭配都能成功。性格又好,能力不错,想不成功都难!

怀着积极的心态去面对学习和生活,做好眼前的事。我们要有远大的理想和抱负,最重要的是脚踏实地做好现在。机会真的只留给有准备的人,平时多去做些事情,多积累,总会有用的到的一天。因为我们永远也无法想象自己以后的生活到底是怎样。我当时想不到自己会成为学生会主席,想不到自己会被评为十佳大学生,想不到自己会出国留学。当然,也许以后我会成功创业,也许会成为中国的比尔·盖茨,可是谁能想到呢?我们只要保持积极的态度去做好现在,做好我们应该做事,为理想付出努力并坚持不懈,就一定可以离目标越来越近。无论现在多困难,坚持做下去,奇迹和转机也许就在下一秒钟出现,相信自己。

做人做事,道理是一样的。我们不应该总是跟着别人走,也没有必要一直纠结于别人怎么评价自己。做自己,我们就会发现心里有一块地方是真正属于自己的,生命的激情一定就在那个地方。认识到自己的激情所在,不要压抑它,将它开发出来,我们可以看到,自身的价值就在这里。

我的大学点燃了我的人生梦想,让我真正认识自己,定位自己。人贵有自知之明,不能妄自菲薄,每个人都有存在的价值和意义。我十分认同李开复老师的一句话:Make a difference,世界因你我而不同。将人生的影响力最大化,让世界由于我们的态度与选择而发生有益的变化,让世界因你我而不同!

华玉锋简介

1986年出生于辽宁省鞍山市岫岩县,中共党员。

2005~2009年就读于哈尔滨工业大学(威海)汽车工程学院机械设计制造及自动化专业(后转至船舶与海洋工程学院)。

2009年作为国家公派留学生赴韩国攻读汉阳大学博士学位,现于韩国汉阳大学先进材料与创新实验室进行大脑动脉瘤有限元分析研究。

在校期间曾获第三届全国大学生机械创新设计大赛二等奖(团体),"五征杯"山东省机电产品创新大赛二等奖、三等奖,哈尔滨工业大学首届机械产品设计大赛一等奖,国家卫星奖学金等,并荣获"优秀国家公派生""山东省优秀毕业生",哈尔滨工业大学"优秀共产党员""优秀团员标兵""优秀团干部""优秀国旗卫士""社会优秀实践个人"荣誉称号。曾任哈尔滨工业大学(威海)第四届第四任校学生会主席,现任韩国公派生联谊会会长。

生命不止　自强不息

谢庭相

第七届十佳大学生

我在此最想表达的是一种信念，相信一切都有可能的信念。不要被一时的困难或贫困所吓倒，没有谁注定一生贫穷。我虽家徒四壁，但却有勇气、有信念去改变现状。

第二篇 逆境是一种财富

岁月如梭,转眼间我离开母校已经两年半了,但大学四年的点点滴滴仍时常在我脑海中闪现。时值母校"十佳大学生"评选十周年之际,我也借此机会,怀着激动的心情回忆过去,写下自己的成长故事。

饱历苦寒冬　宝剑淬炼锋

我出生在一个偏远的农村家庭,家里有七个孩子:哥哥、姐姐、两个弟弟、两个妹妹和我。从懂事起,我们就一直生活在恐惧中,整天看着母亲和外公被父亲毒打。为筹集赌资,父亲曾经两次把我卖掉,是善良的母亲将我赎回。还记得那个夜晚,父亲又把母亲辛苦挣来的血汗钱输得分文不剩,债主把家中的母猪和猪崽等值钱物品全部运走,母亲还要忍受着父亲的拳头,尚不谙人事的我们只能蹲在门旁哭泣。

八岁那年,母亲在挑矿时发生事故离开了人世,父亲却狠心卖掉家中所有值钱的家当,背着刚满周岁的小弟离家出走。年迈的外公外婆拉扯着我们,生活的艰辛可想而知。然而祸不单行,我十三岁时,外公因劳累过度病逝。外婆承受不了打击,卧病不起,两年后也去世了。就这样,我们兄弟姐妹六人相依为命,捡破烂、砍芦苇、种菜养猪、砍柴煮饭……再苦再累的活,我们都干。

为了维持生计和上学,卖菜就成了必不可少的事情。我家离集市很远,丛山起伏,山路崎岖,空手行走尚且不便,更别说挑着那么重的担子了。近一百斤的担子压在我瘦弱的肩上,肩膀像快被折断的树枝一样吱呀作响,钻心的疼,身子也不由自主地往下沉。因为太沉的缘故,脚上像灌满了铅似的,每挪动一步脚底都会打战。可是我那时硬是咬咬牙挺了过来。等到了集市,我们已经满脸通红,汗流浃背,嘴唇被咬破,脚上满是血泡。

播种的季节,我们在地里种下一株株菜苗;丰收的季节,我们从田间背回一捆捆稻谷;缺水的岁月,我们从井边挑回一桶桶满满的清水。这些只是我童年生活的片段而已。苦难的日子让我学会了坚强地擦掉眼泪,保持微笑。现在的我无论遇到什么困难与挫折,都能坦然地面对,因为我相信,没有过不去的坎儿!

初中时,我以优异的成绩考取了省重点高中。但是,因没有经济来源,我选择了学费全免并提供生活费的私立贵族高中,靠拿奖学金送弟弟妹妹念书。在那所师资和学风都比较落后的学校中,一切都得靠自己。我抵制一切不良风气,经受住了许多诱惑,忍受着种种冷嘲热讽,却始终心存感激。感谢学校老师三年来对我的关心和帮助,我

百舸争流
哈尔滨工业大学(威海)十佳大学生成长心语

付出了比同龄人多百倍的努力,终于圆了大学梦。

耐得冬苦寒　何愁春不来

2005年9月,我把暑假打工挣来的钱留给弟妹上学,自己攥着高中为奖励考上重点大学的学生颁发的一千元奖金,独自踏上了北上求学之路。模糊的视线中,留下的是弟弟妹妹追赶汽车、呼喊我名字的情景。当我坐了两天的火车,拖着疲惫的身躯迈进哈工大(威海)后,便很快适应了陌生的环境。我深知自己肩上的重担,毫无经济收入的家庭,如何挣足钱来供养自己和弟妹呢?我默默地激励自己:有心,就没有过不去的坎儿,我要做自己的救星,希望四年后再有人提起我的名字,不是因为我的贫困,而是因为我的优秀。

军训回校后,我就通过学长找了一份卖作业本的兼职。奔波于各个宿舍的我,开始了兼职生涯。四年来,促销员、送报员、网管、图书馆助管人员、夏令营班主任、家教和酒店服务员,我都做过。当别人周末轻松地休息时,我却在为一份简单的工作奔波;当别人坐在食堂享受着可口的饭菜时,我却在寒冷的公车里啃着冷面包;当别人长假期间出去游玩时,我却在大街上发传单;当别人享受除夕团圆欢庆的喜悦时,我却独自在网吧上班……

辛苦的生活并没有让我退缩。还记得,我曾一天要做十个小时家教。周末一大早起来,骑自行车赶到海港附近去做家教;结束之后,要立刻赶到朝阳小区附近做第二份家教;回到学校匆匆吃过饭,又要到教师公寓辅导高三学生。威海的冬天异常寒冷,许多个夜晚,当我骑车回学校时,才发现双腿已没有任何知觉,只知道自己不能停下,必须坚持回到学校。回到宿舍时,都已经熄灯了。我往往是站在楼下,等到23:30值班叔叔巡楼后才进公寓,一进宿舍就把暖壶里的开水全倒入盆内,脱掉鞋袜,就把手和脚全泡进去。奇怪的是,我并没有感觉到热,因为手脚早已失去了知觉。记得除夕夜时我在酒店当服务生,刷洗餐具的工作很累,并且要弯着腰站着干活,一干就是七八个小时。由于工作时间太长,每次干完活我都需要活动一段时间才能直起腰来。尽管这份工作如此辛劳,但换来的也只有几十元钱的收入。在别人眼里,或许这几十元钱是那么的微不足道,但我却非常高兴,因为可以给弟弟妹妹们买新衣服了。

虽然兼职已让我筋疲力尽,但我咬咬牙告诉自己:大学是锻炼自我的舞台,我必须提升自己的综合素质。早在军训结束后,我就通过竞选成为班长,开始了我的学生工作之旅。四年来,从班长到十佳社团负责人,从校学生会干事到校报记者,从院学生会宣传部部长到院团委书记助理;我创办了班报《紫竹林》、院刊《海岸线》,在《威海晚报》和校报发表数十篇文章,我在为同学服务和提升自己中感受着充实与快乐。大二上学期,刚接任演讲与口才协会主席的我深知自己身上的责任:打造校园精英社团,为"提升口才,服务工大"的目标尽自己最大的努力。上任后,我开始精简机构,制定考勤奖惩制度,并构建会员交流平台。这些措施都取得了很好的成效。

举办首届"梦想腾飞未来"演讲比赛时,我在决赛的那两周恰有数门考试,周末又要去做兼职,我必须在不影响考试和兼职的前提下办出一场成功而独特的演讲比赛。为了保证比赛公平公证,我们决定改变以往评委用纸打分的方法,并因此求助于计算机学院的老师和学长。那些天,我几乎每天凌晨两三点才上床睡觉。最终,我们成功地应用计时计分软件完成了整场比赛。那两周的忙碌不仅是对我毅力的挑战,更是对我体力极限的挑战。一天只吃一顿饭对我来说已不是什么稀奇事,感觉不是用一个"累"字能够形容的。

有时,我脑海中突然闪现想要放弃的念头,但是心里总有一个声音压过它:责任一旦承担起就不能轻易放弃,如果现在这点苦你都不能熬过,又如何迎接未来的挑战?不久后,我的坚持与努力得到了回报:演讲比赛的成功举办获得了评委老师和广大同学的好评,我的考试成绩依然名列前茅,兼职工作也没有落下。我再一次告诉自己:有心,就没有过不去的坎儿。与此同时,我心里明白,这一切离不开领导老师们的支持和鼓励,也离不开社团朋友们齐心协力的付出。

我深深感到:一个人要成为一个什么样的人,完全取决于他的思想。从小到大,我感受过很多社会热心人的关爱,贫穷让我更懂得用感恩的心去对待生活。我注册成为中国青年志愿者后,通过了校研究生会组织的"彩虹志愿者行动"的选拔,成为唯一的到大光华国际学校演讲的大学生。我参加了海川社组织的"新农村建设志愿者活动"、爱心驿站组织的"孤儿院爱心之行"以及环境保护协会组织的"保护天鹅湖,还我一个家"等志愿服务活动。2007 年度国家奖学金评选中,我主动让出 8 000 元奖学金;2008 年 5 月,我把勤工助学挣来的 200 元捐给了汶川灾区。

在这些活动中,我收获了思考,收获了责任,收获了感动,收获了爱心,收获了珍贵的友谊,收获了回馈社会的快乐,更收获了可贵的团队精神。这一切都将作为我今后学习、工作与生活的动力源泉,激励我奋然前行!

不悔衣带宽　天酬勤者愿

虽然生活历尽艰难,但是我始终把学习放在第一位。在我看来,工作可以兼职,但是学习却必须全职。然而,要把学习和兼职同时做好,就需要付出超乎常人的辛勤和汗水。我通过不断探索,形成了一套较为有效的学习方法,同时尽量挤时间学习。无数个清晨,同学们还在酣梦香甜时,我已早早起床背诵英语单词;多少个深夜,室友们在轻声呓语时,我还在专心研读专业知识。我总是鼓励自己:多学、多做、多思考,时间对每个人都是公平的,多挤时间多干事就等于延长生命。

通过自己不懈的努力和辛勤的付出,我专业课成绩平均分90以上,获各类奖学金17项,计20 700元。我深深感谢国家和学校给予的奖励政策,感谢学校老师的谆谆教诲,让我们在学习知识的同时能缓解家庭经济压力。

由于我们专业实行"3+1"教学模式,大三下学期我就开始着手联系实习单位和保研学校,并先后收到了中科院上海巴斯德所、武汉病毒所、浙大和厦大等单位和学校的实习接收函。最终,我选择了浙大植物生理学与生物化学国家重点实验室。然而,正当我准备武汉病毒所、厦大等院校的面试时,学校保研结果公布,我排在第14名,处于保研边缘。那时,心中那种无助与无奈的心情,只有我自己知道。

我该何去何从,考研,还是就业?我陷入了极度迷茫困惑中。偶然得知美国佛罗里达理工大学海洋研究院主任来华讲学,住在华侨大学专家招待所时,我就精心准备好自己的简历和成绩单材料,专门赶到华大,敲开了林博士的房门。经过与林博士的深入交谈后,他赞赏我的勇气和信念,答应录取我。不过,由于我未考GRE和TOEFL,所以最早也只能在2010年春季入学,由此,我萌生了出国的念头。

此后的日子我边实习边备考,同时做好两手准备,为自己留有后路。我知道计划不如变化快,尤其在金融危机笼罩下的美国。那时,我从学校国际合作处得知:韩国多所大学招收研究生,并可免除学费。我想,这也是个好机会,不妨试试。于是,我上网查阅导师的相关资料,发去邮件与导师联系。功夫不负有心人,最终,我拿到了汉阳大学和西江大学的录取通知书;12月份,当林博士知道国家基金委公派出国留学项目启动时,给我发来了接收函,让我申请;中科院武汉病毒所导师也问我,是否愿意考取他们的研究生……

我又再次面对选择。那段时间,我在矛盾中挣扎着。我知道,选择越多,放弃也越多,任何时候都要用理智去思考。经过权衡,我选择了师从西江大学生科院院长,攻读微生物博士学位。在那里,每月可以有1 000美金生活费,可以确保自己即使公派失败了也能有退路。庆幸的是,经过半年多的申请与等待,我顺利被国家建设高水平大学公派研究生项目录取,国家提供签证费、往返机票和每月1 300美金的生活费,这意味着我实现了一个看上去不太可能的梦想——没钱照样可以出国,并且能负担家庭开销。衷心地感谢国家留学基金委,让我这样贫困的农村孩子也能获得出国留学的机会。

微笑迎坎坷　信念铸未来

时光荏苒,转眼间来韩国留学已经两年半了。被时光推着成长,有过失落迷茫,也有过快乐喜悦。蓦然回首,过往的日子就像一幅被时光冲洗的水墨画,清晰地展现在脑海中。

大学毕业时,我和大多数人一样,因选择太多而陷入极度迷茫中。当时我希望在取得博士学位的同时,可以积累大量资金回国创业。现在想来,这一决定过于理想化。对于我,要么选择终生从事科研当科学家,要么对所学专业特别感兴趣并希望深入研究下去,如果二者都不是,就只剩下为了博士虚名而浪费青春。所以,希望大家在面临选择的时候,能让自己更冷静地想想:自己内心真的需要什么样的生活,五年甚至更长久的博士生活是否真适合自己?千万不要一时冲动,盲目做出将来可能使自己后悔的选择。

出国留学也是各有利弊,须优先考虑留学欧美和申请全额奖学金,因为国家公派协议可能是你将来选择后路的绊脚石。另外,申请导师的时候,尽可能地注重导师的为人处世,因为遇到一个好导师对我们的研究生生活至关重要。

韩国人的生活节奏快,周一至周六都是疯狂工作,只有周日外出享受生活。而理工科的研究生生活会更单调乏味,生活的主旋律就是实验,并且很难有休息日。韩国教授几乎都曾在欧美名校留学,他们对学生的要求非常严格,民族自豪感也比较强。并且,在等级观念极强的韩国,他们享有很高的地位。如何尽快融入韩国文化,与韩国教授以及学生和睦相处?首先必须掌握韩语,即使英语再好,也要利用出国前的一段时间好好学习韩语,拥有一定的韩语基础。等到了韩国后,慢慢融入他们的生活,语言进步就会很快。掌握了韩语之后,还必须学习中韩文化的差异,尤其是他们的等级观念(有些韩国人也抵触中国人)。身处异国他乡,要时刻不忘自己是名中国学生,为中外文化交流尽自己的微薄之力。

为了在作实验之余提升自己的能力,并且考虑到自己大学时的学生干部经历,我在驻韩大使馆教育处一等秘书刘渤老师和联谊会会长王卫军的关怀和指导下,担任了在韩(中国)学人学者联谊会和在韩国家公派留学人员联谊会的宣传部副部长,主要负责大使馆和联谊会组织的各项活动的宣传。在此期间,我起草了《在韩中国国家优秀公派生奖》评选方案,担任"学习两会精神,立志精忠报国"座谈会发言人并撰写新闻报道,担任温家宝总理访问韩国的学生安保负责人,撰写《留韩学子致玉树地震灾区慰问信》和负责公派生捐款活动，负责"2010年度总结暨欢度2011元旦会演"视频制作和多媒体操作，参与联谊会学生干部名片设计和会旗制作，制定QQ群群规，负责2011年学生干部风采PPT制作和座谈会多媒体操作等。这些工作为我枯燥的实验室生活增添了些许光彩。

韩国政府规定，教授每月须给予硕士生70万韩币补贴，而博士生一般为每月120万韩币，教授会在每个学期末根据学生的实验业绩给予一定的RA奖学金。当然，这一切还是因人而异的。一般来说，教授知道我们享有国家政府资助的奖学金，就不会给予任何生活补贴，极少数教授会给予20至100万不等的补贴。这个时候，就需要我们学会平和地看待这些不公平待遇，因为一味抱怨也改变不了环境，唯一能做的是改变自己的心态。

我的教授对学生要求是极度严格的，两年半内就有六个学生承受不了巨大的压力，选择了退学。我也曾倍感失落、愤怒与无助，看不到毕业的曙光，我也曾无数次问自己是坚持还是放弃。最终，我学会了冷静，学会了理性思考，想想20多年来自己所经历过的苦难，现在这点痛算什么。既然身为公派生，和国家有协议，必然不能说放弃就放弃。虽然选择坚持，但不能盲目坚持，要坚持得有意义。我不再去后悔自己当初的抉择，不再去埋怨教授的苛刻，不再去抱怨社会的不公，而是时刻提醒自己当时出国的初衷：拿到博士学位的同时，积累一定的经济资本，回国开拓自己的事业。

于是，我重新规划了自己的生活。在教授抱怨我参与大使馆和学生会组织的活动时，我辞去了在韩(中国)学人学者联谊会和在韩国家公派留学人员联谊会宣传部的职务，把所有时间投入到我的科研项目中，每天早出晚归，尽力做好每一个项目。当导师看到我如此卖力地工作，并取得理想数据的时候，对我的态度也很快改变了。他的态度从原来的不满、责怪到后来的表扬、夸奖，给予我的生活费补贴也从0变为每月65万韩币，每学期末的研究奖学金也从0变为了100万韩币。

在尽力作好实验的同时，我努力提升自身素质，认真学好英语和韩语，学习中韩文化差异，广交朋友，为将来的谋生增添硬性条件。我也常告诫自己：我没有父母，任何事情都要靠自己打拼，贫穷只是暂时的，关键要有摆脱穷的信念。有人说，出国是淘金的好机会。话虽如此，但对于我们理工科研究生来说，每天都得呆在实验室，不可能有课余时间打工，但我们也需要时刻培养自己的赚钱意识和理财观念。两年多里，我通过征文投稿、翻译论文、银联比赛和投资等方式，为自己赚取了近7万人民币的额外收入。我在此最想表达的是一种信念，相信一切都有可能的信念。不要被一时的困难或贫困所吓倒，没有谁注定一生贫穷。我虽家徒四壁，但却有勇气、有信念去改变现状。

第二篇　逆境是一种财富

未来的留学道路还很长很苦,但无论怎样,我将时刻牢记"规格严格 功夫到家"的校训。我将永远坚信:只要有心,就没有过不去的坎儿,无论生活给我多少考验,我都会报以微笑和坚强!

最后,借此机会,衷心感谢母校的领导老师们对我的精心栽培,衷心祝福母校发展越来越好!

谢庭相简介

1986年出生于福建省三明市尤溪县坂面乡华园村,中共预备党员。

2005～2009年就读于哈尔滨工业大学(威海)海洋科学与技术学院生物工程系。

2009年参与国家建设高水平大学公派研究生项目,赴韩国攻读西江大学微生物博士学位。

在校期间曾获2007～2008年度"中国大学生自强之星"提名,哈工大(威海)首届"感动校园"人物,哈尔滨工业大学"优秀毕业生""三好学生""优秀团干部""优秀团员",哈工大(威海)"十佳社团负责人""社会实践先进个人""校园新闻十大写手"和校园文化艺术节"优秀组织者"等荣誉称号,曾获中国大学生新东方自强奖学金、国家奖学金、国家励志奖学金、国家一等助学金、一等优秀学生奖学金三次、二等优秀学生奖学金一次、三等优秀学生奖学金两次、新闻奖学金两次、社会工作优秀奖学金三次、艺术活动奖学金、文学奖学金等。

卓越——永恒不变的追求

武克斌

第九届十佳大学生

任何事，如果你尝试，失败的几率是50%；可是如果放弃，失败的几率就是100%。纵使前途渺茫，也永远不要放弃希望。最美好的风景，可能就在下一站。

第二篇 逆境是一种财富

我出生在山西省长治市武乡县的一个贫穷落后的小山村,虽出身贫寒,但我始终坚信:只要不断追求卓越,成功就会尾随而来。令人难忘的四年本科生活结束后,我最终以优异的成绩被保送到清华大学电子系直接攻读博士学位。

穷且益坚 不坠青云之志

记忆中,家里一直很穷,穷得甚至没有家。因为没有自己的房子,父母只能带着三个女儿寄住在亲戚家的一间土坯房里,靠种地勉强糊口,并且一住就是三十年。直到今天,这间饱经风霜、占地不足 40 m² 的泥屋仍然是一家人的栖身之所。中间挂个门帘,算是卧室和厨房的分界。一家五口挤在一个炕上睡了二十多年,直到几年前大姐和二姐出嫁的出嫁,工作的工作,我考上大学,才结束了这种生活。

为了能解决孩子们的上学问题,父亲在我八岁那年开始外出打工,母亲一人挑起了全家的重担。三个孩子的吃喝拉撒、挑水、种地、砍柴、收割和卖粮……一个女人,勇敢地承担了所有这些本该男人干的活,并且毫无怨言。然而,长年累月的过度劳累让 58 岁的母亲疾病缠身,身体虚弱得很。而从 2006 年到 2010 年的四年时间内,父亲已做过两次手术,有一次险些丧命。医生再三嘱咐他手术过后千万不能再干体力活,但是为了供我上学,56 岁的父亲又几经周折在电厂找到一份每天卸煤的体力活,成了电厂里年龄最大的工人。

大姐、二姐读书时学习成绩很好,但是为了减轻家庭负担,她们相继放弃了深造,早早地就业。穷人的孩子早当家,我从小就明白应该努力学习。村里学校的老师今天来,明天走,没有一个能长期坚持下来的,有时候一年也上不满三个月的课。就是在这种环境下,我念完了小学、中学,以全校第一的成绩考入高中,成为村子里第一个高中生,又以优异的高考成绩考上哈尔滨工业大学(威海),成为村里第一个大学生。

贫穷的家境让我变得更坚强,我希望自己像一个男子汉一样成为父母的依靠,撑起家里的一片天。我想以坚强的毅力不断追求卓越,成为一个任何人、任何事都打不倒的武克斌。为了父母不再因为贫穷而受人欺负,为了父母能有朝一日拥有自己的房子,为了父母能在晚年过得幸福,也为了自己拥有一个光明的未来,这些对父母的爱让我感受到身上沉甸甸的责任,也让我得到了强大的动力。

倔强执着　选择科研梦想

进入大学以后,在同龄人纷纷成为数码达人,熟练玩转 MP3、MP4、数码相机和笔记本电脑时,我却连一台收音机都买不起。

在入学分班的英语考试中,听力拖了后腿,高考英语 139 分(山西省当年全国卷不考听力)的我被分在成绩较差的 B 班,一向好强的我暗暗作出了一个决定。大一的第一个国庆假期,我没回家,而是在市区一家家电商场做促销。即使下雨,我也会带着准备好的午饭准时到商场工作一整天,晚上再拖着疲惫的身子挤公交车回学校。虽然很累很辛苦,但是只要心里有希望,一切的劳累就会烟消云散。经过五天的付出,我赚了 150 元钱,这是我生平第一次赚钱。我捧着这些钱,第一件事就是去买 MP3 来听英语。

功夫不负有心人,大学一共四次英语期末考试,我的成绩总是名列前茅,并且在 2009 年获得全国大学生英语知识竞赛国家三等奖。不仅如此,我还以 601 分、588 分的成绩一次性通过了英语四级和六级考试。

我不擅长英语听力的同时,对于电脑也是一窍不通。第一次计算机上机实验,就在别人熟练地敲打着键盘时,我竟然连开、关机都还不会。下课以后,我来到主楼广场,周围灯火通明,但是我看到的只是冷冷的月光,看着看着,眼泪就掉了下来。梦寐以求的大学生活竟赋予我这样的开场白,打击和无奈成了唯一的旋律。回想到临走前父母的期待与邻居们的羡慕,我突然觉得好讽刺、好心痛。高中时期骄人的成绩带给我的自信开始消失,取而代之的是满满的挫败感。在这个新的环境中,我不起眼,可以说是极其渺小,我变得内向、沉默、消沉甚至自卑。每天晚上睡觉前,会发现自己又浑浑噩噩地度过了一天,每天睁开眼睛,觉得内心空虚但又找不到任何奋斗的理由,说是行尸走肉一点都不为过。

有一次,快到下午四点钟了,还在睡觉的我被手机铃声吵醒。迷迷糊糊地拿起电话,那头传来父亲的声音。睡眼惺忪之中,我只听到父亲后面几句话:"孩子,几十年了,你是咱好几个村子里的第一个大学生啊,看你能成才,我和你妈再苦再累也高兴。上大学动脑筋的时候更多了,多吃些核桃,补一补。"挂了电话我才发现,原来我一直是父母不辞辛苦的动力,一直是父母心中的骄傲。

从那时起,父母成为我奋斗的一种动力。我不再消沉,开始反思:既然我也能顺利通过高考独木桥,那么,别人能做到的事情,自己为什么就做不到,农村来的孩子就注定要失败,注定没有自己的天地吗?反思之后才发现,我对成功的愿望还不够强烈,不相信自己的潜质。

不服输的我开始努力,大不了就是少睡会儿,少玩会儿。努力之下,我的计算机基础课得了92分,之后又以上机满分的成绩一次性通过了计算机二级、三级,同时还顺利成为专业里唯一的国家四级网络工程师。

这就是倔强而坚强的我,遇到困难绝不妥协,也正是这种特质成就了我。第一学期期中考试,两门数学课加起来一共69分;期末考试时,我在这两门科目上分别拿到了92和94分的好成绩。电子信息工程专业一共19门专业课,就连颇具理工科天赋的男生都很难做到全优,但是我做到了——我是全专业第一个,也是唯一一个19门全部优秀的学生,平均成绩91.5888分。优异的成绩,是用无数辛勤汗水的浇灌得来的,只有我自己知道,每当别人睡觉或者玩耍时,我却要强迫自己坐在教室里读那些枯燥的书,我心里是多么的挣扎。我也想玩,我也想好好睡个懒觉,但是转念一想,父亲早早花白的头发、母亲因操劳过度而佝偻的身躯就浮现在眼前。不行,我不能停!别人玩,我不能玩!我必须努力向前冲,只有好好读书,才能让父母过上好日子。

实践出真知,只有通过实践,才能灵活应用学到的理论。因此我很注重培养自身的创新意识和实践能力。寒假期间,我早早返校,与队友一起开始创新设计。我们认为所有的创新设计应该与实际联系在一起,以人们的需求为基准,否则一切创新就失去了本身的意义。我们想到南方没有暖气,那么冬天使用键盘就会有诸多不便。于是,在别人还沉浸在节日的气氛中时,我和队友们夜以继日地忙碌着,参加挑战杯并完成了"温度可控键盘"的设计。我平时就喜欢仔细观察与耐心琢磨,在看到产品设计有缺陷或者有需要改进的地方时,便想将自己的想法付诸实际。于是,我采用申请专利的方法,让更多的人关注这一问题,并采取相应的措施。在2009年和2010年,我共申请专利4项,其中3项得到授权。

说到创新,我认为要抛开约定俗成的禁锢,用一颗童心去感受这个世界,创新的想法也就随之而来,因为自然是一切创新的源泉。

说到我选择的直博与科研,是源于2009年的全国电子设计大赛。大赛中,不服输、喜欢挑战的我选择了最难的题目,并成功地设计出"数字幅频均衡器",然而在即将答辩时,我和队友们却由于操作不慎使设计出的电路瞬间短路。那个时候我才明白,结果就是过程的体现,即使一丝一毫的疏忽,都会给结果带来不可估量的影响。这就是科研,这就是科学。这次经历让我感受到科研的神圣魅力,也让我坚定了自己的科研梦想。

博学通才　方乃大学之道

　　大学之所以成为大学,是因为她提供的是通才教育。成功的大学生活应该是丰富多彩的。我参加过社会实践,并且在大学四年里先后加入了电气学会、国际问题研讨会和学生会等组织,还曾经多次担任班委。

　　赴华西村社会实践活动令我感触颇深,我懂得了什么是没有条件也要创造条件。是的,华西村的成功是这样,个人的成功不也是这样吗?随遇而安绝不会造就一个成功者,挑战精神和意志力才能为成功者铺好道路。成功之路不能没有机会,而没有机会时就要用努力与坚持去创造机会。

　　"大学生应该拥有批判思想、感情移植能力和自我表达能力。"这是我在《北大批判》中看到的一句话。想拥有名副其实的批判思想和自我表达能力,经常与他人讨论必将是一种事半功倍的途径。在国际问题研讨会里,我在这方面的能力得到了很大提升。同时,这种交流也让我知道了自己的缺点。不过,扬长避短不是我的选择,我喜欢不断努力,去克服缺点。

　　电气学会是校园十佳社团,担任办公室副主任的我感受到了团队合作的重要性,体验到了纪律和制度是维持组织健康稳定发展的重要因素。在基础学部担任学习部干事期间,我不断完善晚自习考勤制度,组织同学们参加期中考试。大二开始,我还一直担任班委,在大家忙着复习考试时,我不怕浪费自己的时间,为同学准备复习资料,并主动为大家答疑解惑。我的付出得到了大家的肯定,自己连续多次班级互评名列第一。这些经历让我明白:没有责任心,就无法成为一名称职的学生干部。所谓"赠人玫瑰手留余香",这种责任心让我在其他方面也要求自己做到尽善尽美。

　　学习与课余生活双管齐下,让我的综合素质得到了很大提升。我在2008年和2010年被评为哈尔滨工业大学"三好学生",并在2009年被评为"三好学生标兵"与"山东省优秀学生",2011年被评为"第九届十佳大学生"和"山东省优秀毕业生"。

永不绝望　逆境亦可成才

　　大三下学期结束后,我进入实验室开始了项目实验,之后便马上投入到保送事宜的准备工作中。我选择了有风险的外推,为了不致最后落空,我在学校指定的对外交流名单中选了专业排名全国前二的西安电子科技大学保底。其实,我真正想去的是清华,可是清华不在名单之上。按照规定,每年每个专业最多只能有一个学生选择名单之外的院校外推,也只能选择一所学校,还必须有院长签字批准,而我很幸运地得到了这个机会。

其实我当时在北大、清华之间挣扎了好久，后来我想，即使冒险，也要找一个最值得我冒的险。纵使失败，我还有西电保底，一咬牙，我在申请单上填了清华。

做出选择后，已是八月下旬。我给清华电子工程系的老师打电话，老师说："你现在准备保送生考试已经有点晚了，很多同学从七月份就开始了。"我听了之后并没有气馁，现在是8月25日，到9月25日笔试还有一个月的时间，一切都还来得及！

哈工大（威海）校长冯吉才为武克斌颁奖

我赶紧去图书馆借笔试指定的三本专业书复习，却发现它们竟然全部处于"借阅中"的状态。好友张雪听说此事，帮我从山大威海分校借来书籍，让我感激得不知说什么好。那段时间，我每天早上六点半起床，晚上十二点才睡，中午仅午休半小时，每天都是行色匆匆，恨不得变成不需休息的机器人。除了三本指定的书，我还将学过的所有专业书都看了一遍。好在我三年来基础很扎实，从不搞突击，在平时就把知识都消化了，所以此刻的冲刺更像是厚积薄发，而非穷尽一时之力的强弩之末。

在此期间，准备专家推荐书、签订保研协议、邮寄成绩单、个人陈述和获奖证书等保研资格材料，我花去了四五天的时间。9月初，我又大病一场，不得不打点滴，又浪费了五天时间。满打满算，复习时间总共只有二十天。

9月22日，我永远也忘不了这一天。在我满怀期望乘公交车前往威海火车站，准备去北京的路上，一个小偷偷走了我的钱包、手机和火车票，最重要的清华老师的电话号码也丢了。委屈、愤怒、悲凄和绝望交织，站在火车站门口，想要大哭一场的我却强忍着，没有掉下眼泪。

"不管用什么方法，我一定要去清华参加考试！"我对自己说。像巨鹿之战的项羽，我背水一战，破釜沉舟。好在行李箱里还有特意分开放的二百多块钱，我用这些钱买了火车票。上车以后，我借邻座乘客的手机登陆飞信，重新与清华老师和位于北京的高中好友取得了联系，并请同学接站。23日中午抵京之后，我向那位好友借钱，在老师的安排下住进了清华园内的学生旅馆。25日上午笔试，我有40分的题没做，因为老师没讲过。我这才明白，就算是课本一样，不同学校的老师，讲授的重点也不一样。

下午第一轮面试，八位教授进行"车轮战"，轮流考我专业问题。幸亏我底子牢，三年的书读得踏踏实实，赢得了高分。第二轮面试考察英语的听说读写能力，我自认发挥一般。之前说好第二天上午出结果，可是，校方却一直没有张榜。我等得非常着急，自觉笔试和英语面试的表现都不好，可能没戏了，可即便没戏了，也要看一眼才能死心。直到下午一点多成绩才出来，录取榜上面赫然写着"武克斌"！

那一刻，一个月以来的挑灯夜战，三年来的焚膏继晷，十四年的寒窗苦读，十八年的寄人篱下，父母三十年的含辛茹苦，无数前尘往事穿越记忆的碎片破空而来，化作我眼底最亮的一点星。

大学结束了，留在心底更多的是应该怎么做人，怎样做事。

生活充满苦难，威海晚报的记者曾为我写了一篇题为"逆境之中永不绝望"的报道。大学期间，我遇到过很多困难，但是我想说："如果你不逼自己一把，你永远不知道自己有多优秀。"正是这些困难教会我勇敢，迫使我坚强，更让我学会在困难面前不妥协、不抱怨，挑战自我，突破自我。是这些困难让我更加成熟，更加自信、勇敢。

忙碌清华　目标不可"盲"

对清华的初次印象是校园的面积很大，人很多。直到身在其中才发现，清华的突出优势就是资源丰富，无论是想看的书，想听的讲座还是想要参与的各种活动。

这样的大环境，让我有些措手不及，面临的选择太多反而乱了手脚。记得刚来的时候，老师说多多参加人文类的活动可以激发灵感，所以我总是想着抓住一切人文类的讲座，陶冶情操、激发灵感；老师说需要多看文献才能把握科研的方向，我就开始看文献，不管能不能读懂；以后写各种论文时，都需要一些流利的英语，因此我要背单词、听听力并参加相关的培训；一切的科研需要扎实的数学知识作为基础，我又选了多门数学课……一系列的事情，让我如无头的苍蝇，每天忙得焦头烂额，却收获颇微。

李宗盛那曲《忙与盲》的旋律响起，我不禁感慨万千。"忙是为了自己的理想，还是为了不让别人失望。盲的已经没有主张，盲的已经失去方向。忙的分不清欢喜和忧伤，忙的没有时间痛哭一场。"这样精疲力竭的忙碌何尝不是因为自己的盲目？在目标上盲目，方法上也盲目，怎么可能有条不紊？如果方向走错了，那么停止就是最大的前进。我下定决心要听听内心的声音，找到目标，找到适合自己的方法。

经过一段时间的摸索，我找到了目标：做一名成功的科研工作者。实现这一目标需要步步为营，不能想着一步登天。我认为，首先要学好基础知识（包括专业知识和数学知识），学会基本的英语写作方法，只有这样才能为后续的灵感激发和文献阅读

第二篇 逆境是一种财富

等等作好准备。这样的思维转变让我能在研究生生活中游刃有余,信心满满。在这期间,我还意识到各位老师在教学中很注重学生的自主能动性,虽然这样会使得学生比本科期间更累,但是这才是从本科生到科研工作者过渡的正确方法。这让我想起在大学期间看过的关于哈佛大学学生深夜自习的报道,你必须非常努力,才能看起来毫不费力。国内外一流大学人才济济,不是因为学生们的智商,更多的是因为他们的努力。"成功的花,人们只惊羡她现时的明艳!却不知道当初她的芽儿,浸透了奋斗的泪泉,洒遍了牺牲的血雨。"不仅如此,老师们的教学方式以及极力倡导自主的氛围,让很多同学拓宽了视野,感受到人生的无限可能,"我的人生不设限"是每个清华学生的标志。

我那丰富多彩的生活中不只有学习,还包括各种有意义的活动。我在担任电子系研究生会办公室副主任的同时,还是无线电(电子系)研究生116党支部的宣传委员。在这期间,我参与策划了赴北京市第三聋人学校的支教活动,还负责每次党支部活动新闻稿件的撰写,并有多篇文章被选为焦点新闻。在清华大学一年一度的"一二·九"大合唱比赛中,我还为电子系的《军民一家亲》节目伴舞。在这些大集体中,我感受到了周围同学的责任心,也许正是那句百听不厌的名言"选择了清华就选择了责任"为同学们树立责任感起了至关重要的作用。

如今,迈入水木清华,回顾自己的经历,我想说:"任何事,如果你尝试,失败的几率是50%;可是如果放弃,失败的几率就是100%。纵使前途渺茫,也永远不要放弃希望。最美好的风景,可能就在下一站。"

一路走来,我感谢周围的老师和同学,正是与他们的相处,才让我意识到自身的缺点,才让一直吟唱"我反思故我在"的我日趋成熟。

人生的道路还很长。在这条路上,我会带着对父母的爱和责任,带着对未来的向往,勇敢、自信地追求卓越。

武克斌简介

1989年出生于山西省长治市武乡县丰州镇白芽村，中共党员。

2007~2011年就读于哈尔滨工业大学（威海）信息学院电子信息工程专业。

2011年以专业第一的成绩被保送至清华大学电子系信息与通信工程专业，直接攻读博士学位。

在校期间学习成绩优异，平均学分绩连续8个学期90分以上，三项专利获得国家授权，成功地完成"盲源信号分离"项目，并且发表一篇论文。曾获得山东省优秀毕业生，哈尔滨工业大学"三好学生标兵""优秀共产党员""山东省优秀学生""新东方自强之星"提名奖等荣誉称号，获得国家奖学金、国家励志奖学金、马祖光奖学金和多次人民奖学金。

第三篇

 一样的执着,别样的精彩

  执着是路途中遇到风雨时的一把伞,是登山中遇到峭壁时的一架梯,是沙漠中遇到饥渴时的一壶水,是人生中遇到黑暗时的一盏灯。拥有了执着,你就有可能拥有精彩的人生。原本讨厌数学的贺鹏,凭着自己的执着坚持,喜欢并感受到了数学之美,成为数据研究员;不怕失败的王元道,放弃自己学习六年的专业和直博的机会,跨专业考博完成自己的梦想;不想从事银行工作的林赛却阴差阳错地成为中国农业银行的职员,面对种种困难,她选择用微笑敲开幸福之门;坚持到了"后天"的钟颖,用她比常人多了一点点的团结、激情、坚持和责任心创造出属于自己的精彩人生;来自农村贫困家庭的肖晓飞用执着的信念和对科技创新的无限热爱奋力追求着要成为一名科学家的梦想,成为在校期间拥有六项国家专利的哈工大(威海)第一人。

  其实,在人生的海洋里,总会经历风风雨雨。执着是你劈风斩浪、勇往直前的桨,执着是你驶向成功彼岸的支柱。只有执着的人,才能在前行的路上迎难而上,最终站在高高的领奖台上。

第三篇 一样的执着,别样的精彩

坚持让我走得更远

贺 鹏

第三届十佳大学生

或许我们没有出众的才艺,但是我们可以选择一些有意义的事情,从小事开始,努力用心去做。坚持到最后,我们都会收获自己的一份能力。就像《阿甘正传》里的阿甘,没有特长技能,甚至没有普通人拥有的智商,但是就是凭着那种执着的重复,坚持不懈的心态,阿甘在每个生活过程中都取得了非凡的成就。

百舸争流

——哈尔滨工业大学(威海)十佳大学生成长心语

2002年,来自一个偏远小镇并且腼腆稚嫩的我踏进了大学的校园。经历了大学和研究生的苦读,我如今已踏上了工作岗位,并且时常会作为技术人员参加公司的校园招聘工作。每当我与刚毕业的同学交流时,总会想起自己在学校的生活,想起自己这几年的经历和收获,不算轰轰烈烈,但是平淡且充实。回顾以往,并不算出色的我,之所以能够成就属于自己的精彩生活,坚持,这个简简单单的词对我来讲是最重要的。

学数学？不学数学？

2002年,我来到哈尔滨工业大学(威海)数学系信息与计算科学专业学习,成为数学系的第一届本科生。由于并不喜欢数学,高考填报志愿时,我刻意回避了任何一个与数学相关的专业。然而,命运却和我开了个玩笑,我被调剂录取到数学系的信息与计算数学专业。出于对数学的排斥,加上受到身边人对数学专业发展前景担忧情绪的影响,我在入学后的很长一段时间里,都陷在失落与迷茫之中。当别的同学都沉浸在对美好未来的憧憬之中时,我在反反复复地思虑:我到底能不能在学习数学这条路上走下去,走下去的前景到底好不好？这种心态,使我的学习状态始终没有调整好,当其他同学认真听课时,我在看和专业毫无关系的书籍;当其他同学自习到很晚才回寝室时,我无所事事,还在抱怨着学习数学这样的基础学科没有前途。

就这样,在怀疑和彷徨中,我浑浑噩噩地度过了第一学期的前半个学期,迎来了《数学分析》小测验。至今,我还清楚地记得那个可怜的30分,一贯成绩较为优秀的我迎来了大学期间的第一次重大打击。一时间,我很惊讶、失落,甚至有些惧怕。我不想承认自己在学习上不行,不敢去面对,但又不能逃避。就是为了证明自己,我开始拼命地投入学习,再不敢有丝毫的松懈,不断告诉自己:坚持,再坚持。

回想起来,那是自己大学时光里最为难忘的一段。周围的同学都在惊讶,不知道我为什么会像高中时一样刻苦。很快,像高中生活一样紧张的第一学期结束,我的成绩还算优秀。我松了一口气,终于找回了自信,但还是希望能够学习其他的专业。听说成绩优秀的学生可以转专业,我便一直将高强度的学习习惯坚持到了大二。

当自己终于拥有了转专业资格的时候,我却又一次陷入了迷茫。在近一年的时间里,随着我对数学专业知识的学习以及对专业逐渐深入的了解,我对数学独特的知识体系有了初步的认识,同时也感到数学专业并不像自己之前感觉的那么枯燥,甚至发现自己开始喜欢上了数学。最终,在身边人诧异的眼光中,我放弃了转专业的机会,继续留在数学系。

从认同数学到喜欢数学

大三、大四,我一直没有放松专业方面的学习,并逐渐掌握了学习数学的方法,成绩也一直保持着优秀。非常感谢数学系的老师,每当我遇到令我疑惑不解的问题时,老师们都会为我耐心地讲解。现在仍清晰地记得,我常常因学业中的困惑求助于丁效华教授,尽管丁教授的行政工作和教学工作都很繁重,但他每次都停下手里的工作细心为我解答问题。文松龙老师也经常被我追着问问题,他不厌其烦,无比详细地解答每个问题,直到教学

贺鹏(左一)与导师丁效华教授
在本科毕业典礼合影

楼快要关门。毕业设计时,我有幸由王克老师指导,每次有了疑问时,就算在家里,王老师也会骑自行车赶到教研室进行指导。老师们严谨治学、爱生如子的精神令我非常感动,也使我对数学有了越来越深厚的感情。

回首本科四年的学习生活,最大的感触就是自己从内心改变了对数学的态度,并真正地喜欢上了数学。或许许多事情都是一样,在没有深入了解时,对待这件事情的态度可能并非自己内心真正的想法。在很多时候,我们往往会根据第一印象简单地得出一个结论,进而影响自己对事情的正确判断。无论何时,都要坚持做正确的事情,深入了解后,或许你会改变自己最初的想法,从而为自己打开一扇新的兴趣之门。

本科毕业后,我以专业第一名的成绩被保送到西安交通大学继续攻读数学专业。研究生和本科的生活不同,课程并没有本科那么多,有更多的自由学习时间和研究空间。感谢研究生时的导师,对我严厉却不失包容,鼓励我广泛阅读各个领域的文献。我在校的大多数时间都泡在图书馆,看数学学科各个方向的专业知识,看学科的前沿研究理论。那段时间,我逐渐开始更大范围地认识数学,更学会综合而全面地来评价数学。

记得本科时,自己和周围的同学都在聊数学到底有没有用;研究生期间,我也经常和其他专业的同学们一起讨论数学在众多领域的应用,并且对数学的价值有着越来越深入的认识。同时,我也从其他专业同学那里了解到,各个理工科专业在研究到一定高度后,都是以数学作为基础的,各个学科其实都离不了数学。研三求职期间,我也惊

喜地发现,数学并非当初想象的那么"没前途"。事实上,越来越多的企业逐渐开始发现数学系学生的逻辑思维能力对企业价值的重要性,也希望更多数学系的毕业生加盟企业,我也拥有了很多可供选择的就业机会。

感受数学之美

研究生毕业后,我在各种选择中,决定进入腾讯公司工作。作为一名数据研究员(负责对互联网行业的大盘数据进行预测和分析,通过建模对用户的基础属性、行为模式、社会网络等进行研究,为公司提供决策依据),我每天都在和数字打着交道,分析着数据异动原因,思考着用户深层次的行为规律。工作中没有教材,项目中没有成形的知识或方法去借鉴,而每次的分析过程却都离不开在学校里培养的逻辑思维能力,离不开在学校时学习的基本理论。

记得本科时学习概率论的时候,实在想象不到那么多概率公式的应用背景,认为只是能解答一些书本题目而已,而我在现在的工作中经常会用到那些基本的概率公式。我的工作范围并不局限于数学,也经常会研究业界的一些前沿理论,涉及计算机网络甚至社会学。正是在学校培养的扎实数学功底和学习能力,我才能够做到对其他领域的前沿发展有深刻的理解和认识。每次和同事一起聊起在学校的日子,我总是回忆起当初对数学的迷茫与坚持,更感叹当初那段"盲目"的坚持给自己带来的数学思维,使自己走入奇妙的数学世界。

在工作之后,每一次当我成功地应用数学模型来解释现实问题时,我总是能深刻感受到数学魅力之所在。作为人类历史中产生最早的自然科学,数学自诞生之日起,就与现实生活息息相关,用简单明了的数字与符号反映着复杂多变的世界。被誉为"微分几何之父"的著名数学家陈省身先生曾不止一次地提出:"数学是美的。"数学的美体现在方方面面,也许美在她是探求世间现象规律的出发点,也许美在她大胆假设和严格论证的伟大结合,也许美在她对一个问题论证时殊途同归的奇妙感受,也许美在她在几乎所有学科中的广泛应用。美国著名心理学家L.布隆菲尔德说:"数学是语言所能达到的最高境界。"数学家罗素认为:"数学不但拥有真理,而且也具有至高的美。"陈省身先生这样评价数学天地:"这是一片安静的天地,也是一个平等的世界。"我为自己选择了这样的一个天地,并在其中成长,而深感自豪。

如果说本科的学习使我改变了对数学的态度并喜欢上了数学,那么研究生期间我更加深刻地认识了数学,工作后我真正体会了数学。感谢当初的坚持和刻苦,使我现在真正地成为数学人!

在初入大学的时候,每个人都难免会对自己的专业感到疑惑,总是认为自己对这个专业不感兴趣或者认为自己专业的潜力不大。或许,这样的想法正是由于自己没有真正地了解专业。这时,不妨努力尝试一下,待自己真正了解后,再作出对专业的判断,对自己兴趣的判断,从而选择更为适合的发展道路。

用真诚去对待生活

初入大学,从高中单一的生活升级为活动丰富的大学生活。来自天南海北的同学聚集到一个班集体中,虽有不同的风俗习惯,却有着一样的热情和真诚。数学系在成立之初没有学生会,班里自己组织卫生检查,没有惩罚、没有奖励,同学们却非常认真地执行。每次班集体活动,大家都积极地参加。同学们的真诚和积极令我很感动,我也非常用心地为大家做些事情,班里的同学彼此之间更像兄弟姐妹,也使我这个班长一直当了四年。大三,一次班内优秀班干部的评选,当班里所有的同学全票选举我时,我非常感动,因为它反映了同学们对我的认可和理解。

后来在求职面试的时候,面试的主管看到我曾经得过的荣誉,问我觉得哪个分量最重。我与他聊起当年班级的团结和那次同学们全票评选我为优秀班干部的感动,这一份荣誉在我心中是最值得珍惜的。工作后,那位主管再次与我聊起当时的面试,他提到当时选我不是由于有很多的荣誉和担任的学生职务,而是看重我对班级的感情和为班级做的一些事情,事情虽小,但是能看出是用心在做。

回顾大学生活,我从一个依赖父母的高中学生蜕变成能够独立处理事情的大学生,得益于自己的用心。现在想想,大学并不是单纯学习知识,提高能力的培训经历,而是生命中一段极为宝贵的过程。积极用心地去对待这个过程,自己也会和周围的朋友一起成长,收获真诚的友谊。

研究生期间,老师推荐我到一家美国数据分析公司实习。在那里,同事非常友善,我很快地适应了实习的工作。每一次用心地和他们一起沟通、一起活动,渐渐地和他们建立起了深厚的友谊,团队的领导也对我格外关心。实习结束后,每当公司有活动,他们还会叫我一起去参加,公司人手紧张的时候我也会去帮忙。这种交流模式远远超越了简单的雇佣关系。现在在腾讯,我处在一个朝气蓬勃的团队中,几乎每一个项目都是与其他同事一起合作完成。我的真诚和用心也换来了同事们对我的真诚和热情,大家积极地为团队作着贡献,每个人也在过程中逐渐成长。

《士兵突击》中的主人公许三多是那么憨厚执着,虽然没有过人的天赋,但他在所处的每个环境中,都对所在的团队以及团队中的每个人充满了感情,并且用心去做每一件事。他把每个阶段都当成自己生命中的一部分，而不是一块有一定利用价值的跳板，最终他经历过的每个阶段都成为了自己宝贵的财富。

时间不能倒退，无论在学校还是走入工作岗位，只有真诚地对待生活、对待自己，生命的每一段过程才有意义，自己也会在这段过程中不断成长。如果仅仅把大学时光当成是提高技能或获取知识的一段经历，在毕业之后或许对大学生活没有足够的感情，也失去了成长的机会。真心希望每一位在校大学生都能积极用心地度过大学生活，认真地去学习、生活，让大学生活成为自己一生中最有意义的过程。

用坚持去改变自己

大学入学前，我就暗下决心：要尽早养活自己。来自偏远小镇的我没有出众的文艺才能，也没有出色的交际能力，有的只是自己扎实的学习基础。于是，和大部分同学一样，我选择了做家教。

我所辅导的第一个孩子，心思根本不在学习上，对于我的辅导也是应付了事。但是我用自己一贯的坚持不懈来对待他，一次次冒着炎炎的烈日，拖着疲惫的身体，准时到达他的家中。经过我的耐心讲解，他的成绩逐渐有了明显改观。平时，我也会邀请他到学校里一起打打球，谈谈心。逐渐地，我和我的"学生"成为了朋友，学生的家长看在眼里，记在心里，给了我很高的评价，并且把我介绍给他们的同事。就这样，我一个接一个地开始家教，一直做到大学毕业。

读研期间，通过同学的介绍，我选择了在外兼职授课。授课与家教不同，除了分析问题的能力外，更多的是靠口头表达能力。当时，我的表达能力非常有限，在大学的每次评选活动中都表现得不够好，有几次甚至当场忘词停止。但既然选择了，就不能逃避，我决定用当年本科第一年学习数学时的心态来对待讲课。为了克服紧张，在第一节课之前，我将计划讲述的所有内容，甚至包括"大家好"之类的口语，都写下来反复背诵，仔细推敲每一个环节，做到心中有数。最终，异常紧张的第一节课结束了，我没有任何一处卡壳，顺利地完成了教学任务。之后，我渐渐地有了自信，能够和同学们在课上进行轻松的讨论，再后来，我完全能做到在讲台上收放自如。短暂的一年兼职结束，我被评为学校的优秀讲师，也和我的学生们结下了深厚的友谊。

研二时，学校开始招收助教，我有幸成为国家级名师马知恩教授的助教。在马老师的指导下，我逐渐在讲台上有了自己的讲课风格，逐渐培养了较好的表达能力。在助教工作结束的时候，马老师也给了我很高的评价。我现在所在的工作岗位对演讲解说也有很高的要求，一次次任务结束后，我发现，这已成为自己最擅长的工作之一。

第三篇 一样的执着，别样的精彩

没有特长技能，为了自立选择了家教，从家教中学会了如何讲解；为了自立，硬着头皮走上讲台，在讲台上培养了表达能力。或许我们没有出众的才艺，但是我们可以选择一些有意义的事情，从小事开始，努力用心去做。坚持到最后，我们都会收获自己的一份能力。就像《阿甘正传》里的阿甘，没有特长技能，甚至没有普通人拥有的智商，但是就是凭着那种执着的重复，坚持不懈的心态，阿甘在每个生活过程中都取得了非凡的成就。

转眼，从迈入大学校门到如今已有十年。我作为数学系第一届毕业生，经历了第一届学生会，第一届学生党支部……从许多个第一次开始，在大学里度过了探索的四年、奋斗的四年和收获的四年。老师们的悉心指导和培养换来了我的茁壮成长，大学里的收获也为日后的工作和生活打下了坚实的基础。在这里，我向数学系所有老师以及学校所有老师的辛勤培育表示感谢！

如今，走出校园的我每天都在数字的海洋里遨游，用自己的专业知识解决实际问题。希望我能够沿着数学这条路一直走下去，力争在所从事的领域中有所建树，不辜负母校的培养，不愧于做一名哈工大数学专业的毕业生。

最后，真诚地祝愿母校能够发展得越来越快、越来越好！

贺鹏简介

1982年出生于山西朔州市，中共党员。
2002~2006年就读于哈尔滨工业大学(威海)数学系信息与计算科学专业。
2006~2009年于西安交通大学理学院攻读硕士研究生。
在校期间曾获"山东省优秀学生干部"、哈尔滨工业大学"三好学生"等荣誉称号。
2009年进入腾讯公司工作，现任数据研究员，从事互联网数据预测、用户社会网络研究等。

用平凡的坚持 换精彩的未来

王元道

第四届十佳大学生

有磨皆好事,无曲不文星。抛弃种种无谓的顾虑与胆怯。一百次的尝试哪怕只有一次成功也是胜利,因为那最后的一次成功就是你成熟的起点。对于二十岁左右的年轻人来讲,失败真的一点都不可怕。

第三篇　一样的执着,别样的精彩

岁月如梭,转眼十年已经过去。十年中,从威海到哈尔滨再到北京,我不断变换着求学的城市;十年中,从自动化到导航制导再到经济学研究,我不断调整着钻研的专业;十年中,白发悄然爬上父母的双鬓,而自己也从弱冠少年步入而立。

总结这些年,如果说自己取得了一些成绩,此中奥秘也只有两个词:幸运、坚持。幸运的是在校园,我遇到了对自己呵护备至的老师、意气相投的朋友;坚持的是十年来,我有着清晰的目标与计划,并持之以恒地为之实践。

幸运并非偶然

大学教育的起点始于威海是幸运的,虽然当时的自己并不这样认为,但随着时间的推移,这种感觉却愈发强烈。宁静整洁的威海,使得懵懂少年远离了大都市的喧嚣与浮华;严于治学的校园,为骤然摆脱高考压力的学子打下坚实的求学基础。幸有此,才有了后来哈尔滨的两年求学和北大的四年深造。

身教重于言传。我的幸运在于每个求学阶段都会遇到给自己的一生带来重大影响的老师。记忆中,在威海的求学经历是我人生转变的起点。每一位高三毕业生的梦想中,都有一所想为之奋斗同时又遥不可及的高等学府,十几年的埋头苦读,只为接到录取通知书时的欢腾雀跃。可是,我的北大梦想却在走出考场的那一刻宣告破灭。最终,我意外地来到了哈工大(威海),一所在当时并不知名的学校。来到陌生的城市,望着从未设想过会与之产生交集的校园,我一度消沉,加上爱玩的天性,课业、学习被我抛之脑后。每日,我只是漫无目的地游荡在校园的每个角落,却唯独没有出现在自习室中。那梦想中的奋发向上、充实快活的校园生活开始渐行渐远。是班主任马秀娟老师的教诲,让我如醍醐灌顶,明白了通过现在的努力,完全可以在今后的求学路上进入理想的学府,否则将会离目标越来越远。

我开始重拾书本:预习、听课、复习,再预习、听课、复习……补上了前面落下的课程,我的学业开始步入正轨。初次接触大学教育的我,虽然对课程的领悟较快,但粗心的问题却时有出现。是原控制科学与控制工程系主任张秀珍老师的细心指导,帮助我塑造了严谨的求学态度,奠定了扎实的学术基础。在取得了一张张奖学金证书后,我也最终取得了保送本部攻读硕士研究生的资格。回想威海的四年,生活很平静,但它却告诉我:即使大学本科未能进入梦想的学校求学,也可以借助不懈的努力,在硕士或博士阶段梦想成真。但如果放任自己,斗志消沉,就会永远失去圆梦的机会。

硕士研究生阶段是我实现较大转变的关键时期。此时，我遇到了自己的硕士导师——哈工大原副校长强文义教授，并有幸成为他的关门弟子。记得那时，每周我都会有两三个下午在老师办公室度过，强老师严谨的治学态度、正直的品格以及对学生全力以赴的支持深深感染着我。应该说，没有强老师的教导与支持，便不会有如今在北大求学的我。

攻读博士学位期间，对我影响最大的是我的导师——北京大学副校长刘伟教授。刘老师的才华、对学术研究孜孜不倦的追求以及平易近人的处事风格，都堪称学生学习的榜样。在老师的指导下，我很快融入到经济学的学习研究之中。古人常说："经师易遇，人师难遭。"有幸跟随诸多受人尊敬的老师学习如何为人处世，是我此生大幸。

同窗之谊值得珍藏，如同清酒，历久弥香。我的大学同窗来自五湖四海，不同地域、不同背景、不同性格的我们聚集到一起，亲如家人，如此这般，我是幸运的。广交朋友，可以增长见闻；广交朋友，可以学会做人；广交朋友，可以互勉共进；广交朋友，更重要的是，可以收获长久友谊。曾记得我们在篮球场上挥洒汗水，在餐桌上谈笑风生；曾记得我们临近考试时的通宵达旦，周末不眠夜的促膝长谈；曾记得大家初次班会时的矜持，毕业送行时的拥抱与眼泪。步入而立之年，大家各奔东西，在祖国各地、各个行业奋斗拼搏。在校时与朋友畅谈"为祖国工作三十年"的豪言壮语已成为往事，聚会也从在校时清一色的兄弟干杯变为如今的拖家带口。虽然我们的年龄在增长，但是友谊却依旧，即便是许久不见后的再次重逢，也不会有相逢无言的尴尬。毕竟那些年，我们一起疯过、一起醉过、一起笑过、一起哭过、一起品尝成功、一起承受失败。亲爱的朋友，人生有你们相伴，我何其幸运。

我想自己是幸运的，但我相信这些并非偶然。与老师的沟通，需要以尊敬为前提，为学莫重于尊师；与朋友的交流，需要以真诚为前提，以诚待人、以信交友。所谓性格决定命运即是如此。对于自身性格的积极改善，是获得幸运女神眷顾的必要条件。如此说来，每个人都可以拥有幸运。

坚持就能成功

人总是在不断的自我否定与肯定中得到锻炼，收获成长。总角之年的童言无忌、弱冠之时的内向柔弱、三十而立的自我认知，人们总试图清楚地了解自己并克服弱点，我也毫不例外。

如今的我虽然可以自信地站在讲台上为学生阐述自己的观点，但是也有过踌躇与

第三篇 一样的执着，别样的精彩

迟疑。记得大二时，我第一次竞选院学生会部长，面对台下的老师与同学，我紧张得面红耳赤，演讲磕磕绊绊；记得第一次主持会议，简简单单一小时的会议主持议程，我耗费了整整一天的时间反复演练，最后仍惴惴不安；记得第一次登上讲台为学生授课，尽管全部知识点都早已了然于胸，但我在现场却忙乱得唯有照本宣科。

如今的我虽然可以非常淡然地面对误解，从容地聆听意见，但也有过脆弱和无助的时刻。记得本科期间，我虽倾尽全力帮助班级做工作，却仍遭受同学的误解，失望与不甘涌上心头。那时的自己事事唯求完美，处处唯求所有人的肯定，现在明白了，做人做事但求问心无愧，不必强求附和。

如今的我虽然可以在高压下有条不紊地理清思路、完成任务，但也有过慌乱失措。记得本科期间，每每临近期末考试，紧张的课程复习、繁琐的学生工作就足以使得我乱了阵脚。那时，每天都没有完整的计划，"感觉"成为做事唯一的指向标，以至于总是丢三落四，好多事情都是临时抱佛脚。

成熟的唯一方法在于自我克服，而自我克服的唯一方法在于勇于挑战与尝试。有磨皆好事，无曲不文星。抛弃种种无谓的顾虑与胆怯。一百次的尝试哪怕只有一次成功也是胜利，因为那最后的一次成功就是你成熟的起点。对于二十岁左右的年轻人来讲，失败真的一点都不可怕。

行百里者半九十。梦想的实现，天赋与努力固然必不可少，但坚持显然更为关键。目前为止，我作出的最具有挑战性的决定，自然是在硕士研究生临近毕业阶段放弃学校直博的机会，决定跨专业考取北京大学的经济学博士研究生。决定的作出虽是经过深思熟虑，却也毫不迟疑。从事经济学研究，源于对自己的不断认知与规划；求学于北大，源于对实现梦想的渴望；敢于作出决定，源于对自己理工科背景的自信。对于自己所作出的决定，家人、老师与朋友在意外之余都感到十分高兴，但话语中也都隐含着担忧——五个月的准备时间，在经济学零基础的考博复习中显得过于短暂。

但是，目标确定后，所需要的只是实际行动，瞻前顾后显然毫无意义。一边是毕业论文的撰写，一边是经济类课程的学习，此中辛苦可想而知。在室友都已找好工作、结伴出游的时候，我却独自在北京准备着考试。那时，我经常想到放弃，但最终还是坚持住了。春节回家的几天，为了挤出更多的时间来学习，每天中午我只是趴在桌子上休息几分钟。赴北京学习时，我制定了详尽的复习计划，同时跟随北大在校生学习九门基础课程。准备考博面试时，我阅读了本专业所有老师的著作与研究成果。最终，我的坚持没有白费，梦想成为现实。

考博的成功，使我更加确信坚持的神奇魔力。虽然成功者中也有不少天才，但是，能够坚持到底的人，无论其天赋如何，都能够获得成功。滴水穿石，不是因其力量，而是因其坚韧不拔、锲而不舍。梦想愈远，坚持便也愈发重要。

感悟三地校风

　　十年求学时间，经历三个风格迥异的城市，也是一份难得的体验。北京的大气磅礴、哈尔滨的厚重坚实、威海的宁静安逸，不仅赋予各自城市居民特有的城市秉性，还将这种特质传递给本地的高校，塑造了北京大学、哈尔滨工业大学与哈工大(威海)各自的校园风格。不同教学风格与优势特色的最好注脚，则恰恰来源于高校各自不同的办学理念。

　　北京大学秉持的是"思想自由，兼容并包"的办学精神。在这里，学生的主观能动性可以得到最大的发挥。横跨文理学科几十个院系知名教授的选修课程，使得学生可以根据自己的爱好，在专业学习之余拓展知识领域；每天十几场各领域精彩的学术讲座与专题报告，开阔了学生的眼界；假期里近百支调研挂职团队，给了学生更多接触基层、体验社会的机会；而老师给予学生自由的求学空间，使得学生可以更加独立地思考并规划自己的人生。可以说，北大的生活就如同中国绘画艺术中的写意画，任学生尽情挥洒，没有框架、缺少束缚。

　　哈尔滨工业大学的教学风格，则与校训如出一辙——"规格严格 功夫到家"。这里有紧密的课程安排，有严谨的学术泰斗，有大量的课题实验。在这里悠闲漫步甚至被看做是一种奢侈，校园中永远是步履匆匆的学子。但是，紧张充实的生活给予了学生严谨的学术态度、扎实的科研能力与沉稳厚重的品格，给予学生在科研领域披荆斩棘的利器。如果同样用绘画来形容，那么哈工大的生活就如同绘画艺术中的工笔画，要求的是严谨、认真与踏实，只要学生按照步骤循序渐进，就可以完成完美的画卷。

　　哈工大(威海)一方面继承了本部"规格严格 功夫到家"的校训，将严谨的学术风格融入日常教学之中，另一方面又融入了威海安静、宁逸的城市特色，摈弃了大城市的喧哗浮躁。二者的完美结合，使得威海校区成为本科教育的理想载体，使得扎实的基础、沉稳的风格在威海校区的学子身上得到体现。与其他两个学校相比，这里的生活就如同绘画中的素描基础练习，虽然可能枯燥单调，但却是未来完成画作必不可少的步骤。威海校区的历史虽然相对较短，但学子们毕业后的优异表现已经证明，母校的培养模式为学生日后的成长和成才打下了坚实的基础。

第三篇　一样的执着，别样的精彩

假如大学可以重来

对于我，大学生活已经结束，有成功，也有遗憾。假如我的大学生活可以重新开始，我会在抓紧理论学习的同时，更加注重理论研究与工程实践的平衡；我会更多地参与学生工作与学校的各种活动，在更广阔的空间展现自己；我会再多读一些"杂"书，广泛涉猎历史、自然、哲学和科技，以弥补工科学生在知识结构方面的不足；我会更多地出去走一走，行万里路，细致体会不同地区的地方特色；我会在假期多进行一些实习，到不同性质的单位历练自己，尽早找到自己合适的行业；我会多认识一些朋友，增长阅历，关注社会；我会更加积极地参加体育锻炼，更加广泛地培养自己的兴趣爱好。

假如我的大学生活可以重新开始，我会有许许多多的想法想要一一实现。中学枯燥生活后的压力释放固然必要，但对于大学——一个人踏入社会前的最后准备阶段，我不会放弃一切充实自己的机会，我会尽情享受别样的精彩！

王元道简介

1983年出生于山东省青岛市，中共党员。

2002~2006年就读于哈尔滨工业大学（威海）控制科学与控制工程系自动化专业。

2006~2008年就读于哈尔滨工业大学航天学院控制科学与控制工程系导航制导与控制专业。

2008年于北京大学经济学院攻读政治经济学博士学位。

在校期间曾获国防科工委"优秀毕业生"，北京市"优秀学生干部"，山东省"优秀学生"，哈尔滨工业大学"优秀毕业生""优秀团员标兵""三好学生"，北京大学优秀班主任一等奖，哈工大（威海）"优秀共产党员标兵"以及一、二等奖学金等近30项荣誉。发表核心期刊论文多篇，参与两项社科基金项目。

当幸福来敲门

林 赛

第六届十佳大学生

这些经历时刻让我懂得:每一个人都有自己的成长轨迹,有自己的生活路径。无论最终选择什么,都要学会感恩,学会自信,学会坚强,学会面对。因为,幸福正在敲门。

第三篇 一样的执着,别样的精彩

走进哈工大(威海)的第二天下午,人文与管理学院召开了新生入学会。学院李晓玲书记在为我们做完专业介绍后,又为我们介绍我院"十佳大学生",这是我对十佳的最初印象;贺鹏学长的故事第一次给我带来震撼;研二暑假,威海校区的学弟学妹组织的"十佳大学生回访"实践活动,是我思考人生、敢于面对的重要动力;而农业银行的工作经历是我对于十佳影响的真实体验。这个过程伴随着我的成长,我的收获,让我懂得:每一个人都有自己的成长轨迹,有自己的生活路径。但无论最终是什么选择,都要学会感恩,学会自信,学会坚强,学会面对。因为,幸福正在敲门。

灯塔:十佳大学生事迹的指引

国际经济与贸易专业的王冬梅老师曾经对我们说:"课堂上哪怕是一个理论、一件事或是一个故事、一句话,只要对学生产生了积极的影响,这对于老师而言都是欣慰的。"事实上,每个人都会从大大小小的事情中获得感悟。这种感悟可能在当时未曾显现,但是它留在心底的影响却是巨大的。

2005年的夏季,空气似乎比往年更闷热,连威海的晚风都缺少了应有的凉意。校园的大小自习室中坐满了为《工科数学分析》而奋战的大一学生。他们在燥热的空气中浮躁地看书。我与几个朋友坐在G楼102教室中,随意翻着满是数学符号的习题集。一大群人的脚步突然打破了自习室的安静。猛然间抬头,才发现这间教室在当晚有"第三届十佳大学生事迹报告会"。既然无心看书,倒不如留在教室中听一下这些优秀学长、学姐的故事。这是我入学后第一次近距离了解学校这项至高无上的荣誉,没想到,在以后的日子里,我竟然也与它产生了不解之缘。这么说并非因为我也荣幸地获得了这个奖项,而是因为我真的受到了它的影响。

当晚作报告的有三位学长,给我印象最深的是来自数学系的贺鹏。他戴着一副眼镜,眉宇间透露出亲切,就像是邻居家的大哥哥,同时又显示出他作为数学系学生的严谨与认真。记忆中,他的演讲走的并不是激情飞扬的路线,而是用朴实的语言讲述他的大学路。据贺鹏学长回忆,他从小到大最不喜欢学的科目就是数学,高考填志愿的时候就希望能够逃离数学的世界。可是,由于"机缘巧合",他在录取时被调剂到数学系,这种感觉就像一个唯恐食辣的人,却不得不每天以辣椒为食,方能生活下去。为此,他多次找相关部门希望能够转专业,可是按照学校规章制度,只有学习成绩在本专业位列前10%的学生才有资格调换专业。这种结论无异于在嘴里的食物难以下咽的时候,还要努力让自己表现出最好的表情。

听到这里的时候,我在心里默默地问自己:如果是我得到这样的结果会怎么办,放弃还是继续?没有答案。在没有现实背景下,什么答案都是空谈。

贺鹏学长选择的是继续努力,以期获得转专业资格,这个选择也更加明确地反映出他对数学的排斥。我不知道他是如何稳住自己的情绪,为了目标而努力克服学习上的障碍,逐步改善境况的。我从心底里由衷地佩服他,这种逆境中的坚韧是很多同龄人难以做到的。功夫不负有心人,他获得了转专业资格,但他反而喜欢上了数学,最终选择数学作为自己未来一直坚持走的路。

这场十佳大学生报告会,对于仍然在大一忙碌考试的我来讲,似乎还不能凭借实际的生活而理解太多,也没有静下心来仔细品味,但是贺鹏的故事却一直印在我的心中。大三时,我有幸竞聘成为06级国贸二班的班主任助理,在与这些学弟学妹们交流的时候,我总会把贺鹏的故事讲给他们听,在我看来,这是"十佳大学生"对我的第一次震撼。

启程:从等待机会到寻找机会

离开母校已有四年。此刻回想,仿佛还如同昨夜的梦境,清晰而又亲切。2004年的夏季,我与其他新生一样,带着憧憬和希望走进哈工大(威海)的校门。那时候的七、八公寓刚刚竣工,周遭的小路还没有建好,只是用泥土临时铺砌。新建的餐厅还没有投入使用,只是作为新生报到和办理入学手续的临时地点。餐厅对面就是一条通往海滩的小路,有谁会想到,转眼间,九、十公寓和N楼拔地而起……真的想知道如今的母校又是怎样的一番美丽壮景,承载着多少学子的求学梦。

初入大学校门,我们都进入了人生最灿烂的年华。然而理想的梦幻与生活的现实总是有很多的反差。

2004年9月3日,管理学院国贸二班的班主任宫世霞老师走访新生寝室,我们围成一圈,站在还没有收拾妥当的寝室中,谈论新的生活。宫老师的一席话使我至今都清晰记得,她说:"每一个新入学的孩子都要面临自己生活的转变,也就是从高中生活向大学时代的过渡,谁都不能例外,只是时间上有所差异。"如今走完了大学生活的全部,我才真正读懂了老师那番话的深意。

大一的第一学期,是我整个大学中最迷茫的阶段。我已经习惯了在充裕的时间里细致入微地看书学习,可是突然间,大学老师会在你不经意走神时讲完一些很重要的内容。刚开始学习《工科数学分析》《线性代数》这些非常重要的课程时,我还积极地

第三篇 一样的执着,别样的精彩

坐在教室前几排,可是慢慢开始听不懂,即便听懂了也不会做题。一次次灰心,连自己在教室中的座位也慢慢地向后移动,后来干脆就躲在最后几排自娱自乐。偶尔,我也会为自己的学习态度感到愧疚,可是却总习惯把自己文科生的背景作为挡箭牌,为自己找借口。学习上一筹莫展,只能在生活中寻找动力。我最喜欢参与多种多样的学生活动,高中的时候参加活动都要受到限制,终于等到大学可以有机会参与,但却因为一次两次被拒绝而心灰意冷。未曾有过住校的经历,让我在面对大学的集体生活和人际交往时充满了胆怯。所以,我每天就过着寝室——教室——餐厅三点一线的生活,掰着手指头计算着回家的日子。那个时候的我,每天只是躲在自己的小世界中徘徊、迷茫。

一个学期结束后,除了寝室里的姐妹们,我没有交到几个朋友,我甚至都不知道人文与管理学院有七个专业。但是,在及格线边缘挣扎的数学成绩却成为我最好的戒尺。

迷茫与彷徨成为2004年冬天的主色调。直到国际经济与贸易专业的周磊老师在为我们讲授《马克思主义政治经济学》时的一句话,才惊醒了梦中的我。周老师告诉我们,马克思政治经济学属于一个学科,而不只是一个时代,它仍在不断改进和完善,如同社会在不断进步和提升。而大学就是社会的预备期。现代社会需要的是能够进行自我推销,不断创新的人才。很多人只是生活在自己的世界中,希望别人能够主动来邀请。可是,社会不会为谁而等待,只有主动出击才会赢得机会。此时,我才意识到,自己就是周老师所谓的"很多人",总是希望能够有机会发现我,而不是我去寻找机会。

慢慢地,我开始追寻自己的方向和目标,于是有了前行的动力。我开始逐渐去适应大学的授课方式和自学方法,重点学习高等数学和专业课,并且鼓起勇气参加各种社团组织的面试,最终有幸成为学院学生会和校广播台的成员。这个过程让我对全新的自己越来越自信,也有了更多机会去结识新朋友,摆脱那个井底之蛙一样的小我。

本科毕业的时候,有人问我:"大学里经历了很多事情,是不是没有遗憾了?"其实,如果能再有一次机会重新读一次大学,我会选择一种完全不一样的生活轨迹:可以安静地坐在日月湖边读书,可以去听更多的专业学术报告,可以在图书馆里享受学习的快乐。但是,因为我选择了一种方式,就必然放弃另一种,但这并不代表我后悔当初的选择,而是我决定继续在研究生生活中享受学生角色的原因。

路口：找到科研与实践的平衡

当2008年金融海啸席卷全球的时候，我挥泪告别了母校，一路南下来到上海——中国经济的心脏与命脉，开始我硕士研究生的旅程。

在我国节奏最快、最能让人深刻感觉到经济危机能量的城市里，我因为有了学校生活的庇护，可以暂时高枕无忧地看着危机带来的恐慌与变化。在金融相关领域工作的朋友们纷纷面临被裁掉的风险，而师兄师姐们则遇到了求职无门的尴尬局面，连研究生课堂上的案例和授课内容也频频以此次危机作为主线。此时的我，还无暇顾及两三年后就业的苦恼，只是在寻找一个大学生活与研究生生活的对接点，享受两种完全不一样的生活。

研一生活的初始，我谢绝了学生活动，远离了城市喧嚣，只是待在校园享受学生时代。然而，在上海这个活力四射、日新月异的都市里，单纯的读书生活又似乎与外界有些格格不入，我也突然开始面临更多的压力和挑战。

作为同届中唯一一名外校保送的学生，初入研究生校门，我面临着来自他人对威海校区的质疑，以及来自本校学生本土优势的挑战。新的学校有不同于母校的特色，学术氛围、生活环境都体现了南北方的差异。一个在北方生活习惯了的人很可能不知道该如何面对南方江南雨巷的温柔。

为了让我们更专注于学术，使我们的自身素质得到提升，研究生导师都不太同意学生在校期间外出实习。可是从自身角度讲，毕业后的去向就是工作，那么实习经历和实践经验似乎比学术更重要一些。班里同窗似乎都在这两种选择中徘徊。毕业论文的压力和就业的困境让我开始为未来真正步入社会作准备。

庆幸的是，经历过迷茫与彷徨之后，我与班里好友都始终没有放弃寻找学习与工作的平衡点，不断让自己努力适应社会的环境。最终，我的毕业论文获得了上海市研究生论文盲审一级水平，让我自己真正地舒了一口气。同时，我成为了上海世博会的工作者，在上海40℃高温天气里与同事一起做服务工作。另外，我协助美国密歇根大学教授处理的人口统计程序设计和方法让我最终荣幸地站在了北京大学的教室中，与老师同学们一起讨论分享……这些经历对我而言，不再是成绩，而是一种收获和感触。虽然任何抉择都意味着有所舍弃，可是正是这个抉择的过程让我懂得更好地把握人生。

从威海到上海的城市特色，从体验学生工作的乐趣到专注学术探索的兴趣，我已经习惯于新的生活，并尽全力证明哈工大人的本色。

扬帆：世界以痛吻我 我要报之以歌

研究生入学，导师问我未来的职业规划。我坚定地说："未来要做什么还在思考，可是未来不做什么，却基本明晰，我不想从事会计、银行等工作。"可令我始料未及的是，三年后，我阴差阳错地成为了中国农业银行的员工。

是的，就这样，我感觉命运跟我开了一个天大的玩笑。

2011年4月底，托运了沉重的行李，我一个人来到单位报道。还没来得及为自己被优先录取而沾沾自喜，我就已经站在了宁波业务最多、客户最多的网点柜台里，开始学习业务。按照银行业的规矩，每一个新入行的大学生都要从最基本的储蓄业务起步。于是，我穿上了整齐的行服，开始跟在师父后面一点点地学习。因为是研究生，营业网点的行长对我要求很高，希望我能以最快的速度熟悉业务，并尽快独立上柜。可心里本就抗拒银行工作的我，迎来了一个个的波折。

首先迎面而来的问题是忙。说我们的网点是宁波最繁忙的，一点都没有夸张的成分。每天8点半开门前，早有十多位客户等在门口排队，从没有完全关闭的卷帘门下显露出的形色各异的鞋子就可以得到验证。网点共设有6个窗口和5台自助银行设备，而每位窗口柜员日均业务量为200笔，每台机器后总是排着长队。这种工作压力对于我这个新人来讲，有些出乎意料。偏偏由于网点员工人数不足以满足客户业务办理的需要，在跟随师父的第三天早上，我就接到了行长的通知，要求我于5月1日正式上岗操作。

我听后觉得简直不可思议，除了最基本的存取款、转账，其他业务我甚至听都没有听过，又如何自己独立上柜？但是社会永远不会像学校一样，等你羽翼丰满才会给你飞翔的机会，于是，我硬着头皮一个人挪到了柜台前。

报到第一天，师父就告诉我，在这里工作最好不要喝水，因为根本没有喝水的时间，水喝多了上厕所还影响工作效率。同时，中午吃饭的速度必须提高，因为客户关注的不是我们是否已经吃饭，而是自己的业务是否已经被办理。这些话绝不是危言耸听，而是一个前辈的经验总结。

高强度的工作让我忙于应付，而作为新手，办理业务速度慢，又引起了客户的不满。上柜后的第一天下午，一位个体工商户来银行存现13万，因为现金多，点钞时间长，大厅里的一位女客户随即用手指着我开始用宁波话破口大骂。但是谢天谢地，我听不懂，只能时不时地抬头对她微笑。可是，其他客户开始不断起哄，跟她一起站在我的窗口前指责我。

百舸争流
——哈尔滨工业大学（威海）十佳大学生成长心语

我是多想告诉他们，我才是一个来银行报道四五天的实习生啊！可是为客户提供便捷的服务本身就是我的职业责任，既然开始工作，就不能再像以前一样为自己找借口，我必须学会应对各种不同的事件。这时候，师父告诉我，在办理业务时，无论客户出现何种情形，自己一定要保持镇定，不能慌乱，否则出了差错，麻烦会更多。后来我才发现，网点每天都会有客户来吵架，而真正能够化解客户怨气的，只有迅速解决客户的业务问题。

运营主管担心我们这些温室里的花朵经不住客户每天的心理攻击，就劝我不要把客户的恶言放在心上，要将心比心，从客户角度考虑，理解客户并且提升自己的业务速度。我请主管放心，毕竟浙江话对于北方人来讲，如同天书，自然也就不会往心里去。可是听不懂方言的另一面影响却是消极的，我无法正确地理解客户究竟要办理什么业务。虽然年轻人日常都在说普通话，可是对于上了年纪的大爷大妈，他们不仅不会讲，而且连听都听不懂普通话，我与客户之间的沟通成了问题。考虑到语系间巨大的差异不能在短时间内缩减，所以我从最简单的数字读法以及存取钱的常规用语开始学习，半个月后，业务方面涉及的宁波话对我来说已经不成问题。

语言障碍解决后，我开始面临所有银行员工都可能遇到的最重大的问题——错账。不知道说这句话是否合适，但领导、同事都告诉我，在银行工作的员工，都有犯错误的时候，特别是新人，更容易产生错账。一个周日的下午，初夏的阳光很舒服地照在网点的大厅，我也迎来了一位办理高额资金的客户。他要办理转账5万元业务，但由于填写的是现金凭条，而我没有及时发现，就按照现金业务进行交易码操作，很快将交易卡片和客户回单交还给客户，准备做下一笔业务。半个小时后，师父开始帮我盘点现金箱资金，发现我少了5万元整。师父考虑到金额数较大，怕影响我的工作，便与授权主管一起翻看传票，最终发现了这笔错账来源，开始给客户打电话。5万块，我一年的工资能有多少啊！我的头脑霎时空白，开始不断地想解决办法。还好客户很好说话，也发现了银行卡现金有差错，随即赶回银行帮我把事情处理好。

由于网点处于宁波市中心，客户的交易金额较大，交易也较频繁，因此每次错账都会让大家心惊胆战。而每天繁重的工作量，较长的工作时间，都让我在闲暇时一次次地反问自己，为什么要一直做这个不想做的工作。7月1日下午三点多，宁波下起了瓢泼大雨，避雨的、办业务的客户一窝蜂地挤进网点，让本来忙碌的工作场景显得更加混乱。忙乱中，我犯了第二次错误。那天下班后，我一个人看着天花板，脑海中像过电影一样闪现着各种各样的事情。忽然间，贺鹏学长的故事，在时隔六年之后再次回到我的脑海中。其实我的困境与他当初入学的境况应该是一样的，学长可以很好地应对，我为什么就不可以呢？我开始逐步反思自己业务技能中出现的问题，并打电话请教师父，试着用他们的方法来弥补自己的错误。既然已经选择了这份工作，那就试着去适应，去接受！

如今回想，我也不清楚自己是怎么挺过来的，只是每天上班都保证精力充沛，业务开始前都尽可能做好充分的准备工作，每笔业务都按照最标准的内控合规制度做到笔笔清，并用主管和老师们传授给我的方法来有效控制风险。

最终，我的努力有了成效。入行三个月，我开始了第一次岗位轮换，坐上了最忙的主出纳的位置。又过了两个月，我与其他来自分行各机构、网点的员工被选拔参加培训，并以主讲人的身份，代表宁波市分行前往厦门和桂林参加中国农业银行总行电子银行营销大赛的预决赛，为宁波分行赢得了重要的加分机会。如今，我已经离开了柜台，成为一名理财经理，并按照行长的规划，于近期竞聘对公客户经理。

林赛参加中国农业银行电子银行营销风采大赛

未来需要我坚定地走下去，去面对生活，去改善工作，去享受人生。而从踏进威海校区大门的那天起，我的人生就开始了不同的轨迹，我将继续为自己的梦想而努力！

林赛简介

1986年出生于山东省东营市，中共党员。

2004～2008年就读于哈尔滨工业大学（威海）管理学院国际经济与贸易专业。

2008～2011年于上海华东理工大学商学院攻读应用经济学硕士研究生。

在校期间曾获得"国家奖学金"及山东省"优秀学生干部""优秀毕业生""山东省第十届校园主持人大赛"三等奖等荣誉。参加上海世博会、城乡统筹与经济社会发展社科基金课题研究、基于遥感技术的人口问题研究、校园社会实践等多项活动。

2011年进入中国农业银行宁波市分行。工作期间获"中国农业银行电子银行营销大赛优秀个人奖""首届宁波市分行十佳年度新人奖"等荣誉称号。

成功 你只需多一点点

钟 颖

第七届十佳大学生

马云曾经说过：今天很残酷，明天更残酷，后天很美好。但大多数人都死在明天晚上，而看不到后天的太阳。我走过了那个残酷的"明天"，坚持到了美好的"后天"，体会到了坚持的力量。

第三篇 一样的执着,别样的精彩

翻着那一张张熟悉的照片,时而欢笑,时而忧伤。回想大学生活的一幕又一幕,我不禁热泪盈眶。在哈工大(威海),有我眷恋的人、怀念的事、感恩的情、留恋的海、成长的喜,还有心酸的泪……总想着为她做点什么,总想着向她说声:谢谢,哈工大(威海),你给了我太多太多,让我该如何回报?是你,伴着我庆祝十八岁生日,默默地教会我成熟与承担;是你,看着我收获一封又一封喜报,让我知道什么才是优秀;是你,随着我越过一道又一道沟壑,体会拨云见日,柳暗花明的欢乐。亲爱的学弟学妹,欢呼雀跃吧,要知道,现在张开双臂拥抱你的哈工大(威海),将为你插上翅膀,送你飞向更高的天空。

表达完这如潮水般汹涌而来的感激与怀念之情,是该步入正题了:成功,你只需多一点点。说实话,我觉得我还远没有资格去用"成功"这两个字,那就请看做是用来吸引眼球的噱头吧,想知道怎样将一点点变成"成功"吗?那么,且看下文分解。

成功 你只需多一点点团结

在我的大学四年中,最让我骄傲,教会我最多的是我们的"梦幻七人组"——材料学院首届工程学习小组。我们模仿企业创新机构的运营模式,以锻炼创新能力和实践能力为出发点,挣脱传统培养模式和思维定式的束缚。通过不同的课题研究,拓展视野,不断尝试新领域,新事物,充分发挥组员的主观能动性,广泛接触不同领域的知识与技能。以实践为检验标准,注重个人能力的培养和社会人格的塑造,各方面能力都得到了全面提高。

我们在一学期的时间里共同完成了材料专业就业情况调研、个人演讲能力训练、旅游策划等七个课题。又在第二学期进行个人综合能力训练。从资料查找到上台讲解,相互学习中我们增长了知识,得到了锻炼。我们的小组运行方式是一次开创性的尝试,我们的目标是打造精英团队,培养精英人才。在小组中,我们的演讲能力、组织能力、资料查询能力、团队合作能力和迅速接受新事物的能力都得到了很大的提升。

印象最深的是我们的第一次课题。为了更好地完成任务,七个人一起在学院办公室工作了整个通宵。七个人相互鼓励,相互帮助,困了就交班,让同伴稍事休息。第二天不顾整晚的劳顿,继续整理资料汇报成果。最终,我们初战告捷,掌握了全国各大高校材料相关专业的第一手资料,为学院的就业工作提供了翔实的参考。在这个团队中,我们能看到每个伙伴身上的闪光点,我们都为自己是这个团队中的一员而自豪。

百舸争流
——哈尔滨工业大学（威海）十佳大学生成长心语

我们的任务安排很紧，每两周完成一个项目，七个人轮流担任队长。小组中的七个人也都在学生会、班级等组织中担任着重要的角色，学习也都很出色，所以每个人都忙得不可开交。课题难度逐渐提高，任务逐渐加重，即使工作繁重，我们仍坚持每天开会交流心得体会。

在将近两年的努力和坚持中，我们有过兴奋，有过低沉，有过争吵，甚至因压力大而想过放弃……但是，庆幸的是，我们是一个团结的团队。在相互鼓励和扶持下，我们走出了阴霾，战胜了自我。七个人犹如脱胎换骨般，综合能力得到了前所未有的提高，打造出了一支效率高、合作好、计划强、成果优的精英团队，多次代表学院参加各种活动。我们带领的实践团队也获得了前所未有的好评。更重要的是，七个人的深厚友谊是我们受益终身的宝贵财富。伙伴们将永远是我坚强的后盾，永远值得我信赖。

成功　你只需多一点点激情

大一时，我加入了学生会的外联部，主要任务是去校外为学生会的活动拉赞助。从别人手里往外掏钱可不是件容易的事情，需要好嘴皮子和厚脸皮。作为外联部的主力军，我在一个学期之内与伙伴们为学生会筹集资金近六千元，多于前五届学生会赞助资金总额。为公寓文化节、运动会等活动的顺利开展提供了充分的资金保障。

说来也怪，我向来是个lucky dog。每次拉赞助，外面不是大风就是大雪，甚至是极度恶劣的风雪交加的天气。但是没办法，只有周末我才有充裕的时间，而且活动不能等人。现在回想起来，都不知道自己当时哪里来的那么大劲头。记得有一次，我和同伴跑遍了市中心的每一家店，挨家挨户地介绍我们的活动和宣传措施，听到最多的就是："又是拉赞助的！""我们没兴趣！""以后再说吧！"整整一天的时间，一次又一次碰壁，一张又一张黑脸让我们的自尊心受到了前所未有的打击。但是我们毫不气馁，擦亮战枪继续笑脸上阵，最终还是一无所获。

凛冽的寒风早已把我们吹得没有知觉，一次次的拒绝和黑脸更是让我们成了木头人。然而，这是我们进入学生会以来的第一次大任务，怎么能就这样轻言放弃？这一点点的打击算得了什么？我们经过分析，认为可能是我们的宣传策划以及表达方式尚有欠缺。于是，我们丝毫不顾一整天的疲惫，连夜赶制了新的宣传方案，并制定了统一规范的洽谈步骤，准备第二天继续大干一场。

我们带着新的策划方案再次跑遍了每一家店面，宣传我们的活动方案，终于功夫不负有心人，我们竟然一次性拿到了几千元的赞助！正是不怕挫折和打击的心，怀着一份必胜的信念，揣着一份新生力量的激情，支持着我们一步步走下去。不管是狂风

第三篇 一样的执着，别样的精彩

暴雪，还是冷眼相对，全都抛在脑后，为的只是一个目的——把第一场硬仗漂漂亮亮地打下来！

从这次以后，我最大的收获是脸皮更厚了。这么多的打击都忍过去了，再来一次也不怕。本来娇生惯养的乖乖女豁达开朗了许多，变得敢说敢干了，有了点"东北范儿"，语言表达能力也突飞猛进。更搞笑的是对威海的大小店铺烂熟于心，竟成了朋友们的"活地图"。

成功　你只需多一点点责任心

我所在的0608302班获得过一次又一次的荣誉：优良学风班级、最佳活动班级、最佳组织班级、精神风貌班级、三好班级、三好班级标兵和最佳团支部。

我在这个班级中也一直都是那个最活跃的和坚持最久的班干部。大一时，我担任班级学习委员，工作认真负责，收发作业细致准时。为提高大家的英语水平，我还牵头组织了英语角。为同学准备复习材料，积极主动帮助其他同学，提高了班级的整体成绩。大二的我担任组织委员，组织了一系列公共服务活动。其实这段时间我需要同时处理班级活动、学生会活动、考试和辩论赛四件大事。经过深思熟虑，班级活动和学生会活动办不好是集体的荣誉损失，所以不能放弃，而考试是我的本职，必须坚持。与它们相比，辩论赛为的只是我个人能力的提高，所以为保证班级和学生会活动能够顺利进行，我忍痛放弃了自己喜爱的辩论赛。

怀着为集体负责、为大家负责的心情，我们认认真真做好每个活动：为校园清扫落叶，为主楼贴标签，为同学排自行车。"人民之事无小事"，我们做的是大家最需要的，是大家最贴心的。正因如此，我们取得了"活动评比大赛"第一名的好成绩。我们主动与四零四医院院长联系，请来了威海市最好的急救医生，举办"医疗知识讲座"，为同学们普及急救及医疗知识，并进行现场模拟演练。想同学之所想，急同学之所急，得到了院领导和同学的一致好评。李书记对我们的讲座作出了高度评价："这两个小时的讲座能够让我这一生都受益匪浅。"为孤儿院募捐、参加班级团队实践、爬山、包饺子和班级三好标兵评比……大小活动从策划到宣传，到联系合作伙伴，当班级需要我的时候，事事我都会赶在前面，事事都尽量做到完美，尽量让每一位同学满意。即使是在转专业之后的班级评比中，我仍然发挥自己做PPT和演讲的技能，为班级拿到了三好班级、三好班级标兵的荣誉称号。

难忘2008年暑期，我作为实践团成员赴河北临西育英中学进行了为期半个月的特色支教活动，曾为200位初三学生讲解英语学习技巧。那是我第一次当老师，第一次为这么多学生上课。

当地的条件不是很好,学校的教学条件也比较艰苦,但我和实践团成员们一起坚持每天为学生们带来精彩的课堂内容。当时,我还特意准备了一堂生动的手语课,以新颖的形式吸引了学生。看到他们那专注的眼神,我知道,他们喜欢我的课。我把每天休息的时间都用来与这些学习有困难的孩子交流,针对不同的孩子制定不同的激励措施。

直到现在我的记事本上还记着每个孩子的爱好、特长与性格,同时我还通过QQ关注着这些孩子的成长。印象最深的是一位充满心事的孩子:他家庭条件一般,父母看他学习不好,想让他念完初中就回家工作。但是他真的想好好学习,考上一所好大学,去外面看看,但是无论自己怎么努力,学习成绩就是提不上去。我翻看了他的学习成绩,发现他的英语成绩是最好的。为了给他建立自信心,我对他

2008年赴河北支教的钟颖正在教授手语

说:"我想办一个英语角,感觉你的英语不错,在班里人缘又好,不如你帮我策划一下在班里建一个英语角吧!每天的主题由你来定。"

在接下来的几天,篮球场上少了他的身影,下课少了他的打闹声。我看到的是每天他在与同学们商量活动策划。他说:"姐姐,是你们给我打开了一扇窗,让我知道外面世界还很大很大。要是没有你们我早就不上学了,现在我觉得我有了目标,学习也进步了很多,谢谢你们。"

成功 你只需多一点点坚持

在接到"十佳大学生"评选的通知时,我正因为阑尾炎在校医院打吊瓶。因为自己生病,又害怕这次机会被自己白白浪费,我想请老师把这次宝贵的机会给其他同学。不过,老师还是坚持鼓励我去试试,即使不能成功,也希望我为明年的评选积累经验。

就这样,我接受了这光荣而艰巨的任务。然而,不幸的是我受不了长期的药物副作用,只能开刀手术(由此可见,健康的身体比什么都重要,所以平时一定要注意锻炼身体)。因为周日十佳评比就要进行彩排,我周一住院手术,不得不坚持周五出院——我不能辜负老师的厚望啊!

第一轮彩排，我拿着一份毫无章法的初稿上台演讲，遭受了严重的打击。不过在之后一周的时间里，我在坚持上课的同时几乎每天写一份稿子，并配出相应的PPT，再拿给老师审查并寻求建议。主题不合适就要全部重做，还要找多位同学帮忙润色，一遍遍地修改，每天大脑都在高负荷运转。

幸运的是，我通过了初选，拿到了复选的通行证，这次更是精英与精英的巅峰对决啊。能够在全校最高级别的优秀学生评选大会上一展自己的风采，也许对每个人来说都是无比骄傲自豪的事情。然而对我来说，却有点高兴不起来了：看着我的对手们精彩绝伦的表现，向来自信满满的我突然有种相形见绌的感觉，没有了胜利的信心。经过一次次激烈的思想斗争，我开始转变自己的想法。能站在这个台上就已经说明了我是足够优秀的，每个人都有自己的特色，只是他们有的我没有罢了。我有的，他们也没有，我只需要坚持自己的风格，走自己的路！

准备的时间依然是相对紧迫的，我抓紧一切机会充分备战，将自己的优势多次提炼。在评比现场，我凭着"在这个小小的身体里迸发出来的强大小宇宙"，用自信和优秀的台风打动了台下的评委和观众，博得热烈的掌声。这一刻，一切努力都是值得的！

马云曾经说过：今天很残酷，明天更残酷，后天很美好。但大多数人都死在明天晚上，而看不到后天的太阳。我走过了那个残酷的"明天"，坚持到了美好的"后天"，体会到了坚持的力量。在这个过程中，我看重的不是十佳大学生这份荣誉，而是这一次前所未有的仔细审视自己提炼自己的机会，让我明白了坚持就是胜利的真理。

成功　你只需多一点点精心

这里的精心可以包含精心学习别人的优点，精心安排自己的时间，精心做好每一件事等等。这一个又一个的精心看似繁多复杂，其实也只有一点点罢了。

精心学习别人的优点。我所在的寝室一共六个姐妹，毕业时有四位保研，两位考研到哈工大。毫不谦虚地说，我们拿到的奖学金总数接近十万元，其中就有七次国家奖学金。我们宿舍有两位"大姐大"，最厉害的一位保研成绩达到了94.4，接近十个科目是满分。当然，这个人不是我。在这样的环境下，我也不能示弱。虚心学习别人良好的习惯，多多请教问题，将她作为我学习上的榜样，督促自己加倍努力。要记住：成功靠的不是时间积累，关键是巧妙高效的学习方法。因为我的学生工作繁重，需要两者兼顾，很是辛苦，所以高效的学习方法对我来说尤为重要。其实很简单，上课认真听讲，当天复习，提前预习，这是最节约时间的学习方法，也能保证你能听懂下一堂课的内容。最为关键的是每天坚持，最好能在各个方面找到一个值得学习的榜样，每天向她学习一点点，每天的一小步才能积累成迈向成功的一大步。

精心安排自己的时间。我自大一入学以来，有极强的时间观念。我觉着在这里的每一秒钟都异常珍贵，一直坚持着早上6：25起床的习惯。每天在8：00上课前保证有时间复习或预习功课。除了小组第一次项目的通宵外，不管工作有多么繁重，从未在24：00后休息，保证了良好的作息习惯。在做一件重要事情时，我往往不急于立刻着手，而是先做一些必要但不重要的事情，同时提前为待做的事情制订计划，胸有成竹之后再专心投入地去做。用我的话说是"一心两用"，大大节省了时间，还能依靠较为完善的计划将事情完成得更好。

精心做好每一件事。我是一个完美主义者，我做的每件事情都会努力做到最好，而不是草草了事，完成就好。渐渐地我发现，这个习惯竟然让我受益颇丰。在外联部，我每天都会主动计算开销和收入，这给了我做办公室主任的机会；在学习中不放过任何的疑点，这使我轻松地取得了专业第一的成绩；认真撰写每次的总结报告，这使我成为了撰写报告的高手，我所写的实践报告帮助团队获得了"山东省优秀实践团队"的荣誉称号；担任哈工大校史博物馆讲解员，精心准备每一次讲解稿，向来宾展示最好的一面……所有多一点的付出，经过累积，都会在特定的时刻给我们更大的回报。

这一个又一个的精心，其实就是比别人多一点点的细心。在看到别人优点的时候，不是仅仅停留在看到、羡慕的阶段，而是多迈出一步——学习，只有这样才能真正进步。其实就是在自己懒惰的时候多一点点的坚持，积少成多的时间会给你更多的机会去学习；其实就是在做事情的时候比别人多花五秒钟想想怎样才能做得更好，能如何改进，你就又为自己的成长增添了一份可能。

归纳"P"法则

讲了这么多我自己的故事，我想我应该从里面归纳出一些东西，帮助大家消化。毕竟每个人的做事风格是不同的，所以，仅供参考。我的"P"法则如下：

Purpose

明确的奋斗目标。这个大概是从入学到第二学期开始这段时间应该考虑和确定下来的。我们面临的选择无外乎考研、找工作、保研和出国，当然还可能有人选择游戏（按人数多少之顺序进行排列）。大多数人会根据自己第一学期的期末成绩确定自己是否有保研潜力，或者根据自己的兴趣专长确定自己的努力方向。所以，建议大家一定在第二学期初就找到这个问题的明确答案，可以找优秀的学长学姐或者与自己关系比较好的老师进行几次长谈。

第三篇 一样的执着,别样的精彩

决定考研的同学一般工作能力不错,学习成绩中等。可以考虑在保证学习成绩稳定或上升的前提下多多参加学生工作。最好是用科技创新经历来增加自己的阅历和积淀,学习成长两不误,只是考研比较辛苦并将花费一年的时间。决定找工作的同学与考研的同学前两年的步调差不多,只是到第三年就开始考虑找工作的大事了。保研的同学成绩都不错,可能你天生爱学习、坐得住,那就多读书,多学习,做你自己想做的事情,再做些学生工作将是锦上添花。或者你有高效的学习方法,还喜欢与人交流,那就可以抽出更多的时间花在"成长"上面,若两个都能做好,你将是"无敌"的勇士。出国的话,就要将重点放在英语和科研上面了。

Passion

一定要有激情。我常说,趁着年轻还不努力,难道还要等到老了再拼搏?如果不想让自己这么宝贵、珍贵、美好并且 never come back 的青春虚度,那么就让自己充实起来吧!

为了保持我的 Passion,我喜欢每个学期或者每个小段的时间给自己安排两种不同类型的事情一起去做。一静一动、一文一武,累了就可以换另一个,时刻保持新鲜感。这里要注意,我们喜欢给自己一个大的目标去完成,时刻朝着它努力奋斗。然而,一个星期可以,一个月可以,半年,一年呢?会不会累?我想大部分人给我的答案应该都是 Yes。那么就在这个大目标下反推出一些短期可以实现的小目标吧。每次实现这个小目标后,小小地美美地奖励一下自己。你会发现一颗悬崖上的果子竟然在你不经意间的小努力和小欣喜的交替之后,就开始在你的眼前熠熠闪光了!这时候可以抱着它偷着乐了,你其至还会发现它比你想象中的还要甜!当然,一定记住,每个小计划必须扎扎实实地完成,这样你才能带着荣誉感和信心投入到下一个计划当中去。

Open

机会是你自己创造出来的,不是宅出来的,也不是玩出来的。打开你的心扉,伸出你的双手,拥抱你的老师和同学们吧!在你辛勤工作的时候,一定要记得多多与你的同胞们讨论和交流。当你为一件小事纠结痛苦的时候,记得不要一直闷头苦想,抬起头来看看天空,没准思想的小火花就在你同学的后脑勺上贴着呢!把握好每次与别人交流和学习的机会,最好能主动向别人学习。因为每个人身上都会有你没有的东西,有值得你学习的优点,赶紧与他交流一下,看看你怎样才能拥有他的闪光点。机会只会落在值得拥有它的人的手中,在交流和学习中不断成长,你会发现它们会主动跑到你的手掌心中,甩都甩不掉!当然,即使它是一个巨大的挑战,也绝对不能甩,是机会一定要紧紧地抓住,因为这正是你登上更高一级台阶的必经之路。

Plan

做事之前一定要想好了再去做。对于没有思路的文章我是不会坐在电脑前面呆呆地构思的,可以边去洗衣服边构思。其实,我是在利用做这种不太需要脑力的事情的时间来思考我的文章,确定一个更明确或者更新颖的思路。当我想好后才会重新坐下来,一股脑地把文章写完。在我看来,这是提高效率和激发灵感的好方法。

当然,在这之前,你是要有一定的知识储备的。接到任务之后,第一件事情就是收集资料,网络、老师、同学和朋友都可以成为你资料的来源,而且要在有限的时间内争取拿到最全面、最权威的资料,接下来就可以去做 Plan 了。

Group

闭门是造不出好车的,在处理每件事情的时候一定要找到自己的小团队,不管是学习还是工作。

提到学习,我必须强调,在大学里要提高学习效率和质量,最重要的便是上课认真听讲,下课及时复习,总结和掌握重点。上课把老师讲过的内容充分理解,当天抽出 30 至 60 分钟的时间便可以完成复习。到期末时你就会发现,你平时每天比别人多学的那一两个小时会是多么划算。尤其是,大学的课程如果上一节没有掌握好,下一节就会开始迷糊,再下一节就开始听不懂,最后便渐渐放弃了……所以,复习不仅可以让学过的知识更扎实,更能帮助你持续听懂课,掌握课程脉络,避免期末时自己瞎啃书本,这样你会比别人轻松很多。最好能够找一个学习生活节奏和你差不多的同学,相互监督和鼓励,甚至竞争比赛,你的效率会更上一层楼。

对于工作,Group 就更加重要了,大家能有共同的目标一起去奋斗,这样再好不过了。梦幻七人组便是我的 Group,大家一起吃苦,一起学习,一起成长。发挥每个人的特长,学习他人的优点,你会成长得很快,工作和学习的效率都会大大提升。

Professional——Because professional(专业的), so focused(专注的)

因为专业,所以专注。学习和学生工作是不同的事情。学习是最重要的,每天必须坚持,工作是成长的有效方法,两者缺一不可,且都需要专业的功夫和专注的态度。学习时就安心专注于专业学习,工作时就安心踏实地投入工作,不要学习时想工作,工作时想学习。这主要是基于你的不断积累和对自己的充分自信,相信自己一定能做好这两件事情,减轻心理压力,放心大胆地去做眼前的工作,这会让你的结果更精彩。

最后祝愿我亲爱的学弟学妹,能明确自己的 Purpose,拥有极大的 Passion,与你的 Group 一起,Open 你们的思路,在做好 Plan 的前提下,Professional 地做好你自己!

钟颖简介

1989年生于山东省泰安市,中共党员。

2006~2010年就读于哈尔滨工业大学(威海)材料学院电子封装技术专业。

2010~2012年于哈尔滨工业大学攻读硕士研究生。

在校期间曾获国家奖学金,连续五个学期获一等人民奖学金,为班级夺得"三好班级标兵"称号,积极参与社会实践,所在团队两次被评为山东省优秀实践团队。先后获得哈尔滨工业大学"优秀团员""三好学生",山东省"优秀毕业生",黑龙江省"优秀毕业生"等荣誉称号。研究生期间担任哈工大品牌社团"科学之旅"负责人,为哈市中小学生普及科普知识并建立首个社团社会实践基地;担任并成为哈工大校史博物馆的优秀讲解员。至今已发表SCI两篇,EI两篇,并赴荷兰飞利浦研究院完成为期三个月的实习。

因为喜欢　所以执着

肖晓飞

第九届十佳大学生

　　我可以吃最烂的饭，穿最烂的衣服，用别人用过的书包，但是我要用最好的书，学最好的知识，作最好的研究！这是我的内心信念，并且永远都不会改变。

作为十佳大学生,我文采平平,并且一直用孩子的思维思考、做事。我很固执,所做的也只是作为一个孩子喜欢做的事情,一直在追逐梦想,并为自己的梦想疯狂。

下面讲述的,就是我在追逐梦想的过程中经历的一些往事。

心存信念　坚定选择

上大学之前,我穿的都是别人给的旧鞋、母亲做的鞋,或是集市上买的12.5元的双星鞋。冬天没有棉鞋,我就在鞋子里塞袜子,脚上满是冻疮。大学伊始,姐姐为我买了人生中第一双价格超过13元的鞋子和一套价格超过百元的衣服。但是,我没有穿。我是穿着简陋的衣服来的,在我内心深处有一个信念:我要用自己的成绩赢得尊重,没有人可以小看一个物质贫乏但积极进取的人。物质贫乏并不可怕,可怕的是精神贫穷。生命中,很多东西无法改变,我们也经常会遇到挫折和失败。但我们要就此倒下,一蹶不振吗?不是!我们不比别人差,我们具有成功的潜力,但这份潜力需要我们挖掘出来,我们应该找准目标并且为我们的目标拼尽全力。凡事先苦后甜,对自己要狠一点,否则,对你狠的将是生活。

由于从小就有成为科学家的梦想,科技创新是我最大的兴趣。从大一开始,我进入了实验室,几乎将自己所有的时间投入到了科技创新中。我可以完成别人认为我不可能完成的事情——为了留在实验室,用5个昼夜连续学习陌生的软件;我可以采取别人认为几近疯狂的行动——将自己的奖学金1.5万元左右作为科研资金;我可以做出别人认为怪异的举动——在毕业生毕业之际,溜进毕业生的公寓去捡人家扔掉的书籍、衣服等。这一切都是因为我具有一个信念:"我可以吃最烂的饭,穿最烂的衣服,用别人用过的书包,但是我要用最好的书,学最好的知识,作最好的研究!"这是我的内心信念,并且永远都不会改变。

由于高考失误,本想复读的我最终选择了哈工大(威海),因为我知道:只要自己足够努力,在哪里都会有所成就。我从来没有后悔过自己最初的选择。

很多人都曾被问起:是什么支撑着你走到今天?

答案不尽相同,因为每一个人都有支撑自己的信念,而我的动力始于小时候的梦想。

我来自农村,由于家庭条件不好,童年不像其他孩子那样有成堆的玩具,我能看到的只是家里的电器和农具。我看到机器,就喜欢拆开,有些能装回去,有些则不能。在这期间我曾经受过很多很多的伤，触过电，也曾将手指戳穿过。儿时的我最喜欢做的事情就是去垃圾堆翻找旧东西，即使捡到一个打火机也会高兴半天，更别提破收音机之类的小电器了。家庭虽然贫困，但这并没能泯灭我创新的天性，反而慢慢培养起了对于发明创造的兴趣。由于家长的鼓励，小学时我便开始参加竞赛，并且也取得了一点小小的成绩，这更增加了我的信心。

正是由于童年的经历，我对科技创新产生了浓厚的兴趣，并且这种对创新的热爱经过日积月累后早已扎根心底。

"成为一名科学家"是我儿时的梦想，自从这份信念形成之后，我就从来都没有动摇过。也许这是一个很遥远的梦，但这正是我的兴趣所在——我创新，我快乐。大学期间，我也是一直在追寻着儿时的梦想，过程中，我收获了快乐。

作好准备　把握机会

2009年4月的一天，学校组织机电创新宣讲会，对其他人来说，是一个平常的日子，对我来说却终生难忘——我遇见了刘会英老师。也就是那天，我的人生展开了新的一页——我进入了创新实验室。

由于对创新的喜爱，在上大学之前，我就对学校里一个叫做"实验室"的场所产生了浓厚兴趣，在那里可以进行相应的学习、实验和科技创新。从那时起我就盼望着进入这样的一个场所，找到与自己情趣相投的兄弟，做自己最喜欢的事情。怀着美好的期望，我来到学校之后就一直在寻找"传说中的实验室"，可是却屡屡碰壁。由于刚刚踏入一所新的学校，几乎没有任何人可以为我提供这方面的信息（那时我基本没接触过网络），而从老乡那里得到的信息是："现在你是零基础，不容易进。"听到此话，我感到非常沮丧。

有人说："一旦给了绝望的人最不应该给的东西，那结果将是可怕的。"我没有因此而放弃希望，因为我分析了自己的优势：我对创新有极大的热情，有学习的动力，有对知识的渴望和好奇心。虽然现在还没有机会，但是我相信自己会找到赏识自己的老师。从此，一有时间我就会一遍又一遍在校园里转，在各个教学楼、主楼和研究院中转，目的只有一个——搜索有关实验室方面的信息，为自己争取一个机会。同时，我也开始重新审视"创新"。每每看到有的房间写着"实验室""研究所"或者"创新设计中心"之类，我就会好奇地驻足，从门缝里窥探。看到实验室里师兄师姐们在忙碌，我心里特别羡慕，恨不得能立刻成为其中的一员。也一直期待在这时能有一位老师出来，待我向他说明来意后，可以立刻接受我。可是由于自己一直以来十分内向、腼腆，心里虽羡慕不已,可是却没有实际行动。直到有一天,我决定,要为自己一直追寻的东西而进行一些改变。

机会总是青睐有准备的人。只是偶然一瞥,我发现了宿舍门口宣传栏里关于"机电创新宣讲会"的通知,通知里有我期盼已久的词语:与老师,学长面对面……我决定抓住这次机会。

在参加宣讲会之前,我用了整整两个晚上,将自己小学五年级时的一个想法用简图表述出来。宣讲会上,各位老师介绍了科技创新的意义以及各自在指导中获得的经验,其中刘会英老师介绍了实验室的基本情况,姚庭学长介绍了他的项目经历。我认真地听,细心地记。特别是在听刘老师的演讲时,我非常兴奋;在听姚庭学长的演讲时,我热血沸腾。我心想:这样的老师和提倡创新的实验室正是我苦苦寻找的。

宣讲会结束之后,怀着忐忑的心情,我径直找到刘老师。简单介绍了自己的情况后,我拿着简图请老师进行指导——大学里第一次,我在楼道里接受老师给予的科技创新方面的指导。

十分钟后,其他老师约刘老师一起走,可是刘老师牺牲了宝贵的休息时间,继续指导我,为我提各种修改意见。后来,我提出想加入创新实验室,随后刘老师让姚庭学长带着我去主楼256实验室看看。我兴高采烈地跟随学长去参观,看到实验室的师兄们各自都在忙项目,内容涉及很多方面。看着师兄们的认真劲儿,看着实验室里成型和未成型的模型,看着电脑桌面上复杂的机械结构,看着我一点都不懂的程序,看着复杂的电路,看着师兄们讨论时兴奋的表情,我知道:这里就是我最想来的地方,这里就是我梦寐以求的热土!

师兄说,这只是众多实验室中的一个,刚刚加入的新人要先在N楼学习,等学到一定程度才会进实验室。我心里暗下决心:我一定要做到,我要加油,谢谢老师、师兄们给我提供的这次机会。

短短五天　挑战极限

进入实验室后不久,由于实验室人员太多,学习资源有限和管理困难等诸多原因,实验室决定进行建立以来的第一次选拔,参与这次选拔的是创新设计中心全体成员,自然,我也成了其中之一。

选拔的方式是由实验室的"元老级"成员出题目,我们选题,然后对我们完成的情况进行综合评定,决定入选者名单。

几天后,题目出来了,分为电子、编程、机械等几组,老师让我们考虑一下,然后直

百舸争流
——哈尔滨工业大学(威海)十佳大学生成长心语

接找各组的负责人。

我是进入实验室最晚的,并且是大一新生,而最令我压力倍增的是,这些都不是我的专业。"我知识储备最少,并且是进去最晚的,专业还不对口,我该如何选择?"我不停地问自己。看着一些老成员由于各种原因自动退出,我的压力更大了。"这里是我苦苦寻找的地方,好不容易有这样的机会,我无论如何都不会放弃,即使最后没选上,我也赖在这里不走,因为我喜欢这里,超级喜欢。"这种信念一直在我脑海里盘旋。

面对这么棘手的问题,心里焦急万千。那天晚上,我失眠了。但是我知道,自己要做的就是静下心来好好思考,找到自己的优势,努力解决问题。

我将自己的优势和劣势列出来,经过对比发现:我不曾接触过编程,仅仅在高中时接触过流程图;我曾经拆装过家用电器,了解家用电器的原理,然而对单片机等根本没有听说过,并且操作单片机的基础是我并不具备的良好的编程能力;我拆装过农具,对机械机构有一定的了解,而且我的空间想象能力强,但是从没有系统学过机械知识。为了留在实验室,我只能硬着头皮选机械方面的题目了。

当我真正去做的时候,发现选择的是北京航空航天大学刚刚研制成功的一个项目。对我来说,项目难度非常之大。我暗下决心,在时限内,要将自己全部的精力倾注在这上面。

咨询学长后我得知,Auto CAD 和 Pro/E 是我必须用到的软件。为了利用好时间,将任务完成并留在实验室,这几天(当时是在假期,连着周末)我要加倍努力。有句老话叫"笨鸟先飞",既然我是弱者,既然没有先飞,那只有"日夜兼程"了。我作了一个重要决定:通宵。

第一天,我去图书馆借了几本教程,请王宁学长和姚庭学长帮我安装了两个软件。二位学长简单介绍了一下软件的用途,我打开软件,试探性地开始摸索各个按钮的用途。然后从网上搜到软件的教学视频,边看边练。

晚上,王宁学长来看我们,我问了一个问题:"实验室晚上可以通宵吗?"学长告诉我,通宵对身体伤害很大,所以刘老师不允许通宵,并且 N 楼也不允许晚间滞留。但是为了能留在实验室,我只能打破这条规定了。

晚上,其他成员离开了实验室,我独自留下。第一天晚上,我在兴奋中轻松地度过。第二天,我将查阅到的论文资料打印出来,将其中的图纸打印了几份;从师兄那里借到作图工具,一点一点把尺寸测量出来,并将其标注在图纸上(图纸被我画得乱七八糟,大概只有自己能看得懂);然后,试着运用刚刚学到的知识将图纸画出来;最后,我又开始进行下一步的学习。

第三篇 一样的执着,别样的精彩

到第二个通宵,接近早晨五点的时候,我实在坚持不住了,睡意排山倒海般袭来。我心里想,劳逸结合一下,睡会儿吧。于是,我将实验室里的椅子拼在一起,做了一张床,躺在上面。可是晚上特别冷,怎么办?我蜷缩成一团,依然很冷。我想找床被子盖在身上,可是在实验室哪里有被子呢?突然想起在墙角有一些运输用的泡沫,我将它们搬来,因为害怕损坏,所以没有将任何一块泡沫垫在身下,只是将它们盖在身上。我心想:眯一会,起来接着学,接着做。不一会,我已经睡着了,而当我眼睛睁开的时候,发现窗外天蒙蒙亮,我从椅子上跳起来,心想:完了,完了,自己怎么睡了这么久。可是一看电脑,发现自己只睡了半个小时,即使只睡了半个小时,我也一直做着跟 AutoCAD 相关的梦。

醒来后头脑清醒了不少,洗把脸接着学,接着做。经过努力,我将第一份图纸做出来了,并传给了姚庭学长,请求指导。由于自己第一次接触画图,更是第一次接触这种软件,我的图纸很粗糙。姚学长回复邮件说,让我先了解一下国标和基本的画图规则。于是,我赶快查阅资料和有关制图的教学视频。

就这样在画图、发邮件、接收邮件、学习和重新画图中的过程中,我在逐渐进步。期间遇到了各种问题,像没有及时保存文件导致一天的辛劳白费等等。晚上实在坚持不住了,我就在凳子搭建的床上,盖着泡沫睡半小时,醒来后以饱满的热情投入到学习中。白天则利用去食堂吃饭的时间进行一下调整。这期间,知情的师兄曾建议我回宿舍好好休息,可是我知道,既然承诺自己要完成任务并选择了通宵,为了自己的追求,我就会认认真真完成,决不食言,也绝不会让自己与这次难得的机会失之交臂。

到了第五天中午,眼看最后一份图纸就要画完,师兄叫我一起去吃午饭。可是我想完成之后再去,便让他们先去。下午,几位师兄们回来了,而我将最后一份邮件发出去了,大喊一声:"欧了!"虽然心里的石头落地了,可是我突然感觉身体十分疲惫,不知不觉地坐在椅子上睡着了。在场的师兄惊讶极了,随后他们把我叫醒,尽管这时很饿,可我却直奔五天未回的宿舍,蒙上被子倒头大睡。我睡得很香,一直到第二天下午才起床,与舍友相约去吃了一顿最美的晚餐,心情舒畅,如释重负。

我知道自己的图纸画得并不好,但我是认认真真完成的。

几天后,我收到了一条短信:你已被选中,今晚八点半开会,请勿迟到!接到短信时,我兴奋不已,我知道:我成功了,是我的认真和热情打动了老师和师兄,这些天的努力没有白费。我暗下决心:实验室的大门最终为我敞开了,而我要做的就是加倍努力,努力去寻找属于自己的快乐,能不能有所收获全看自己了。刘会英老师成为改变我大学命运的第一人,是她的鼓励和帮助给予了我信心,是老师为我提供了这么好的机会和条件，让我实现了迈向理想的第一步。我衷心地感谢刘会英老师。

现在想想，五天时间，我不仅仅学会了软件，完成了任务从而得以留在了实验室，而且也证明了自己的能力，激发了自己的潜力，为我的人生留下宝贵的财富。

后来跟其他师兄们谈起这件往事，他们都非常惊讶："看到你白天那么有精神，真不知道你晚上是通宵了，还通了五天，你是怎么熬过来的？"我想，也许这就是"信念"的力量吧！

大学中还有很多个这样的五天：2010年寒假，因为项目需要，我必须自己动手设计上位机程序。在经过实践和论证后，我决定使用从未接触过的Labview软件。在作出决定之后，我请实验室的建琳师兄帮我安装了软件，随后自己从图书馆、论坛找了一些资料，开始着手学习。而这时，距离春节还有五天，况且，还有其他项目在同步进行，但我给自己下了一道"军令状"：若做不出来，那么大年初一也要照常编程。

为了实现对自己的承诺，在认真完成实验室项目的前提下，我抽出饭后时间边学、边练、边使用。大约在腊月二十七，我顺利完成了实验室的项目并乘车回家。刚到家，我就拿出电脑坐在床上继续学习。父母为了给我创造好的环境，将往常基本不用的炉子烧得很旺。除了吃饭，我每天埋头于自己最喜欢的事情，每天都是在接近凌晨一点时睡觉。在这期间，我遇到了很多问题，但是经过努力学习，都能将其逐一解决。看着每天都会有很大变化的程序，我心里异常兴奋。最终，在除夕，我初步学完了这一软件，并将上位机程序编写完成。第二天，我开开心心地过了一个年，与父母聊天，找老同学玩，做了自己刚回家就应该做的事。

后来，同学知道了这些事，说："你真够疯狂的，还以为你没回家过年呢！"

我回答："做自己最喜欢做的事，就应该疯狂一点嘛，不然光喜欢有什么用。"

一种思维　敢于创新

经过那次选拔后，我正式成为了实验室的一员，也是唯一的大一学生。我知道我是进去最晚的，也是知识储备最少的。面对这么多优秀的学长，我明白我还有很多很多东西要学。但是，初生牛犊不怕虎，我一点也没丢失信心。我相信自己的实力，因为我有我的优势：年龄最小，学习的机会最多。我相信凭借"任性"，必会闯出属于自己的天地。

空想等于零，关键要行动。为了创新，我必须放弃一些东西。喜欢科技创新是我的天性，我可以为了自己喜欢的东西放弃其他一切，只要觉得值得。

时间是第一保证。为了赢取时间，我几乎把全部课余时间都花在了实验室里。在

第三篇 一样的执着,别样的精彩

4月,我开始了自己的第一个项目。虽然在别人看来我只是一个毛头小子,但我坚守自己的信念,追逐自己的梦想,我每天都很努力。早上同学们还没起的时候,我却早早地跑到实验室;当晚上同学们都洗漱完毕,我却刚刚回到寝室;每当看到别人在嬉戏的时候,我只是淡淡一笑,因为我知道,那不是我想要的。我想要的,是充实的生活。在走过之后,再回首,能留下一句发自内心的:我奋斗了。我明白,吃得苦中苦,方为人上人。

终于,功夫不负有心人,我在2009年"山东省大学生机电产品创新设计竞赛"中获得一等奖,这是山东省唯一一组大一学生的获奖作品,而我是负责人。很多人羡慕我的成绩,却不知道我的付出。

吴开宁老师曾经说过,大学里,如果你可以做到:一,上课坐第一排;二,独立完成作业;三,坚持三年。这样就可以尽情做自己喜欢的事了——因为第四年你已经保研了。在我心里,这是我的最低要求,但是我用"敢于质疑"替代了第二条。"敢于质疑"是我在学习中养成自认为最好的习惯。我知道,即使是再版多次的书也会有错误,处理问题的方法、解题的思路都可以改进。我知道,虽然我可以参考,但那不是我脑袋里的知识,我喜欢突破常规,学习本应如此。

课下,我将自己的时间分配到喜欢的事情上,专业课的学习则主要靠课堂。在课堂上,我喜欢将自己的思维调节到比老师的速度快半拍,在老师讲授问题时,我会将瞬间想到的问题提出来,因为我一直坐在第一排,所以老师会听到我的疑问,进而针对这些疑问进行解答。所以,每节课我都可以将大部分知识消化。课间,基本是我和高翙盛同学在擦黑板,我会边擦边看,用"照片式"的场景回放知识,假如我突然有地方卡住,或者有更好的思路、更深层次的问题,便会马上去请教老师,这样便可以将知识深化。如果是上午最后一节或下午最后一节课,下课后是吃饭时间,我从不直奔食堂。我会最晚一个走,跟着老师问一路,题目涉及各个方面,包括对课上知识的疑问,或者奇怪的解题思路,或者科技前沿,或者老师们的科研项目,或者自己在项目中遇到的问题,又或者自己感兴趣的事情。在此期间,老师们总是热情地提供帮助,对我进行耐心的指导。

我喜欢跟老师讨论,涉及的问题五花八门。比如:"老师您看,如果这里的条件改变(消去或者增加)一下,结果将会发生什么样的变化?""如果这里的问题这样问,与原题目有什么区别?""我对这个题目的理解是这样的,老师,您帮我判断一下,这样理解对吗?""老师这里是否可以简化成我说的这样(换种说法,是否可以这样说)?"在学习完一本书之后,我与别人讨论时,往往是用我自己的语言。并且,我更多的是选择对

百舸争流
——哈尔滨工业大学(威海)十佳大学生成长心语

某问题了解比较深入的人来交流,比如老师和学长。我会坚持自己的观点,将对方说服,不过一旦发现自己的错误,便会马上改正。即使到最后是我错了,我也很开心,因为这种讨论可以增加我看问题的深度。

举个自己的例子。大一的工数课上,吴开宁老师在讲到第二类微分方程求解时,突发奇想,提出了"可以沿用第一类微分方程的解题思路,得到第二种微分方程的解的求解方程",并鼓励大家说:"希望你们回去试试,看看有没有人能推导出来,我可以肯定,能写成一篇论文,有问题可以找我。"

对于初入大学的我们来说,论文是一个让大多数人觉得高深莫测、望而生畏的东西,但是我觉得老师的思路是正确的,并且我意识到这种方法更加优于课本上现有的解法,我对这种用另类方法解答同一道题的观念又非常热衷。当天晚上,我经过一遍遍的推导,将公式导了出来,并利用例题进行验证,随后将其简化成一个清晰的方程组并整理到一张纸上。

在下一堂工数课上,我兴高采烈地拿着自己推导出的公式给老师看,老师惊讶地说:"真的推导出来了?你验证了吗?"我回答说验证了。老师说:"很好,很好,你整理一下,写成一篇论文吧。先看看别人发表了没有。"

我欣然接受了老师的建议。在搜索参考资料的时候,我找到了一篇刚刚发表的论文,我得到的结论与该论文完全相同。我当时既沮丧,又高兴:沮丧是因为别人已经发表了,我就没有投稿并不断改稿的学习机会了;高兴是因为我自己在老师的鼓励下,亲自推导出了结果,并且没有错误,我为自己的能力感到高兴。

事已至此,我还是将论文写出来了,并且把推导的结果用到了我的作业中。因为当时的作业中有一道题是这种类型,但是书本上的方法繁琐至极,并且参考答案是错误的。我按照自己的解法做出来了,虽然与答案不一样,但是我有信心。拿到下发的作业本后,我发现该题目处有一个"好"字。据我所知,全班大概只有我一个人做对了,我信心大增,从此再也不会感觉论文深不可测了。

还有一次经历令我记忆犹新:在学习量子力学的时候,王强老师在讲算符j_x与j_y的矩阵,课本中用了很多的计算公式进行重复计算。老师在上面讲,而我眼睛盯着黑板上的矩阵和公式,脑袋里突然有个观点闪过,瞬间把矩阵算出来了。

我情不自禁地说:"老师,这种计算矩阵的方法很麻烦,我有简单的方法,可以很快地得到结果!"王老师说:"好好想一下,如果有好方法,下课讨论一下。"

下课之后,我与老师热烈地讨论起来。我将我的想法描述了一遍,因为时间短,没

第三篇 一样的执着,别样的精彩

有表达清楚。上课已经5分钟了,老师说:"放学后再接着讨论,先上课。"

放学之后,老师留下来继续与我讨论,我用自己的语言描述了一遍,并且写在黑板上,老师边与我讨论边给我指导,渐渐地我将自己的思路捋顺了,老师也明白了我的意思。然后我们用课本中的几个例子验证了这种方法,结果完全正确。

王老师笑着跟我说:"看来你这个方法可行,回去再整理完善一下。"就在这时,王老师的家人打电话叫他回家吃饭,老师说:"等会儿就回去了,在跟同学讨论问题呢。"

在当天,我就开始着手将自己的想法写成论文。几天之后,《Simplification of the Matrix Representation of j_x and j_y Operator in Quantum Mechanics》写出来了。后来,因为需要版面费,该论文最终没有发表,但是我非常开心。

身边有很多像吴开宁、王强老师这样鼓励我突破常规的老师,而我也在老师的指导下不断进步,这让我倍感满足。很庆幸当年没有因为高考失误而复读,我更庆幸,我本科选择了哈尔滨工业大学(威海)。

为了避免"书到用时方恨少",晚上,我经常会在电视厅学到深夜一点,回到寝室后又在床上思考。我有个习惯,如果一件事情没想明白,是绝对不会睡觉的,有时候会想到凌晨四五点钟以后再睡觉。很多同学以为我是在复习专业课,其实不然,我只是用这段时间学习我自己喜欢的专业外的知识。我一直提倡的是学习时间因人而异,因为我是"夜猫子",晚上效率最高,于是我晚睡晚起,但是每天为自己安排的最重要的任务一定会按时完成。

边学习,边实践。在实验室里,我获得了巨大的发展空间。在这里,我找到了一群志同道合的朋友;在这里,我的思维得到了进一步地解放,尤其是我可以以自己喜欢的跳跃性思维方式思考问题,可以进行千奇百怪的联想;在这里,我可以随心所欲地向师兄们学习,与他们讨论。我参加了多个学科领域的项目,每天都过得非常充实。

我以组长的身份组织参与了很多科技创新活动,这很好地锻炼了我的组织管理能力。期间也遇到了许多的问题:遇到专业知识方面的欠缺,我就去自学,去请教老师,去查阅资料,去讨论;遇到资金方面的瓶颈,我就从自己奖学金中拿出约1.5万元投入到项目中;遇到仪器短缺,我就找各个老师借,或者干脆自己做⋯⋯在克服困难的过程中,我逐渐提高了自己的能力,在一次一次努力中前进。当然,我有很多不能克服的困难,例如在大四下学期我接了一个强电的项目,由于自己在这方面没有基础,并且资料较少,我没有做出预期的成品。但是我知道:虽然不会一直成功,但我仍要努力去做,因为我喜欢,因为总有收获!

自主自学　大学之本

很多人曾问过我一个问题："你是什么专业的？"

"光电！"

"你做的项目怎么是机械、电子等等，既然这么喜欢，为何当时没想过转专业？"

"因为在我心里，光电是我的事业，其他是我的兴趣。这个应该区分。别管我是什么专业，我喜欢，就会去做。没学过，就自己学，没什么大不了的。"

大学是广义的学习。不管在大一还是大四，不管是哪个专业，学的都是知识，只要认真学，每个人都能学会。我热爱科学，我更知道，在当下，要做出好东西，仅仅靠本专业知识是不够的，要在学好本专业的前提下，多多学习其他专业的知识。

学校为我们提供的最好的平台就是课堂。在大一下学期，我曾准备辅修其他专业，也有老师同学建议我转专业，但我考虑了各个方面之后，最终决定：不放弃自己的兴趣，但要采取最恰当的方式追求。在我的意识中：上学其实不必交学费，只要找个学校，找一件校服，溜进教室，没人会注意到你的，即使被抓也没有关系。那这种意识在我本科阶段的体现是：买本课本，溜进教室，随心所欲地听课。

大学期间，我热衷于游走在各个专业的课堂。只要喜欢，我就会在教学系统里找到该门课程的时间安排，把自己的课余时间安排得满满的，其中大多是其他专业高年级课程，以及本专业高年级的课程。

记得有一次，我去听一位船舶工程学院的老师讲授的机械制图（我们专业也有，但不是重点课程，并且在大三时开设），老师在让同学们思考问题期间清点了全班人数，本想找到该堂课没有到的人，结果点了两遍，发现多了一位。老师说："同学们，我们班怎么多了一位，奇怪了，有重修的吗？"

因为以前从来没有遇到过这种情况，我没作声。

老师又清点了一遍，说："是多了谁？自己站起来吧，不然点名了。"

这次我怯怯地站起来说；"老师，是我，我不是这个专业的，但是因为项目需要，也是因为自己喜欢，并且听说您讲得很好，所以……没提前跟您说，对不起！"

老师很和蔼地说："也没什么，本想找翘课的，结果发现多了一个，你既然喜欢，想来就来吧。"

从那时起，我知道大学里几乎所有老师都是欢迎其他同学旁听的，他们愿意毫不保留地将知识传授给学生。虽然我是在旁听，但是我会提出自己的疑问，并同老师们讨论，讨论越激烈，理解越深入。这也使我更加坚定了旁听的信念。

图书馆和网络是我自学的第二个途径。我每周都会抽出一些时间去图书馆、期刊阅览室,去看各种学术期刊,浏览最新的科研动态。尽管其中大多数文章我看不懂,但是当新的发现和不可思议的结果呈现在眼前时,我心里兴奋不已,迫切希望看懂论文,进而被激发出对知识的渴望。

在大学期间,我利用课堂、图书馆、论坛等,自学了机械、电子、三维建模和编程等相关专业知识及大量的工程软件,并将所学知识不同程度地应用在了自己的创新和科研中。我在收获知识的同时,也收获了喜悦。

以上仅写了我大学里的几个瞬间,大学里有自己的努力,也有他人的帮助。大学要有一个真心朋友,要心存感恩,对老师、朋友和同学,对一切帮助过你的人,选择用自己的方式回报他们、回报社会。我非常感谢实验室和光电科学系的培养,感谢所有在学习和生活上给予我关心和照顾的老师、同学以及朋友们。

送上我自己随笔写的对大学的感悟:

> 享受大学之乐趣
> ——我的求学之路不曾有"煎熬"
> 大学生活缤纷多彩,求学之路不计其数。
> 选择最适合自己的,持之以恒全力以赴。
> 即使道路充满荆棘,我依然可以笑应对。
> 他人可能认为艰险,其中乐趣唯我独享。

自立自强　大学之道

转眼间,大四保研外推了。我和每一个到外校面试的同学一样,都在用自己的能力证明"括弧威海"的学生不比任何一所学校的学生差。我发现,我做到了,就连清华老师也情不自禁地问了一句:"你是本科生吗?"那一刻,我知道:哈工大(威海),你是我的骄傲。作为有幸荣获哈工大首届优秀学生"李昌奖"的唯一一名哈工大(威海)人,当我站在代表学校最高荣誉的颁奖台上领奖时,那一刻,我知道:哈

肖晓飞(左三)荣获哈工大"李昌奖"

百舸争流
——哈尔滨工业大学(威海)十佳大学生成长心语

工大(威海),我为你自豪。

现在的你们,可能会感觉这里的条件不如其他学校。同学们,那是因为我们的学校还年轻。我去年独自去上海,今年在外游走了一个多月,对于几乎没出过省的我来说,我意识到了外面的世界很大,更知道了我们学校在教学质量上不比任何一个学校差。奋进中的哈工大(威海),需要所有师生共同的努力。

个人要自强,学校也要自强,国家更要自强。我们经常看到,当我们的祖国在面对国外恶势力时,一直没有采取强硬的措施。为什么,这到底是为什么?是因为我们的祖国还不够强大,是因为我们的科技还不够发达。而青春年少的我们,在面对这样的事情发生时,仅仅就是在网络大骂几声,强烈谴责一下,宣泄一下自己内心的愤怒吗?不是,作为风华正茂的青年一代,我们有担起维护国家尊严的责任!一个国家的自强,是要全国人民共同努力的。我们要做的是用自己所学的知识,让祖国的科技腾飞,让祖国变得足够强大。年少的我们要不甘平庸,自强不息,志存高远。

大学四年,时光飞逝,转眼我就要毕业了,一路走来,我时常思考:人生最快乐的是什么?

我理解的是:找到自己最感兴趣的事,并且为之拼尽全力,每一天,我都会非常快乐。所以,要弄清楚自己内心深处最感兴趣的,最看重的是什么。走自己的路,让别人说去吧,学会对待别人的赞美和批评。我们不必苛求结果,因为,如若我们做的每一件事都是好的,那么结果必然是好的。我只是做了自己喜欢的事情,在收获知识的同时,也收获了喜悦。我有决心也有信心朝着自己的目标坚定不移地走下去。我知道前方会有更多的机遇和挑战。我,准备好了!

成功是什么?成功就是在坚持不住的时候再坚持一下。人生不可复制,选择追逐自己的兴趣,并且拼尽全力,终将获得自己独有的成功。我坚信:命运是公平的,在拼搏路上洒下的每一滴汗水,必将化作耀眼的珍珠。请同学们写下自己的理想,记住自己的最初的梦想,并为之努力奋斗!

肖晓飞简介

1989年出生于山东省昌邑市肖家埠村，中共党员。

2008～2012年就读于哈尔滨工业大学(威海)理学院光电科学系。

2012年被保送至清华大学精密仪器系攻读硕士研究生。

在校期间获得哈尔滨工业大学首届优秀学生"李昌奖"、山东省优秀学生、山东省优秀毕业生等荣誉称号。在科技创新方面取得突出成绩，已申请国家专利6项(均为第一作者，2项授权，4项受理)，获得"山东省机电竞赛一等奖"等8项省级科技竞赛奖励(7项为第一作者)、"大学生汽车技术创新设计大赛校级二等奖"等9项校级科技竞赛奖励，参与企业、实验室项目科研项目多项，其中主要研究课题9项完成，以第一作者身份完成多篇研究报告和论文，一篇论文(第一作者)已被接收(EI,ISTP检索)。曾获得哈尔滨工业大学"三好学生标兵""三好学生""优秀团员"，中国大学生"自强之星"等荣誉称号，并获创新奖学金两次。

第四篇

 与你们一起度过的青春岁月

世界上每一个成功者都不是绝对靠自己的力量成功的。有些人教会他们成功的方法，有些人是他们成功路上的伙伴，有些人则一直站在背后默默地、坚定地支持他们前行。是大学里重视讲解思想和方法的老师，教会了仲小清如何将课本上学到的知识应用于实际；是来自加拿大的 Wayne 和 Lori 分享了林圆圆的快乐与忧伤，为她指明了前进的方向；是班级和实验室的同学们，让王轩春体会到了哪里有"家人"哪里就是家的道理；是 6 人寝室中的 5 人获得推免资格的糯米团子们，激励着王蕾砥砺前行；是集"三好班级标兵"和"优秀团支部"等荣誉于一身的优秀班集体，让贺智认识到了团结协作的力量；是学生会、团总支、党支部的兄弟姐妹们与史永敏并肩战斗，帮助她成就辉煌；是参加电子设计大赛、智能汽车竞赛的战友们与刘裕良一起通宵达旦、摸爬滚打，让他开启了科技创新的旅程；是母亲目送汽车离开时依依不舍的目光、沉默寡言的父亲深沉朴实的话语，让艾兵志存高远，为爱前行。

成功的道路并不是那么平坦，荆棘坎坷总是与鲜花掌声相伴。无论何时何地，请相信总会有人与你相伴。在海天之间的这片美丽的校园，哈工大精神将引导你起航，无数榜样的力量会帮助你成长，敬爱的师长激起你对知识的渴望，亲人和朋友会让你的生命里充满阳光。

第四篇　与你们一起度过的青春岁月

永远的财富

仲小清

第三届十佳大学生

考前突击可以让你记住一些公式，但会随着时间的流逝而淡忘；唯有非常认真听课并经过认真思考获得的方法和思想，才是最重要的，它们会与你永伴。

百舸争流
——哈尔滨工业大学(威海)十佳大学生成长心语

自2005年夏毕业离开哈尔滨工业大学(威海),已快七年。我是威海校区自动化专业01级的学生,本科毕业后被保送到校本部控制与仿真中心读硕。硕士毕业后又留校读博士,进行视觉测量和运动控制两个方向的学习。博士毕业后,我在北京某航天系统工作,主要从事航天器总体设计工作。

回首在威海的四年本科学习生活,我收获的是让我终身受益的财富。这四年的生活,让我掌握了专业的基础知识,学会了解决问题的方法,培养了团队合作的能力,并且收获了珍贵的同窗情谊。

掌握专业的基础知识

本科期间的课程讲的都是基础知识,即使大三、大四学的也是专业知识的基础部分,这些基础课程的讲授在后续的学习和工作中不可能再得到。上学时,大学里流行两句话:"一百分浪费,六十分万岁。""当前学习的知识以后用不上,考前突击及格就行了。"现在看来,这两句话是绝对不可取的。后续的学习和现在的工作中确实没有遇到和课本上的习题一模一样的问题,但却无时无刻不在使用着当时所掌握的基础知识和方法。

突击来的知识是很难掌握和灵活运用的。工作后,我遇到过一次重大工程事故,将其化险为夷所使用的方法却非常简单。看过这个方法的人,都会惊叹:"这么简单!我怎么没想到?"学过牛顿运动定律的人都能看懂,可是真正设计出这个方法的却只有少数人。因为基础知识需深入理解后,方能活学、活用,而能真正做到活学活用的人却很少。对于我们这种从事航天工作的人,办公桌上最常见的资料不是什么先进的航天概论,而是高等数学和大学物理。

基础知识是工具,受益终生。现在回想起来,本科期间打下的基础,给了我巨大的帮助,无论是在硕、博的学习上,还是在现在的工作中。学习高等数学微分时,我学会了"自变量较小的变化所引起的函数变化可以用微分来计算",做博士学位论文时,我把这个思想运用到课题中,用它来设计摄像机实时标定算法。算法并没有使用高深的理论知识,却能够让我发表较好的文章,而且也在实际工程中得到了应用。

参加航天工作后,对于方案讨论、评审,专家提问最多的、最根本的也还是关于基本物理和数学概念的问题。相应的,如果能把较复杂的问题,用最基本的物理和数学概念解释,效果也会变得非常好。在相关方案分析和设计中,应用的一般都是最基本的知识，但这些应用是灵活的，经过仔细思考的。

学会解决问题的方法

一个有效的解决问题的思路能让人受益终生。对我影响较大的思想包括：解决问题之前先明确起因，要从全局的观点考虑问题，尽量独立自主地解决问题。这几种思想均源于大学四年的学习，源于基础知识的学习，但不是靠死记硬背获得的，而是在平时的学习和实践中得来的。

我大学本科的专业是控制，即自动化。"对于一个控制系统的设计，首先要明确的就是，系统输入信号的特点是什么。"这句话是控制专业基础课上，老师反复提及的思想。其实这个思想是不限于控制系统设计的，而是适用于学习、工作和生活中的每一件事，只不过它换了一个称呼——"系统输入信号的特点"变成了"做事的依据""设计的约束"等等。今天回想起来，我觉得我是幸运的，因为我遇到了重视讲解方法和思想的老师，使我当时认真学习并思考了源于课本但超越课本的一些问题。每每想到这里，我都特别想对学弟、学妹们说一句话："考前突击可以让你记住一些公式，但会随着时间的流逝而淡忘；唯有非常认真听课并经过认真思考获得的方法和思想，才是最重要的，它们会与你永伴。"现在翻起大学期间用过的课本，发现上面写的一些小想法在今天看来已属幼稚，但正是这些思考，让我形成了适于自己的思路。做博士课题时，我在设计研究内容之初，就在导师的指导下非常认真地分析了要解决的问题，确定了课题的"输入"，这对课题及时、顺利地完成起到了至关重要的作用。工作后，依旧牢记"依据输入，设计方案"的思想，给了我很大的帮助。

"从全局的观点考虑问题"这句话大家很熟悉，这句话在我心中形成，也是源于大学的学习。一个实际控制系统的设计，需要依据输入明确目标。在此基础上，分析被控对象的特性，确定控制的策略，而策略的核心是反馈。把这种思想带到学习、工作和生活中去，就不会纠缠于细枝末节。我读博时，整个论文研究内容的安排，就充分利用了这种思想，因而少走了许多弯路。航天器总体设计中，专家们也总是提醒我们，要做到"使总体性能最优"。

认真、完整地学一门课程或者做一个项目后，我们便会熟悉这门课程或者与项目相关的其他课程，这就是独立自主解决问题的好处。我非常佩服我大学时的电路老师——许承斌老师，许老师给我们上课时，已经是退休返聘。满头白发的他虽然瘦弱，但总是以饱满的精神状态给我们讲课。老师每节课都没有一句课堂以外的话，他用那颤抖的手工整地写板书、讲解。多年后，在本部卖考研资料的复印社里，我竟然看到了我班同学依据许老师的黑板板书而整理的笔记。我上电路课时,正遇"非典",每节课由50分钟改为45分钟。许老师说:"同学们,非常抱歉,我可能有10%的教学内容无法完成了。"

正是因为我完整、系统地学习了电路,所以在后来学相关专业课时,许多一时不能理解的概念和知识都可以用电路里的相应内容来解释。比如控制中的频域转时域时的那些条件我不能理解,于是都代入到电路的情况里来进行解释。用电路中分布参数电路的处理思想来理解柔性体动力学问题也会变得非常容易。工作后,我往往会同时接到好几个工作任务,有些项目甚至需要同时完成,但如果能独立自主地完成一个项目,对于与之相关的一些工作,就比较容易分析难点和把握重点了。

在四年的本科生涯里,我还学到了"合理安排时间"的做事方法。走上工作岗位后,我们往往需要同时完成许多任务,甚至是不同类型的任务,合理安排时间就非常重要。我现在能及时地完成多项任务也得益于我在大学时得到了很好的锻炼,从大一到大四,我都参加了相关的社团活动及学生工作,有的时候身兼数职。而学生的首要任务是学好专业知识,如何做到学习和社团工作两不误?我从当时就在有意识地培养一种方法:把所有的事情按轻重缓急分类,当前仅认真做一件事,当前仅做最重要、最急需的事。这种做事习惯的养成为我现在的工作带来很大的帮助。

读研和工作中,大多数工作任务是以团队合作的形式完成,需要较好地完成自己所负责的部分。但更重要的是,所完成的工作要能够适合全局。比如,完成一份总体方案,可能需要牺牲分系统方案的最优性,但这是服从更高层次的最优。感谢老师课堂上潜移默化传授的思想,感谢本科专业的学习给予我的思考问题的方式。

培养团队合作的能力

工作几乎都是团队行为,那么如何在团队中工作?这需要清晰的表达能力,相互理解的合作能力,还需要认真的工作态度。

学习、工作和生活中,表达观点是必不可少的。表达观点是与人交流,不是聊天,而是要让别人听懂。上大学前,我非常害怕与陌生人交流,说话常常词不达意,在很多人面前讲话,更是紧张万分。记得刚入大学第一次开班会时,班主任要求每个人都上台做自我介绍,我上台之后,紧张得根本就不知道自己在说些什么。会后回到寝室,同宿舍的同学对我说:"你在台上说的话,我一句也没听懂!"当时我感到十分尴尬和自卑,但我天生是有些要强的,从这以后我尽量锻炼自己的语言表达能力,不放过每一个在众人面前讲话的机会。

通过大学四年的锻炼,我在读硕士和博士期间与别人交流时,就能做到观点清晰,表达流畅了。所以我认为,在大学期间各种各样的活动都是锻炼自己能力的机会,尽量不要总在私下里表达,要勇于站到讲台上阐述自己的观点。每次作报告时,我都会想到自己大三时的一次演讲。演讲在G楼报告厅举行,有许多校级、院级领导参加。虽然事先有演讲稿,但准备的时间仅有一天。当时有两种选

仲小清在工作单位学术年会上发言

择:一、不脱稿,不会出错,但效果不好(人在紧张时,会不由自主地越读越快,别人根本听不清);二、脱稿,效果会较好,但需要勇气,确保演讲不中断。在经过反复的放弃、挑战的思想斗争后,我最终还是实现了人生第一次脱稿演讲,而且非常成功。当然,为了准备这个演讲,我练习了一个通宵。这次演讲的成功,使我在后来的论文答辩、求职面试、方案汇报和工作汇报等重要场合演讲时更有勇气。到现在我仍感激本科期间的那次演讲,因为那次的精心准备与切身体验,让我至今受益。

现在的工作中,需要经常面对很多人进行工作汇报或成果汇报,汇报的基本要求就是让他人明白汇报者的方法和思路。满足要求的前提是对问题认真的理解,另一项重要的要求,就是需要汇报者的从容和冷静应对。我非常庆幸,我从大学开始就得到了许多这样锻炼的机会。

团队合作需要相互理解。参加大学中的社团或者从事学生工作就是一个非常好的锻炼团队合作能力的选择。现在工作中,我时常提醒自己的是"将心比心"。这句话,对我的影响非常深,如果一个团队的成员做每一件事都能"将心比心",都能换位思考,那么这个团队的合作就会非常愉快,效率也会非常高。这句话是我大三时,在信息学院学生会的一次会议上听到的。当时我担任学院团总支副书记,学生会的同学们开会讨论参与校运动会的准备工作。大家讨论到运动员后勤保障工作时,学生会主席说:"我们所有的保障人员都要'将心比心',想象一下如果我们自己就是运动员,在奔跑、出汗,希望别人为自己准备点什么?"就因为这一句"将心比心",那一年的运动员们得到了很好的后勤保障,那一年的运动员们也取得了史无前例的好成绩,那一年信息学院拿到了多年来的第一个团体总分第一。

在团队合作中,需要非常认真负责的工作态度。这一点,大学时我有切身体会。

百舸争流
哈尔滨工业大学(威海)十佳大学生成长心语

当时学校组织高年级的部分党员担任低年级"学生公寓辅导员",我也报名参加了。我们的主要工作任务就是与低年级的同学交流,学校对这个工作的一项要求是:有记录,以便发现问题,解决问题。但是,我当时并没有把这一条放在心上,没有认真对待,虽然也与低年级同学进行交流,但很少认真作记录,以为凭着自己的脑子记住交流内容就可以。结果后来年终考核时,我无法上交完整的谈话记录,导致考核成绩非常差。这件事对我的触动非常大,从那以后,我做每件事都会认真作记录,勤于动脑、动手。有时候大脑里的灵感稍纵即逝,只有把它记录下来才有机会实现它的价值。

对于认真负责的工作态度,当时信息学院分管学生工作的张爽副书记给了我很大的影响。有一次我要进行一个演讲,需要配一段背景音乐,我请有经验的张书记帮我挑一个曲子。本来以为这对学音乐的他来说就是信手拈来的事情,但是后来我却看到了这样的场景:张书记在办公桌上放了好多张碟片,他带着耳机,亲自读着演讲稿,反复挑选合适的音乐。几年来,这一场景一直鞭策着我去认真工作。

收获珍贵的同窗情谊

四年的大学生活,建立起来的同窗情、师生情是最深厚的。那时,我们都是第一次远离家门,都是第一次集体生活、学习。毕业七年了,相互帮助、相互支持得最多的同学还是本科同学。电视上形容感情深一般用战友情,本科同学情不正是一种战友情吗?

同窗情由大家共同缔造。我大学入学时,信息学院还没有成立,当时叫信控系。我们现在聚会时,大家也喜欢叫信控系01级自动化3班。我们班的同学非常团结,当时我们有个口号:"大家好,才是真的好。"四年中,我们都在为这个目标而努力。上课一起去,谁逃课,集体批评;体育比赛一起上,篮球、足球比赛中,在旁边呐喊助威的声音我们班绝对是最大的;旅游也一个不落,我们把威海的卧龙山、仙姑顶、成山头和圣水观等地方全部玩遍;聚餐也绝没有一位缺席……

相互努力,共同创建一个团结的家庭也是非常幸福的。大二时,当时担任系实践部干事的我参与组织了一次在主楼礼堂举行的趣味活动。活动现场突然人手不够,得知情况后,我们班所有同学都放下自己手中的事,到现场帮忙。现场缺一个播放音乐的电脑,一个同学就把自己寝室的电脑(当时还是非常笨重的台式机)搬到现场来;全班同学都等到活动结束后,一起帮助我清理会场。这令当时在场的老师和同学都感动不已。

大学四年,我们班同学一起学习、相互鼓励、相互帮助、共同进步。班级曾获得过哈工大三好班级、优秀团支部等荣誉称号,夺得过篮球冠军、足球冠军。班级成员全部按时毕业并找到了合适的工作,保研、考研比率也都是全系名列前茅。临离校前的一次班会上,张秀珍主任语重心长地对我们说:"你们班毕业后也许不是最优秀的,但你们班的情谊是最深的。"

回首毕业后的七年,老主任的话得到了验证。哈尔滨读研时,北京工作时,疲惫或者迷茫时,大学同学聚在一起相互鼓励、相互支持,这是前行路上非常宝贵的加油站。

大学生活是非常宝贵的,我在大学里掌握了专业基础知识,学会了解决问题的方法,并收获了珍贵的友情,这些都是我永远的财富。值此母校"十佳大学生"评选活动十周年之际,我衷心祝愿母校明天更美好,愿学弟、学妹们早日学有所成。

仲小清简介

1982 年出生于江苏省南通市,中共党员。

2001~2005 年就读于哈尔滨工业大学(威海)自动化专业。

2005~2011 年就读于哈尔滨工业大学航天学院控制科学与工程专业,获硕士和博士学位。

在校期间先后担任院团总支副书记、学生社区辅导员等,并到居委会进行挂职;每年获得一等人民奖学金,曾获黑龙江省"优秀毕业生"等荣誉称号;研究生期间,作为技术负责人,完成了"××测量系统"(编者注:因涉密,故不体现项目全称,下同)"××模拟转台"等四套系统的研制,博士学位论文获得优秀。

2011 年进入北京某航天系统工作,并作为主要技术人员完成了"高轨××飞行器"总体方案设计,参与了多项型号研制,并获得"年度技术创新奖"等奖项。

百舸争流
——哈尔滨工业大学(威海)十佳大学生成长心语

这些年心中汇聚的力量

林圆圆

第五届十佳大学生

感谢生命中所有的这些折腾和苦难。大大小小的挫折与磨难会像涓涓溪流一样，渐渐汇聚，最后成为我们内心最强大的力量，支撑我们走过一个又一个坎儿。

2008年7月,又是一个合欢花盛开的季节。淡淡的花香扑鼻而来,校园里四处弥漫着离别的味道。同学们忙着打包行李,拉杆箱拖动的声音不时传来,从早到晚,七、八公寓前都会站着一拨一拨红着眼圈送别同学的毕业生。

送走了大部分同学之后,我终于也要离开了。挥别留在威海复习考研和工作的几名同学,挥别继续在学校耕耘的老师们,也挥别了生命中最难忘的四个年头。如今回想起这四年,一切都还历历在目。似乎,我还背着书包走在去M楼自习的路上,和一同自习的死党们说笑着去食堂,坐在我们温暖的B楼401专教里听课,和室友在金海滩上捡贝壳……时光总是匆匆溜走,变换了身边的人和事,却在我们心里留下了或多或少、或深或浅的印记。

踏实的力量:一分耕耘 一分收获

2004年高考结束后,我的成绩不甚理想。那年夏天,我对自己说,在哪里跌倒,就从哪里爬起来。后来,这句话成了我大学四年咬牙奋斗的动力源泉。

大一刚入学,班主任杨老师便准备了一个签到本,要求大家每天早上到专教晨读并签到。刚从高中地狱般的日子解放出来的我们,就这样被扔进了"看起来比地狱好不到哪儿去"的大学生活中。早上六点多,我就爬起来去食堂吃早饭,在路上争分夺秒地收听BBC、VOA,一路听着从食堂走到B楼,然后晨读、上课,度过充实的一天又一天。兴许是从那个时候开始养成的习惯,后来的三年多,没了签到本,很多同学也几乎都是这样度过每一天的。这样的每一天,如今回忆起来,就一种感觉——充实!

英语的学习真的是一点一滴积累的过程。还记得刚入学时,除了一些基本的会话,我们能张口表达的内容非常有限,有的同学甚至说外教的课根本没听懂几句。教精读课的张笛老师身上有一种大哥哥一样自然的亲切感,课下时常与我们谈笑风生,但课上他绝不会让我们放过每一个生词、每一个难句。随着笔记、注释的增多,精读课本每到学期末都会变厚许多。张老师认真、仔细的态度影响着我们每一个人,很自然地,我们班形成了稳扎稳打的学风和班风,大家都养成了良好的学习习惯。第一学期的适应期结束后,大家的学习似乎都开始步入了正轨,听力开始变得不怎么吃力了,口语内容和表达方式也开始丰富起来。同学之间在学习上你争我赶,大家的进步都很快。在学习中,我们体会着每一点小小的进步所带来的喜悦,在英语面前也越来越自信。

百舸争流
哈尔滨工业大学(威海)十佳大学生成长心语

大一下学期,我开始意识到,大学生活中除了学习,其实还有很多非常精彩的事情。于是,我怀着激动的心情加入了学生会。还记得那时候,因为不知该如何平衡学习与学生会的工作而纠结过、迷茫过,也经常因为白天事情没有处理完,只得晚上寝室熄灯后搬个小板凳,在走廊里继续加班加点。后来费非老师的一句话提醒了我,她说:"不管怎么忙,学习永远是第一位的。"从那以后,学生工作再忙,我也会保证每天的学习时间,并保质保量地完成学习任务。

这四年的回忆中,有太多难忘的生活片段停留在脑海,最难忘的还是与我的兄弟姐妹们在 B 楼度过的每一天。那时,我们班女生总是名列前茅,而男生却总是默默无闻。这在很多人看来,似乎是文科专业的必然。直到快毕业的时候,他们却一鸣惊人:我们班有几个男生考上了一流高校的研究生,选择求职的同学也都有了不错的发展前景。我想,这是四年积淀的必然结果。我们班最认真的同学当属杨名,他在专教中有一个位于前方角落的座位,印象中的他一直都在座位上练听力、温习课文或者看各种题材的英语文章。每天他都是第一个到教室为我们开门,也是最后一个关门离开,几乎是雷打不动。我们班最特别的同学当属魏修柏,当我们还只知道在课内的知识技能范围内积累时,他在看孔子、老庄,品读魏晋诗歌。还有我们班的体育生张超,因为之前积累的英语知识有限,刚入学时他认识的单词不多,每一堂课他都听得非常吃力,但他并不气馁,四年来,他从查找每一个不认识的单词开始,一边打基础一边努力地跟上我们的学习进度,比任何人都要认真。这四年里,我们每一个人都有自己不同的积淀,而这些积淀也在不同程度上塑造着我们每一个人。

爱的力量:无穷的远方 都与我有关

大学四年中,我也参加了许多有意义的活动,其中最难忘的是在 2005 年和 2006 年暑假参加的两次社会实践。

高中时看到大学生社会实践的新闻报道,心里十分羡慕。记得鲁迅先生曾说过,"无穷的远方,无数的人们,都与我有关"。于是,我在 2005 年暑假报名参加了学校组织的"赴陕北暑期社会实践团"。当车子驶进黄土高坡时,我看到了蹲在山坡上,头上系着毛巾,抽着大烟枪的老农,他额头上的皱纹看起来和黄土地上的沟壑一样深,一切仿佛都是电影里的场景。随后几天,当我们到一个个窑洞里调研当地的情况时,发现当地的许多贫困家庭一般都有两到三个孩子,小一点的孩子还在上学,而大一点的孩子却辍学在家,这些孩子也只有十五六岁而已。记得当时我问一个辍学在家的小女孩想不想读书时,她一边做着凉皮,一边怯生生地用几乎听不见的声音说了声"想"。一

第四篇　与你们一起度过的青春岁月

会儿她母亲要把她做好的凉皮拿到路边卖,这是她们家除了种田以外唯一的收入。那时,我心里很自责,怪自己贸然问出了这样一个似乎不该问的问题,更因为无法帮助她而感到伤心和无奈。

2006年暑假,我带着心底的那份触动来到贵州一所贫困学校支教。当地学生的住宿环境非常差,甚至连一床像样的被褥都没有。有些学生为了省下每学期45元的住宿费,每天要凌晨四五点钟起床,走上至少两个小时的山路到学校上课。山路崎岖不平,路面很窄,只有两掌来宽。冬天,山陡路滑,他们还要举着火把到学校。有的孩子甚至习惯了光脚走路,每天的上山下山已经把脚底磨得满是老茧。这次去之前,我和队友们一起作了充分的准备。通过募捐,我们共收到了捐赠款万余元,由老师、同学和其他社会各界人士捐赠的各类物品两千余份。我们带着这些东西,跨越了大半个中国,来到了贵州省赤水市两河口乡的大山里。

在那里,我内心受到了更大的触动。在走访贫困学生家庭时,我们认识了其中一个女孩。她叫程莲,那年十三岁。家里除了她,还有妈妈、年迈的奶奶、和年仅5岁的小弟弟。父亲常年在外打工,连过年都没有回过家。因为家里缺乏劳动力,小程莲家务、农活什么都做。十三岁的小女孩,手却粗糙得像四五十岁的农妇一样,上面布满了伤口,看了让人心疼。实践结束后,我与程莲,还有当地另外一个女孩杨帮梅结成了对子。2008年,就在我毕业后不久,收到了杨帮梅发来的短信:"我能

2006年7月,林圆圆(左三)离开贵州省赤水市两河口乡中心学校时与当地学生依依不舍的场面

够上赤水市一中了!今天已经拿到通知书了!"当时,我觉得自己做的这一切都变得意义非凡。也许就因为我们一个爱的眼神,一句鼓励的话语,就有可能帮助一个孩子摆脱贫困,从大山里走出来。那刻,我内心第一次有了充盈的感觉,似乎生命也变得更加饱满。

在离开贵州的前一晚,我们与当地的学生举行了篝火晚会。没有震撼的音响,没有耀眼的灯光,只是和孩子们围坐在篝火旁,一起唱歌跳舞,一起细细地体会着那份感动与快乐。这种回忆,是值得一辈子去珍藏的。

挫折的力量：失之东隅　收之桑榆

　　时光总是在不知不觉中过去，直到大三的某一天，我才突然意识到，大学生活已经过去了一大半。从那刻起，我才真正开始考虑毕业后的人生轨迹：是读研，还是工作？也许是幸运，也或许是我努力两年多的收获，正当我徘徊在这两个选择中时，年级排名出来了，我获得了保送读研的资格。再后来的几个月里，我经历了艰辛的外推过程。记得那段时间，每天在网上搜寻着各大高校接收推免生的招生简章，填写各种名目繁杂的表格，写个人陈述，找老师写推荐信……把所有材料都备齐后，我站在校门口的邮局里，怀着无比忐忑的心情一封封把它们寄出去。

　　至今仍记得在B楼接到北大招生办老师的电话时，我那兴奋无比的心情。第二晚，我就拉着行李箱在深夜中出发了。当我还沉浸在初到燕园的兴奋中时，猛然发现自己在申请表上填的是比较文学与世界文学专业，而非本应报考的英语语言文学专业。硬着头皮在北大完成了笔试和面试，在一顿胡诌之后，我也发现了自己课外知识的严重欠缺，最后的结果自然也是在我意料之中。就这样，我与北大失之交臂。

　　回到学校后，我又陆续收到了投递的其他几所高校的面试通知，里面就有我心仪的另一所大学。为了把握住这次机会，我把申请表仔仔细细地检查了几遍，确定没有先前的致命错误后，才又开始了三天泡自习室充电的生活。三天后，我买了到上海的汽车票，一路上，内心充满了希望的同时，也存有不少恐惧和担忧。颠簸的车上，我听着音乐，当耳畔响起"Country road, take me home"的时候，不禁泪流满面。那一刻，我无比怀念家乡。抵达上海时已是半夜，于是我在麦当劳坐到了天亮，接下来就是在复旦大学校园里的惶恐与惊喜了。

　　当天，上海刮台风，下暴雨。冒着瓢泼大雨，我摸索到了复旦，再一次踏入考场。由于紧张，心里像一团乱麻，一直静不下心来，前半个小时基本是浪费掉的。考完后，我去一家面馆随便吃了点东西，心想：完了，又砸了。下午，硬着头皮去了外文楼看笔试结果，当看到面试名单里有我的名字时，真是一阵狂喜！面试结束返校后，又是两星期漫长的等待，身边外推的同学陆续都有了着落，而我却如热锅上的蚂蚁。可能是焦虑了太久，累了太久，接到复旦大学录取通知后，感冒、过敏以及其他各种症状一一袭来。

　　现在回想起这段日子，仍觉得难以忘怀。这段经历让我清楚地认识到自己知识体系的不完整，也让我意识到，读书应该是一辈子的事情，是需要日积月累、慢慢沉淀的。感谢生命中所有的这些折腾和苦难。大大小小的挫折与磨难会像涓涓溪流一样，渐渐汇聚,最后成为我们内心最强大的力量,支撑我们走过一个又一个坎儿。

诗书的力量:自由其思想　独立其精神

　　在本科四年的成长过程中,我也留下了些许遗憾。如果大学生活重来一遍,我想我不会让自己的心那么满,会在那个时候去尽情挖掘自己的兴趣爱好,而不是等到大四才发现自己喜欢摄影和舞蹈,只得在大学的尾巴上草草补偿。如果再来一遍,我会读很多书,去想去的地方走走看看,在书中,在路上拓展自己有限生命的广度和深度。我会努力开拓视野,并且倾听自己内心真正的声音,勇敢地去做想做的事情。

　　正是带着这样的收获与些许遗憾,我来到了复旦大学继续攻读硕士研究生。

　　复旦是谦卑的。刚入学时,外文学院一位德高望重的老教授一句"盛名之下,其实难副"就把我们初为研究生时的各种兴奋、好奇以及小小的自豪感一一打破。他告诉我们,这个学校只是个平台,所有的积淀都得靠我们自己努力获得。由于我的方向是翻译理论与实践,不仅需要具备深厚的翻译理论功底,更重要的是能够既成其"专家",也成其"杂家"。导师何老(何刚强教授)就是深谙中外人文典籍,已达"言之成理,文采飞扬"之境。于是我以他老人家为榜样,开始细心体验与诗书为伴的幸福。为了厚基础、阔视野,我认真地完成老师所布置的课内学习任务,并开始涉猎其他相关学科领域的知识。读书的时候,尽量做到文、史、哲一起读,努力使自己达到触类旁通的境界。

　　复旦是个人文底蕴比较深厚的学校,几乎天天都有各种名目、各类层次的讲座。因为意识到自己知识面比较窄、思辨能力也不够强,那三年期间我几乎每周都会选择自己最想听的讲座,早早地去占座,聆听大师们的声音。在复旦的这些积淀,很大程度上拓展了我探索和思考问题的视角,也逐渐增加了思考的深度。

　　研一的一个夏日,我凑巧加入了一个完全由学生自发组织开展的读书会。每期读书会,我们都会坐在一起细细品读一些中学和西学中的典籍,或分享自己的读书体悟,或为某一个想法争得面红耳赤。陆老(陆谷孙教授)曾言:"读书是天下第一美事。"两年多的时间里,我跟着他们一起生涩地啃着典籍中的一章一句,虽然读得懵懵懂懂,但我每每有顿悟的感觉时,都能体会到一种慢慢朝圣至善的生命感动。带着这些箴言,在生活中,我用心去慢慢体会庄子所阐述的"齐物"之圆融,老子"顺其自然"之道。

　　很感谢在复旦的这三年,这三年虽然是"自由而无用"的,但却是我人生观、价值观升华的三年。在这里,我静下心来想清楚了什么才是生命中最重要的东西,哪些是永远都不能妥协的原则,以及自己的心如何才能获得持久的自由。

友情的力量：风雨同行　一路有你

贵州的那次社会实践使社会实践团的成员都成为了好朋友，其中就有老 Wayne 和 Lori。在一次交谈中，他们告诉我，当初之所以离开加拿大来到一个完全陌生的文化环境，是因为感受到了某种召唤，希望自己的有生之年变得更加有意义，正好又听说当时的中国外教奇缺，于是就来到了中国。心灵上的某种契合，让我们成为了忘年交。

记得一次在他们家举行的聚会上，他俩让我们每个人在纸上写下自己曾经收到的最珍贵的礼物。我写的是：妈妈生前的戒指，因为爸爸说这是妈妈留给我的嫁妆。几天后，他俩又把我特地叫到家里，送给我一份礼物。打开一看，里面竟是一枚戒指。Lori 说："从今以后，你就是我们在中国的女儿。"就这样，他们成了我"加拿大+威海老爸老妈"。后来的时光里，不管我遇到什么，喜悦也好，烦恼也好，我都喜欢与他们分享；而他们，也会像父母一样给我建议，在我迷茫的时候帮我指明前进的方向。

研究生毕业的前一天，老 Wayne 专门从威海飞到上海来参加我的毕业典礼。那一晚，我们坐在复旦光华楼前的草坪上，整整聊了 5 个小时。从 2006 年我们在贵州一起度过的那个难忘的暑假，到 2007 年他和 Lori 在我家乡过的"special"春节；从学校后山上他给我们上的写作课，到我给他和 Lori 上的中文课；从威海，到上海；从本科，到研究生……聊到家里遇到的一系列变故时，我终于忍不住在他面前像孩子一样哭了。他告诉我，往前看，时间会抹去一切伤痛，一切都会好起来。这样的一句话，让我内心顿时充满了力量。那一晚的促膝长谈，也让我意识到：是来自家人、朋友、师长，来自生命里每一个人所给予的力量，让我们不被挫折和磨难压垮。我想，如果没有父亲教会我坚强，在十四年没有母亲的日子里，也许我就不能够微笑着前行；如果没有老师的教诲和引导，也许我就不懂得在学业上踏实努力；如果没有身边朋友的支持和鼓励，也许我就不能克服困难，一次次超越自我。

记得本科那四年里，偶尔也会生我们班男生的气，总抱怨他们不懂得照顾女生。但是，在我们即将离开威海时，他们却一直陪在我们身边，帮我们打包、扛行李，鼓励我们要坚强，远行了要好好照顾自己……离校前夕，我们整晚逗留在避风塘，打着麻将，下着五子棋，喝着咖啡，聊着从未聊起过的话题，久久不肯离去。不为别的，只是青春做伴，离别前的相聚尤为珍贵。

如今，听闻当年的"外国语学院"已改名为"语言文学学院"，在我心里，不管那里发生了多少变化，那个安静的校园永远是我最牵挂的地方。因为在那里，有一丝不苟、花一整天时间与我讨论修改英语比赛演讲稿的张笛老师；有"插科打诨"，在欢声笑语

中教我们独立思考的祁大爷（祁秀林老师）；有教会我们"认真"二字的吴国有老师；有深夜在济南为我准备第二天比赛道具的曹菁老师；有让我渐渐爱上翻译的韩老（韩哲老师）；有把"The Road Not Taken"这首诗深深刻在我心上的张敏老师；有大大咧咧却不怒自威的史光孝老师；有教会我做人做事的费导、唐书记（唐大鹏老师）；有优雅的杨秀芬老师、严谨的张德霞老师、才华横溢的苗勇刚老师、和蔼可亲的李贤伟老师，还有像父母一样待我的Wayne和Lori。那里，有我四年最珍贵的青春年华。

离开了哈工大（威海），我才渐渐明白，其实"规格严格 功夫到家"这八个字早已深深烙在每一位毕业生身上。如今我们带着母校的期许，行走在各自精彩的人生旅途上，也衷心地祝福母校越来越美丽，越来越开放，为国家培养出更多有思想、有担当的优秀毕业生！

林圆圆简介

1986年出生于浙江省宁波市宁海县，中共党员。

2004～2008年就读于哈尔滨工业大学（威海）外国语学院英语专业。

2008～2011年就读于复旦大学外国语言文学学院英语语言文学专业，获硕士研究生学位。

在校期间曾获全国大学生英语知识竞赛总决赛全国一等奖；中央电视台"希望之星"英语风采大赛山东赛区总决赛一等奖；复旦大学新生学业奖学金、一等奖学金两次、光华奖学金、突出贡献奖学金、一等优秀学生奖学金五次、二等优秀学生奖学金一次、英语单项奖学金一次；省级优秀学生干部；哈尔滨工业大学"优秀学生干部标兵""三好学生""优秀团员"，第十八届校园文化艺术节优秀组织者；省级"三下乡"暑期社会实践优秀个人；省级社会实践优秀服务团；"2009年全球治理创新青年设计大赛"冠军；上海市暑期优秀社会实践项目；省级高等学校优秀毕业生。

2011年7月起参加工作，目前工作单位：Google（谷歌）。

两个世界创造的未来

王轩春

第五届十佳大学生

当你选择了帮助别人,你就应该知道下一步该作什么选择。生活不能处处如意,但是人却能因为提前作好准备而应付自如。生活不是毫无章法,而是一种态度。

第四篇 与你们一起度过的青春岁月

如果说计算机是一个由 0 和 1 组成的虚拟世界,那现实就是一个由个人和他人组成的真实世界。在虚拟世界里,各路人才通过计算机语言为这个世界书写了许多华丽的篇章,他们用自己独特的方式不断变化组合着 0 和 1,创造了像 Apple、Google 和百度等一系列为人类带来巨大变革的企业。而在真实世界里,你也会发现很多精彩。假如给你一个时间切片和针线,你就可以将每个人的人生进行细粒度划分,并串成一个五彩缤纷的社会。因为每个人都在用自己独有的方式不断变化演绎着个人和他人,而我也是其中极为普通的一个。

个人和他人是社会组成的基本元素,两者的发展共同决定了一个人未来的走向:个人的提高是一个人自身修炼的结果,内心品质和专业技能是衡量个人的重要因素;与他人关系的加强则是个人与他人构成的复杂网络如何壮大的过程。在这个网络图中,每一个人就是一个节点,而两个人之间的关系就可以用一条边来衡量,每一条边都可以被赋予不同的权值,只不过这个权值是用感情来衡量的。个人的奉献、集体的团结和幸福美满的氛围是衡量与他人关系的重要因素。

作好个人的选择　生活因你而不同

我的生活因为在不同阶段作出的选择而变得有些不同。我的父亲是一名普通的铁路工人,由于忙于铁路工程建设而无暇顾及我,因此,读初中前我都是在临沂的外祖父家长大。那时,个人的成长主要受到外祖父和老师的影响。虽然外祖父已经走了,但他的乐观和笑容带给我的却是一生的财富。另外一个对我产生很大影响的是宋老师,是她教我开始认识这个世界,教我乐于助人。记得小学二年级时,作为班长的我就号召班级同学一起为一位孤苦老奶奶做家务。每天中午,我们小小的身躯都会出现在那个地方,挑水、扫地、帮奶奶梳头,一做就是三年,从没间断。印象最深的就是老奶奶的那滴眼泪,还有那天她将掖在被子底下,满是褶皱的两元钱塞给我时,我的不知所措。当我把钱交给宋老师时,她对我说了一句话:"当你选择了帮助别人,你就应该知道下一步该作什么选择。"这句话一直深埋在我的心底,那是我印象中作出的第一个选择,是开启我人生思想的钥匙。

直到初中,一家人才稳定下来,定居在山东郓城,我在这里完成了六年的中学生活。记得当我中考后,父亲的单位提供了一条路,按照这条路我将会简单且平凡地走过这一生。父母也曾经劝过我好几次,让我按照他们的想法选择那条路,但我舍不得我的同学,舍不得那不可预知的未来生活。于是,我作了人生第二个大的选择:我要继续读书,为自己的未来去拼去闯,去参加高考!

高考对于我们这个家庭来说,是天大的事情,是可以改变未来命运的事情。按照父亲的说法就是,如果我没有考上重点大学,那等待我的就是回家种地,自己选择的道路自己去面对;如果考上,那我可以过自己想要的生活。然而那个时候,我又作了人生的第三个大的选择:我没有填报与爸妈商定的山东中医药大学,而是在最后一刻,在没有告知父母的情况下,将志愿写成了哈尔滨工业大学(威海)。当苦苦等待的录取通知书到我手里时,着实给家人带来了一个大大的"surprise"。

就这样,2004年9月,我很荣幸地成为了哈尔滨工业大学(威海)计算机学院计算机科学与技术专业的一名学生,并在这里完成了我四年的大学生活。这个地方对于我来说,有太多美好的回忆,有太多让我值得一生感激的人,每每回想起来都是那么的亲切和熟悉,仿佛伸手就能触摸得到。然而,也许没有人知道,在我进入大学之前曾在日记中写道:"跨入大学校门的日子越来越近,我也越来越紧张。尽管之前担任过学校的学生会主席,做过十一年的班长,带着很多团队做过很多事,但是进入大学后,我必须认清,进入大学后我可能就是一个普通人,既没有耀眼的光芒,也没有更多的瞩目,拥有的就是卸下心理包袱,做一个普普通通、踏踏实实的人。"于是,那时候我又作了一个重要的选择:生活不能处处如意,但是人却能因为提前作好准备而应付自如。生活不是毫无章法,而是一种态度!

刚进入大学的我,对于计算机的认识只是停留在打字和简单的可视化窗口层面。对于编程以及数学和计算机之间的关系完全不了解,幸好我有一颗"活到老学到老"的心。在大一、大二的时候,学校正在尝试学分制改革,我们的课程安排非常满,独立实践和课外学习的机会相应的少了很多。因此,那时的我倍加珍惜每一次编程实践的机会:无论是课程设计还是老师布置的大作业,我都会坐在电脑旁认真琢磨。我一直认为自己不是很聪明,但是比较勤奋。因此我不断用时间去证明——我行!

印象最深的是有一门课程设计将要影响到保研成绩,当时的我毅然决定要在同一门设计上多做几个版本。于是我创造了一个至今想来还心有余悸的记录:七十二个小时内,我只睡了三个小时。最终,我在这门课程设计中完成了四个版本,每一个版本我都会为小组成员们详细解释,最后都成功通过了老师的验收,并得到了老师的大力赞赏。正是那段时间基本功的积累,才使得现在的我在处理问题时能够思路开阔并且具有较高的效率。

在大三的时候,学习压力特别大,功课特别多,对于有挂科风险的同学来说,简直

第四篇　与你们一起度过的青春岁月

就是一场噩梦。为了更好地减少班内的挂科数,提高班级的整体成绩,我向班级同学提议,采用"一帮一"的方式来拉动班级所有同学的学习积极性。面对那么多科目,那时的我甚至放弃了自己的学习,不断地给他们讲题、分析知识点。给我印象最深的就是那学期最后一门《组合数学》。我有一个习惯,就是每次考试之前都会将课程串起来,形成一份自己理解的目录和笔记。我一直认为考试只不过是一种检验学习的简单方式,更重要的是合上书本后脑中是不是有一张拓扑图帮助自己理解和分析。

临考试的前一天晚上,我和另外两位同学又将自己整理的笔记复习了一遍,并且进行了考核。时针已经指向凌晨三点,五个小时后就要考试,当我发现他们两个都已经掌握了这些知识时,感觉自己的付出得到了回报。最终,功夫不负有心人,结局很美好。

如果说班级和学院是我大学前半阶段的家的话,实验室则是大学后半阶段的家,它决定了我的未来。这时,又一个选择来到了我的面前——我很荣幸成为了国家重点实验室网络安全实验室的一员。在这里,我又有了新的伙伴,他们带给了我很多的快乐,也带给了我很多的机会。

研究生的两年过得很快,不知不觉到了找工作的时候。面对那些大公司,我没有十足的把握,但是我有自信。每个人都

王轩春(三排左一)与研究生实验室的成员们

在等待下一轮的面试通知,那种压抑的气氛也着实令人喘不过气来。也许付出总会有回报,相比之下我的选择比别人要多一些。

当我得到了百度的 Offer 时,感到非常荣幸。记得进入百度时,我总共进行了一次笔试、两次电话面试和两次直接面试。说实话,我的电话面试成绩并不是很好,是直接面试给了我更多的发挥空间。当在白纸上 Coding 时,我觉得自己离成功也越来越近了。

进入公司后,我成为了搜索研发部的一员,很荣幸能够与一批优秀的人才一起合作,去创造有意义的价值,去做改变网民习惯的事情,我感到心潮澎湃。评估分析是我的工作内容,创造价值、改变用户使用习惯则是我追求的目标。

百舸争流
哈尔滨工业大学(威海)十佳大学生成长心语

珍惜与他人组成的家　生活因为他人而美丽

如果说在进入大学之前,那个家是家庭,是郓城一中,是高中01级13班,那么进入大学之后,新家就是我深爱的0404106班,是04级党支部,是计算机学院,是拥有"规格严格 功夫到家"校训的哈工大。

刚进入大学时,我抑制不住内心的激动,满怀着雄心壮志准备为自己的未来设计一张蓝图。记得班委竞选时,因为有过做班委经验,我是想竞选班长的。但最后,我还是选择了竞选学习委员,一方面竞选班长的老董具有丰富的经验,另一方面我也非常赞同"学习是学生的天职"这句话。凭借着过去在各种大小场合演讲的经验以及对待班级和学习的认真态度,我有幸成为了班级的学习委员。然而,正是学习委员这一职务为我以后的大学生活带来了许许多多的机会。

清晨,当大家都还在睡觉时,我会早早起床去教室为班级同学占座,一占就是一大片座位,然后吃完早饭大声朗读英语;中午,当大家回宿舍午睡的时候,我会选择在自习室眯一会儿,省下时间做其他的事情,比如阅读书、报纸、杂志或者温习为了某活动而准备的稿子等。

每次早早地来到教室时,我都会极快地为老师擦好黑板,并一直坐在第一排听课;每当黑夜降临的时候,我都会紧攥着手里的钱,宁肯晚上不吃饭饿肚子,也要去买份报纸或杂志,这是我高中三年养成的习惯。晚上熄灯后,我总会蜷缩在走廊里看书学习,那时的我似乎每天都打了兴奋剂,每天都斗志高昂,拼劲十足。当时,我只有一个想法:既然我是学习委员,就必须以身作则,为大家营造一个较好的学习氛围,并带领班级成为全院第一。

为了让班级的每一位同学能够了解自己当前的状态,我提前与大家分享了我的想法,并主动联系各科老师,为班级组织了一次期中考试。考试那天大家都很配合,每个人都很重视,也很认真,最终考试很成功。作为学习委员的我批改了大家的试卷,做了一份标准答案发给大家,并进行讲解。那次期中考试很好地团结了班内的每一位同学。

在下半学期,大家的学习积极性明显高涨,每天熄灯后经常会有同学与我一起讨论问题,我也时不时地接到问问题的电话。那时,只要是能给班级成绩带来提高的事情,我一定是冲在最前面。功夫不负有心人,我们最终成为了学院第一并一直坚持到大学结束,那时的付出和努力也让我更加热爱这个班集体。

虽然大二、大三我加入了学生会,但是我的心仍然在0404106班。这是一个团结

第四篇　与你们一起度过的青春岁月

的班集体，我用自己的"感情"为这个家的网络中的每一条边赋值了一个较高的权重，而最终这个网络展示给大家的是省级优秀班集体，并有幸代表学校参加"全国优秀班集体"的评选。我的生活因为这个家而变得更加美丽！

我是一名共产党员，在高中时就是一名预备党员，而且我具有极高的信仰。高考完的那个暑假，我读了很多关于共产党的书籍，并将党章上的信念与自己的精神意识相联系，最终将党的纲领和理念转化成了我强大的内心世界。我的宗旨就是为同学服务，尽可能地为大家带来各方面的便利。正是因为自己有这个信念，所以大学期间我总是有源源不断的动力。

感谢计算机学院党委的信任，使我有幸成为了计算机学院04级的党支部书记。我的思想汇报全是实在的内心感受，我将对党、社会和集体的思想全部都写入到了思想汇报中，不含任何杂质。另外，作为党员的我不仅仅将责任和奉献进行了表达，更重要的是将这种表达体现在了行动上。一直以来我都是按照这个原则做事，在同学之中我也成为了"党员"的代名词。

在担任党支部书记期间，我与每一个申请入党的同学谈话，及时了解他们的思想状态，并且认真阅读每一个即将成为党员的同学的思想汇报。当然，阅读的过程也是沟通和学习的过程。04级党支部进入大三后共发展了29名党员，每一位党员都在班级的各项活动中发挥了重要的作用，他们不是学习的带头人，就是班级的活跃分子，在班内具有较高的影响力。04级党支部代表了整个学院最优秀的人才，他们优秀也带动了04级的发展。在04级党支部这个家里，我做了很多努力，最终使每一个成员都成为了优秀的代名词，而我也将"党员之情"放在了家中的每一条边上。在这个家中，更多的是严格、责任和奉献！

哈尔滨工业大学，一个响彻祖国大地的高等学府，一个为国家输送了一批又一批人才的圣地，一个不断刷新纪录、创造奇迹的地方，她为我带来了太多的不可思议，太多的难以割舍。从感情上来说，我比任何一个人都要感谢我的母校。

第一，我的本科和研究生阶段都是在哈工大度过的，在这里有广阔的平台和发展空间，在为别人带去帮助的同时也成就了自己，现在，我正在百度工作，为互联网社会创造更大的便利；第二，我在这里结识了我的爱人，她的本科和研究生阶段也都是在哈工大度过的，作为本科期间的班长和研究生期间的党支部书记，她也为班级和学校作出了很大贡献，是一名优秀的哈工大人，现在，她在北京移动工作，为通信行业招纳更多的优秀人士，创造无线网络的价值；第三，我的弟弟，目前也正在哈工大读研究生，他也具有顽强的拼搏与奋斗精神，毕业后也将到北京用友软件发展，为软件行业贡献自己的一份力量。

在工大的六年求学生涯改变了我的一生，家人和亲友也看到了我在整个过程中的蜕变。在我的间接影响下，他们心中的哈工大成为了一个值得信赖的品牌。我们一家人都是从哈工大走出来的，我们将会在未来的竞争中，秉承"规格严格 功夫到家"的校训，做一名优秀的哈工大人！

王轩春简介

1986年出生于山东省郓城县，中共党员。

2004~2008年就读于哈工大（威海）计算机学院计算机科学与技术专业。

2008~2010年于哈尔滨工业大学攻读硕士研究生。

在校期间曾担任计算机学院04级党支部书记，所在支部获得了"优秀党支部"的称号，曾担任班级学习委员、学院组织部部长和学院团委副书记，所在班级0404106班获得了"山东省优秀班集体"称号。个人也曾获得过"三好学生""优秀学生干部""优秀共产党员""优秀毕业生"等荣誉称号。曾获得国家奖学金一次、一等奖学金七次，二等奖学金一次，参与了国家网络安全相关重点项目的开发。

2010年起就职于百度公司搜索研发部。

第四篇　与你们一起度过的青春岁月

那些青春岁月中的成长故事

王 蕾

第七届十佳大学生

　　不管发生什么，都不要放弃。坚强地走下去，肯定会有意想不到的风景。也许不是你本来想走的路，也许不是你本来想登临的山顶，但另一条路有另一条路的风景，不同的山顶同样会有美丽的日出。

百舸争流
——哈尔滨工业大学(威海)十佳大学生成长心语

听闻母校"十佳大学生"评选迎来十周年,我十分开心。这也让我有机会再一次幸福地回忆我的大学,我的青春——那些人生中阳光灿烂的日子。

糯米团子　温暖彼此

2005年8月的威海像往年一样,如少女般亭亭玉立,毫不吝啬地向人们展示她的纯净无瑕。依山傍水美丽如斯的哈工大(威海)在新的学期迎来了又一批学子。我同其他人一样,带着懵懂踏进了这个让我至今魂牵梦萦的地方……

这一届的材料女生依然是"稀有动物"。材料成型103班共有六名女生,她们被分到了同一个寝室——四公寓604室。寝室成员包括河南洛阳的晓春、山东青州的爱爱、内蒙古呼伦贝尔的我、山西运城的甜甜、江苏江阴的烨烨和山东聊城的兴敏。我们六个人从祖国的四面八方来,就像六颗糯米粒,在604这个小屋粘成了一个糯米团子。

王蕾(后一)与糯米团子毕业合影

从此,我们时刻以团子形象出现在众人面前,在学习的道路上勇往直前。我们一起去食堂吃饭,坐在一起上课,在同一间教室上自习,有着相同的作息时间。四年来,几乎每堂课我们都整齐地坐在教室的最佳听课位置。当然这样好的位置是不容易坐到的,我们几个谁去得早谁占座,一占就占6个。记得有一阵"反占座"抓得很紧,但这依然没影响我们对认真听课的追寻。大家早早地守在教室门口,前一堂课一结束,我们便冲了进去。每当考试前,我们都会共同分享各自的复习资料,之后共同讨论难点。遇到记忆性多的科目,自己背好后,回到寝室还要互相提问。"什么是包申格效应?""哎呀,这个我没背,这个用背下来吗?""当然用了,老师在课上提过这个很重要。""啊?那我赶紧看看!"考试前,我们寝室常常出现这样的对话。在浓厚的学习氛围下,学习不再难,不再枯燥,因为有了彼此的陪伴,反而增添了很多的乐趣,留下的都是温馨幸福的回忆。

就这样,我们团子成员的每一个人的文化课成绩都位于专业前列,保研时,我们六人的综合成绩排名是第1、3、4、5、8、10名,六人中有五人获得推免资格。另一个糯米

第四篇 与你们一起度过的青春岁月

粒以一名之差没有获得保送资格，但也顺利考入校本部攻读硕士研究生。我们深知：如果没有这个糯米团子，就没有我们每个人的成绩。

如今，这个团子又分散在了祖国的大江南北，但是已经有一种深刻的情谊将我们紧紧相连。四年的时光里，我们也曾有过摩擦，有过不愉快。庆幸的是，当时的我们没有让这些不愉快成为羁绊，互相多一分宽容多一分体谅，所有的摩擦都会消散。毕业时我们相约十年后要再一次回到母校，去看望我们的恩师，去走走我们曾走过的路，再赶一次东门的集……

不断挑战　积累财富

高中的时候老师总会说："你们努努力，挺过去，上了大学就解放了！"到了大学后，我们总会感叹："高中老师都是骗人的，大学里还是要学习的。"是的，大学里我们的主旋律还是学业，但毫无疑问，大学给了我们可以自由支配的时间和更多的机会，让我们自己去发掘能力，创造丰富多彩的生活。

在大一时，进入学生会参与学生工作，于我而言只是一张随波逐流的报名表，只是简单面试后的一个小部员身份，但是正是这个身份给了我巨大的成长和转变。

成为部员后第一个任务是主持一个学习经验交流会。主持人的任务其实很简单：做一个简短的开场白，然后介绍到场嘉宾的名字及详细情况。接到这个任务后，我万分不情愿，甚至后悔进入了学生会，因为我从来没有在那么多人面前讲过话。胆怯和紧张让我不断退缩，但又找不到合适的理由拒绝，只能硬着头皮接受。短短几句开场白我背了好多遍，写在纸笺上的嘉宾介绍也读了很多遍。时隔六年多，我依然清楚记得当天的情景：我穿了一件有很多带有拉链衣兜的衣服，走上讲台颤抖着说："大家晚上好，大学英语四六级考试又要开始了……下面由我介绍下今天到场的嘉宾。"低头一看，手里并没有拿着纸笺，纸笺呢？伴随着观众们的笑声，我开始拉开我的各个衣兜寻找……现在想来，怎一个"囧"字了得！

从那时起，我认识到自己的高中生活只有学习，导致我只会学习，其他方面基本为零。认识到这样的不足，我告诉自己：再给我一次这样的机会，我绝不会像这样出糗了。随着在学生会的各种场合的锻炼，在众人面前讲话时我不再紧张胆怯，这才有了十佳评选舞台上的那个我。

成为文娱部部长后，我相继组织了一些活动。最难忘的是在主楼礼堂举办的一次晚会，由于规模较大，作为负责人之一的我有很大的压力，同时又面临很多困难。进退两难之时，只能迎难而上，虽然出现了很多问题，但最终获得成功。结束后，我明白了一个深刻的道理：一切的困难都是暂时的，只要咬牙坚持过去，就会有收获。我想生活中也是一样，每一次艰辛付出之后，你都会比之前更强大一点，每一次迎接挑战的经历都是一笔财富。所以，抓住每一次挑战的机会，就有可能让你成长、进步，从而变得强大起来。在参与学生工作的过程中，你会结识到很多优秀的人，他们的闪光点会让你受益匪浅；同时，与人相处沟通的能力、协调组织的能力以及解决问题的能力都会得到很大的锻炼。我很庆幸自己进入了学生会，两年的学生会工作让我充实而满足。

大学四年的时光与人生相比显得那样的短暂，但对个人成长而言却至关重要。大学四年给了我可以相伴一生的挚友，给了我终身受用的知识，给了我提升能力的舞台，更让我信心满满地走向人生的下一站。

忠于追求　绝不后悔

上大学后，我们遇到的最重要的选择无非就是读研、工作和出国留学，研究生时不过就是读博、工作和出国读博。每个人的情况不同，追求的目标不同，很多时候连我们自己都不能确定我们是否是作出了正确的选择。在这里，我只想与大家分享我作出这些选择时的心路历程和现在的一些想法。

读大一时，我成绩并不理想，至少在我们糯米团子中，我的成绩是稍差的。我要感谢我的团子，她们在学习上的优秀给了我压力和动力，让我在大二奋起直追，付出了相当大的努力。到了大二时，我才认识到大学毕业时是可以保送研究生的，因此有了保送研究生的目标。由于大一的成绩较低，只有大三的专业课考高分才能弥补大一的不足，我顶着巨大的压力奋斗着。现在想想，如果在大一时我就能确定目标，在学习上没有疏忽，可能大二、大三时就不会有那么大的压力，那么辛苦。所以，早点确立人生的目标，早点规划，早点努力，无论你选择保研、考研还是就业，都会游刃有余，从容不迫。

研究生毕业时，我面临读博还是就业的选择。这个选择对我来说要比大学毕业时困难得多，与硕士相比，获得博士学位后进入社会层次更高一些。但读博要承担的压力也是很大的，搞科研绝不是一件轻松的事情。而选择就业就可以提前踏入社会，提前学习与工作有关的东西，开始自己的职业规划。思索再三，我选择了就业。在综合考虑了自己的追求、企业所在地理位置等各种因素后，最终选择了一汽，如今入职已有半年多。提起国企，很多人想到安逸。我想说，在国企如果想要安逸的生活确实很容易，没有很大的压力，有很好的福利待遇。但是，生活方式全看自己的追求。如果你追求进步，不想过安逸的生活，国企有很好的培训机制、很多资源，会让你学到很多东西。只要你有激情，生活就有精彩。

人生中需要作出的选择太多太多,但无论遇到怎样的选择,我总对自己说:只要选择了就不要后悔。否则,只会消磨你继续走下去的激情。用一句我很喜欢的话与大家共勉:不管发生什么,都不要放弃。坚强地走下去,肯定会有意想不到的风景。也许不是你本来想走的路,也许不是你本来想登临的山顶,但另一条路有另一条路的风景,不同的山顶同样会有美丽的日出。

回忆母校　眷恋难舍

有人说,母校是自己可以说她无数不好,但是不允许其他人说她一个不好的地方。的确是这样,因为在我们心底,她犹如母亲,是属于我们的。我们在她的怀抱里从稚嫩走向成熟,从懵懂走向睿智,她陪伴我们度过了从十八九岁到二十几岁的青春年华。白岩松曾说,"故乡是你小时候拼命想要离开,长大后又拼命想回去的地方。"其实,母校就是我们的第二故乡,无论走到哪里,我们都深深地眷恋着她。

现在的我,看到昔日在学校的照片,都会心潮澎湃,眼眶含泪,那是一种难以言表的深深的思念。那美好的校园,那循循善诱的老师,那些美好的一幕幕,那些拼搏而充实、忙碌而温馨的日子,都化成我最美好的回忆,让我勇敢、自信地走下去。

看看,我们的校园是那样的美丽,那样的清新怡人;我们的老师是那样的德才兼备、平易近人;我们的业余生活是那样的多姿多彩。走在这样朝气蓬勃、活力四射的校园,要相信:我们的青春不会虚度!

亲爱的母校,我会永远的祝福您,愿您越来越美好,越来越辉煌!

王蕾简介

1987年出生于内蒙古呼伦贝尔市,中共党员。

2005~2009年就读于哈尔滨工业大学(威海)材料科学与工程学院材料成型及控制工程专业。

2009~2011年于哈尔滨工业大学攻读硕士研究生。

在校期间曾获得哈尔滨工业大学"优秀团干部""优秀团员""三好学生",山东省"优秀毕业生"等荣誉称号。曾获国家奖学金两次,一等奖学金五次。

2011年起就职于一汽技术中心。

无悔的大学　无悔的青春

贺　智

第七届十佳大学生

数学建模就像一扇窗。透过这扇窗我看到了大学生们要勇于挑战未知领域，发掘自己未曾发现的潜能；透过这扇窗我看到了大学生们要有坚忍不拔的意志，战胜困难不断前行；透过这扇窗我看到了大学生们要执著追求自己的理想，不轻言放弃，以持久的毅力和严谨的态度来铸造绚丽的人生！

第四篇　与你们一起度过的青春岁月

在宁静的威海和繁华的哈尔滨，我分别度过了人生最重要的大学四年和硕士两年。如今作为一名博士生，回首本科和硕士生活，其中的得与失、乐与忧、成与败都成为我人生的宝贵财富。

勇于挑战　坚忍不拔

如果有人问我本科和硕士阶段做过的最富挑战性的事情是什么，我一定会回答：数学建模大赛。回想起来，在本科和硕士阶段，我参加过多次数学建模大赛，有省级的，国家级的和国际级的。当然，我也得过很多证书，每一张证书都是对我们参赛队的充分肯定，每一次参赛都能激发我去探索数学新领域的热情，都能让我感受到自己知识的浅薄，都能让我热血地连续通宵，不知疲倦。现在回想起来，感触最为深刻的不是获得最高荣誉的那次，而是第一次参赛的经历。

那是大三上学期，怀着紧张而好奇的心情，我和另外两名好友（桂武磊和柳常勇）在曲荣宁老师、李晓芳老师的指导下第一次报名参加了山东省数学建模大赛，成为了当时众多参赛队中毫不起眼的一支。之所以用"毫不起眼"这个词，并非谦虚，而是因为与其他队相比，我们队的劣势非常明显：其他队成员基本都是大四的学长学姐，他们经验丰富，专业知识熟练，而我们刚上完大二的课程，甚至连数值分析和概率论还没有学过；其他队成员的搭配合理，有数学、计算机和金融专业的，参赛成员的知识面较广，利于模型建立和编程实现，而我们队三个同学全来自同一届数学专业，知识面很窄，编程能力很弱。当然，我们队的优势就在于——我们三个是铁杆死党。

2007年9月21日至24日，这看似寻常的三天，对参加数学建模大赛的我们来说却意味着挑战、艰辛与挣扎。复杂的赛题和棘手的数据时刻考验着我们的毅力与耐心。为了更好地完成任务，我们分秒必争，除了吃饭、睡觉，其余时间基本都是在数学系机房度过的。

第一天，我们拿到了赛题，A题是中国人口增长预测，B题是北京公交车调度问题。通过分析这两道题的特点，考虑到自身的优势，我和队友们选择了A题。接下来的时间，我们分头思考了针对A题的理解与解题策略，并在知网、维普和Google等网站初步查阅了相关资料，两位指导老师也给了我们必要的指导和建议。不过一天下来，我们进展不大，但一直相互鼓励。

第二天，我们又打起精神继续奋战，俗语云："三个臭皮匠，顶个诸葛亮。"数学建模更是如此。通过队员之间的相互沟通与协作,才能建立完善的数学模型。这天晚上,我们三个都没有睡觉,而是抓紧时间完成一项项艰巨的任务。

第三天,就要开始写论文了,我们分工明确,各自发挥所长。一天下来,论文初稿完成。晚上,老师对我们的论文提出了建议并对细节进行了修改。历经了三天三夜的艰苦奋战,当我们走出机房的一刹那,似乎都有一种解脱的感觉,我们三人相拥而泣。是的,不管结果如何,我们终于熬过来了!

数学建模就像一扇窗。透过这扇窗我看到了大学生们要勇于挑战未知领域,发掘自己未曾发现的潜能;透过这扇窗我看到了大学生们要有坚忍不拔的意志,战胜困难不断前行;透过这扇窗我看到了大学生们要执著追求自己的理想,不轻言放弃,以持久的毅力和严谨的态度来铸造绚丽的人生!

齐心协力 乐在其中

如果有人问我本科和硕士阶段最自豪的事情是什么,我一定会回答:我是哈工大(威海)0506103班的一员。大学四年中,我们在班主任李晓芳老师的带领下取得了"三好班级标兵""哈工大优秀团支部"和"哈工大优良学风班"等一系列荣誉称号。融入这样一个学风优良、团结向上的班集体,我深感自豪。四年的点点滴滴,汇成一缕缕动人心弦的线,牵绊着班级的每一位成员,而其中最夺目的记忆,要数大二时的中秋聚会。

这是一次特别的中秋聚会,因为它的形式非常特别——虽然是饭店聚餐,但所有的饭菜都是同学们亲自动手做的。大学生活虽然较为自由,但是学习和工作的压力却较大,同班同学不再像高中那样坐在同一间教室自习,而是有各自的规划和安排。于是,班会、体育活动和各种聚会就成为同学们交流感情的重要渠道。

为了准备这次聚会,团支书李颜同学特地组织大家开了一次班会,并与同学们一起精心策划了这次活动。班会一结束,同学们就根据各自的兴趣和特长紧锣密鼓地准备起来了:有的联系饭店,有的买菜,有的买面粉,有的买调料,有的买饮料和纸巾等。中秋节那天,全班同学带着准备好的原料来到了学校东门附近的一个小饭店,店主将他的饭店(包括餐具和厨具)出租给我们作为聚会场地。刚到饭店,大家就热火朝天地忙活起来:北方的几个女生擅长做面食,凑在一起包起了饺子,我虽然来自南方,也有模有样地照着她们的样子做;有几个很会炒菜的同学义不容辞地当起了"大厨",一勺油、一把菜、一撮盐井然有序地往锅里加,同时还不停地用勺子翻滚着锅里的菜;没有特殊手艺的同学则甘愿打起了下手,不慌不忙地择菜、洗菜、递盘子和整理桌子,只盼着热气腾腾的菜上桌的那一刻……那天,我们包了鸡蛋饺子、三鲜饺子和牛肉饺子,"大厨"们做了鸡蛋柿子、清炒排骨、炝土豆丝和麻婆豆腐等一大桌子菜,虽然味道不及饭店厨师们的正宗,但是每一道菜基本都是刚上桌就被一扫而光,由于饱含着每一位同学辛勤的汗水,这顿饭吃起来特别香。

值得一提的是,我们班有个瘦瘦小小的男生,他平日里不太活跃,大家对他的关注度也不大,却在这次活动中脱颖而出。原来,他炒的菜特别受欢迎,当起了那天的"主厨",聊天时他透露自己有几个姐姐,他精湛的厨艺是从姐姐那学来的。于是,班里的男生开玩笑地"尊称"他为"小舅子"……同学们当时围坐在桌旁打打闹闹热闹非凡的场景还历历在目,只是现在已经各奔东西了。

其实,类似这样的班级活动还有很多,比如元旦晚会、爬山比赛和集体自习等。正是这一次次的活动,加强了班级凝聚力,增进了同学间的友谊,增强了班级荣誉感。作为0506103班这个温馨大家庭中的一员,我看到了团结的力量是如此强大,学会了齐心协力、精诚合作才是制胜的利器,体会了融入集体中那种无法言喻的快乐。

敢于表达 积极交流

如果有人问我本科和硕士阶段经历的最震撼人心的事情是什么,我一定会回答:第一次参加国际会议。作为哈工大航天学院控制科学与工程系的一名硕士研究生,在学校和导师的支持下,我有幸于2011年6月20日至24日赴青岛参加了第三届国际希尔伯特-黄变换理论与应用盛会(The 3rd International Conference on Hilbert-Huang Transform: Theory and Applications),我的论文《End Effects Mitigation for Empirical Mode Decomposition with Nonlinear Grey Model》以分会场报告的形式进行了展示,我也同国内外专家进行了面对面交流。除了参加自己的分会,我还听取了多个与自己研究相关的分会,积极与各国学者进行交流,从而了解当今世界不同国家的研究现状,并从中吸取他人的成功经验,受益匪浅。

短短五天的会议,我过得紧张忙碌而又充实,此次青岛之行使我感触颇深,不仅拓展了视野,而且提高了自己对科研和课题的认识水平。

这次会议,我有三点最主要的收获。第一点,我见到了希尔伯特-黄变换的创始人——美国国际航空航天管理局(National Aeronautics and Space Administration, NASA)的黄鄂教授,聆听了他开创希尔伯特-黄变换的初衷和历程,并向他当面询问了研究中遇到的相关难题,大师深入浅出的讲解使我获益良多。第二个收获,我认识了希尔伯特-黄变换领域另一个年轻的"牛人"——美国佛罗里达大学的吴召华副教

百舸争流
哈尔滨工业大学(威海)十佳大学生成长心语

贺智(后二排右二)在第三届国际希尔伯特-黄变换理论与应用大会后的合影

授。他平和的笑容、严谨的治学理念和豁达的人生态度深深感染了我。虽然早在论文和网站上关注了他很久,但能和他面对面长谈达三个小时则纯属意外。那天我只是想找个专家交流一下最新的研究内容,碰巧在走廊里面遇到了吴召华副教授,我们从最开始的问题交流,谈到希尔伯特-黄变换的研究前景,再到他当年如何出国如何做学问如何指导学生等。直到现在,每当我研究过程中遇到了困难,就会想起吴召华副教授那可亲的笑容,心中便会备受鼓舞。第三个收获是,我第一次站在讲台上用英文作报告,与国际专家们进行交流。虽然我仍有些紧张,但由于事先进行了充分准备,所以还算顺利地完成了报告并认真回答了与会者的问题。同时,虚心接受了专家们的宝贵建议。

作为一名研究者,应积极地进行国际交流,聆听知名大师的研究经验,表达自己的见解。这样有助于把握相关领域的发展前沿与热点,及时发现并解决研究中遇到的问题,提高自己的科研水平与国际合作能力。

结束语

回首过去,心中无限感慨;展望未来,坚信依旧灿烂。生活的点滴,学习的收获,思想的感悟,让我久久不能忘怀……关于本科和硕士生活,每个人为自己铺就的道路千差万别,我觉得,只要勇于挑战、善于团结、敢于表达,就可以收获别样的精彩。

至此,但愿零碎的只言片语能与您共勉。

贺智简介

1988年出生于湖南省湘潭县龙口乡日华镇金宝村,中共党员。

2005~2009年就读于哈尔滨工业大学(威海)数学系信息与计算科学专业。

2009~2011年于哈尔滨工业大学航天学院控制科学与工程系攻读硕士学位。

2011年起于哈尔滨工业大学航天学院控制科学与工程系攻读博士学位。

在校期间获国际数学建模大赛一等奖、连续两年获得全国数学建模大赛省一等奖、国家奖学金两次、励志奖学金一次、一等优秀学生奖学金五次、哈尔滨工业大学"优秀毕业生""优秀学士论文"等荣誉;硕士期间,获中国航天科工集团公司(简称CASIC)奖学金、第六届研究生数学建模大赛全国一等奖、特等奖学金两次、哈尔滨工业大学"优秀毕业生""优秀硕士论文"等;博士期间已发表学术论文9篇,申请发明专利5项。

一路播种 一路收获

史永敏

第七届十佳大学生

　　七年里,我在这里撒下了很多种子:知识、友谊和理想,并用自强不息的阳光和空气,用厚德载物的土壤,用真诚、感恩的泉水,用对自己规格严格的肥料培养这些种子,使它们慢慢地开花、结果。我相信:在以后的人生道路上,我依旧会一路歌唱,继续播撒种子,等待花开遍地的那一天。

第四篇　与你们一起度过的青春岁月

听闻母校的"十佳大学生"评选已经进入第十个年头,作为第七届"十佳大学生",每每看到这些字眼,我都会想起在哈工大(威海)的四年,想起我的成长经历。

笃定目标　执着追求

在我心中,总有一个看似遥不可及却又非常清晰的梦想,每每想来总使我激动不已。于是,奋斗便成了我永远不能放弃的主旋律。

刚刚进入大学的时候,我的内心是充满欣喜的。但是面对陌生的环境、陌生的老师和同学,面对一个自己不喜欢的专业时,我的心中充满了忐忑。每个人都希望能够做自己喜欢的事情,我又何尝不是。我该何去何从,退学重新参加高考,还是慢慢培养对这个专业的兴趣?努力学习,还是自暴自弃?最后,我选择了努力学习。

正式开课后,我依旧保持着高中的学习习惯。每天早起,上课专心听讲,课后认真复习。在很多人看来,我好像是没有尝尽高中生活的痛苦,但是我很享受那种课前预习课后复习的充实感。我始终认为:态度决定高度,执着创造奇迹。那时候我最喜欢去M楼自习,在明亮宽敞而又干净舒适的阶梯教室里,沉浸在知识里,发现问题、探索问题和解决问题,直到传达室的大爷告诉大家要清楼了才肯离去。我同样也很享受期末的时候和几个舍友一起在教室里复习、备战考试的日子,因为有并肩作战的战友,因为每天都在进步,因为即将品尝胜利的果实。

在大学时光里,我始终有着明确的目标——不断努力学习,只有在学校里打好基础,到了社会上才能有安身立命的砝码。我心中也一直有这样一句话:要么不做,要做就做到最好。

融洽关系　用心维系

我喜欢和大家保持一种比较融洽的关系。宿舍里,舍友之间互帮互助,相亲相爱;班级中,同学之间齐心协力、团结进取;学生会中,战友之间通力合作,患难与共。

刚进大学,送走爸妈,我眼泪便哗哗地掉落下来。舍友练飞不断地安慰我,开导我,使内心忐忑的我重新拥有了力量,缓解了我对大学的紧张和恐惧感。从此,我把宿舍当成了家。每年夏天,我们宿舍都会举行一次"瓜王争霸赛",边吃西瓜边打闹,每个微笑的瞬间,每个欢闹的片段都永远地保留在我们的青春纪念册里。我们宿舍有一块小白板,这里有我们的通知,有我们的心情,有我们的鼓励。在考研的那段日子,许

百舸争流
——哈尔滨工业大学(威海)十佳大学生成长心语

倩在上面写了一句"不抛弃不放弃"。每当清晨起床看到它,我的心中就有了无限的力量和斗志。在这样的宿舍里,我们感受着彼此的关爱与体贴。有很多人问过我,你们的宿舍氛围是怎么营造的?答案其实很简单,宿舍是我们共同的家,我们要用心来呵护我们自己的家。只要你真正对这个家用心了,那么你的家人也会感受到,家也就变得温暖了。

四年来,我担任了系里第一届学生会主席、第一任团总支副书记和第一任学生党支部书记。这些"第一次"虽然让我洒下了很多的汗水,但是,我的付出也得到了许多同学的认可。2009年4月,学校一年一度的"十佳大学生"评选开始,我很幸运地成为学校的十佳大学生候选人。评选十佳大学生的程序繁杂,要准备各种各样材料。正在我发愁的时候,身边的同学向我伸出了援助之手。他们有的帮我制作PPT,有的帮我修改演讲稿,有的帮我提高演讲能力,有的帮我准备上场的行头。在大家的帮助下,我在最后的决赛中取得了大四组第一名的好成绩,总分也是全校最高。这样的成绩是我们大家共同努力的结果,那一刻,我感觉自己是最幸福的人。

心怀感恩 用爱回报

2008年5月12日,四川省汶川发生了一次震惊世界的大地震,每天看着新闻报道中与日俱增的遇难者数目,我的内心难以平静。学校发起了一次又一次的捐款捐物活动,我也是积极的参加者和倡导者。地震的灾民数目在不断增加,看到正在招募志愿者的消息时,我决定要去灾区做一名志愿者,尽自己的一份力量。可是我既不是医学专业,也不是心理学专业,无法前往,只能将从同学那里借的200元钱汇到中国红十字会总会,尽自己的一份力量。我相信有这么多人关心着灾区,灾区的明天一定会更好!

2008年,北京奥林匹克运动会即将召开。我想通过这次盛会让一些弱势群体受益,让2008个遭受惨痛命运的孩子成为幸运儿。于是,我开始计划:从全国各个省中寻找2008个在儿童福利院中成长的孩子,2008个孩子叠成2008个幸运星,2008个幸运星中记录着2008个愿望,这2008颗幸运星是送给北京奥运会的礼物,同时也可以找到有关的单位来帮助这2008个孩子实现他们的愿望。虽然最终计划未能实现,但我从未后悔。我还计算着北京奥运会的时间,自己动手叠了2008颗幸运星,作为对奥运的祝福。

其实,在任何时候我们都要心怀感恩。感谢身边的每一个人,感谢社会,因为我们成长的环境正是他人和社会为我们营造的。

第四篇　与你们一起度过的青春岁月

梦想在前　奋斗不止

大学四年的时光恍如白驹过隙,转眼就要考虑毕业的事情了,工作、读研还是出国?最终,我毅然选择了读研。到清华读研一直是我梦寐以求的,所以,我义无反顾地选择了清华。

选择清华确实有很大风险,但是风险越大,动力越大,付出也就越多。放弃保研虽使我的心理压力变大,但我很好地把这个压力变成了前进的动力。我不在乎别人怎么看,我心里很清楚——不能让自己留有遗憾。在准备考研的日子里,我每天都是快乐的,因为我在为梦想而奋斗。那段日子里无论遇到什么难题或者烦扰的心事,只要想想自己的目标,我就会忘记一切,投入学习中去。我相信,只要努力、用心地去做每一件事,遇到的困难都

史永敏在清华大学百年校庆时与王树国校长合影

会迎刃而解。功夫不负有心人,我最终以优异的成绩被清华大学录取。我心里清楚:脚下的道路仍然需要我努力走下去,永不停止。

重新规划　再度起航

研究生生活伊始,我就开始着手规划这一新的起点。我要让生活丰富起来,不能虚度光阴。在这三年的时间里,我经常去图书馆查阅专业资料、翻看喜欢的书籍,去听各种讲座,参加很多自己喜欢的活动,并在这些过程中结识了很多志同道合的朋友。在清华,我参与全国大学生心理热线接线员的工作。在聆听各种故事,送去自己的温馨祝福的同时,我收获了助人的快乐,更感叹生命的顽强与美好。研究生期间,一个人负责课题具有很大的挑战,但是也意味着更多的机会和更好的锻炼。一天到晚都在实验室里查资料、学知识,虽然很累,但很快乐。

四年的本科生活和三年的研究生生活在我的生命中烙上了无法抹去的印记。七年里,我在这里撒下了很多种子:知识,友谊和理想,并用自强不息的阳光和空气,用厚德载物的土壤,用真诚、感恩的泉水,用对自己规格严格的肥料培养这些种子,使它们慢慢地开花、结果。我相信:在以后的人生道路上,我依旧会一路歌唱,继续播撒种子,

等待花开遍地的那一天。

史永敏简介

1987年出生于山东省乐陵市,中共党员。

2005~2009年就读于哈尔滨工业大学(威海)光信息科学与技术专业。

2009年至今于清华大学光学工程专业攻读硕士研究生。

在校期间曾担任哈工大(威海)学生代表大会常务委员、光电科学系首届学生会主席、光电科学系首届团总支副书记等职务;曾多次获得优秀学生奖学金及山东省"优秀毕业生",哈尔滨工业大学"优秀学生干部""优秀团干部"等荣誉称号。

第四篇　与你们一起度过的青春岁月

何妨吟啸且徐行

刘裕良

第八届十佳大学生

就像长跑比赛：一开始大家都疯狂跑出去，就你一个人慢吞吞的，就算你不想拿名次心里也会觉得别扭。但如果总是被外界环境或者别人的意识所左右的话，你会疲于奔命的。如果你想好了你想要的，就要心定，安心做好自己身边的事情。慢一点也没关系，你的目标终有一天会达到。

百舸争流
哈尔滨工业大学(威海)十佳大学生成长心语

毕业已经半年多了,很多时候我却是"身在北京,心在威海"。一天傍晚从自动化研究所走出来,突然想到在学校的日子。吃过晚饭,我可以从 N 楼那边出去,到金海滩光着脚丫踩着细细的沙滩,吹着温柔的海风,看着火红的落日。不过念头就这么一闪而过,我知道自己接下来的几年会一直在中国科学院学习,回母校看看的机会可能比较少了,但是回忆会一直清晰:

学子餐厅、N 楼、研究院、主楼、音乐广场、日月湖、后山、金海滩、环海路、独一味、小肥牛、六公寓……

王老二拉面、嘎嘎香饺子、可心包子、麦香桶饭、肉夹馍、煎饼果子、干炸里脊、辣子鸡块盖饭……

工科数学分析、概率论与数理统计、空间解析几何与线性代数、大学英语、大学物理、模拟电子技术、数字电子技术、自动控制元件与线路……

全国大学生电子设计竞赛二等奖、全国电子专业人才设计与技能大赛二等奖、山东省电子设计竞赛二等奖、校园电子设计竞赛一等奖、全国智能汽车竞赛山东省二等奖……

一起走过的地方,一起吃过的饭,一起上过的课程,一起拿过的奖。苏东坡说:"人生到处知何似,应似飞鸿踏雪泥。泥上偶然留指爪,鸿飞那复计东西。"我们曾经从四面八方来到此处,聚集在一起,在共同努力的过程中,收获了深厚的友谊。如今我们虽然分散到四面八方,但心仍然凝聚在一起。容貌或许因岁月而改变,但友谊却会历久弥新。我们拥有太多值得回忆的东西,但我最想说的是,那些年,我们一起参加的比赛。

纸上得来终觉浅　绝知此事要躬行

我参加电子设计类比赛应该算是比较早的。大一时,参加竞赛还是比较稀奇的事情,因为并没有太多的同学进入这个圈子。大一下学期,学校举行校园电子设计大赛,黄之燊(现在香港大学读研)、魏强(现在哈工大本部读研)和我(现在中科院自动化所硕博连读)组建了一支队伍,我们给团队取名为"Inspire",大意是要激发灵感,要激励自己勇于向上。这个团队一直伴随我走过了大学四年。

后来,我所在的 0702101 班的很多同学都参与到了电子设计竞赛中来,我们班也因科技创新这一特色获得了 2011 年"全国五四红旗团支部"的称号。这几年里我们

第四篇　与你们一起度过的青春岁月

一起熬过很多个通宵。因为参加智能车竞赛,我们一起去北京,睡过北科大的硬板床,吃过王府井的小吃,喝过搜狐大楼下的酸梅汤,也吃过中关村路边的盒饭,更有过与各高校的好手们同台竞技的经历;一起去济南,共饮趵突泉水;一起去潍坊,同在车上瞌睡……我们多数时间是一起呆在实验室,当然,偶尔也会一起玩一把游戏。

　　大一下学期我们第一次参加电子设计大赛,没有专业知识,没有实验室,没有工具也没有经验。不懂技术,我们通过请教高年级的师兄和自己查阅资料来克服;没有实验室,我们就把宿舍的书桌收拾成实验台,晚上熄灯后打着手电调试设备;没有工具,能借到的就厚着脸皮去借,借不到的我们就自己掏钱买。最可怕的是没有经验,我们只能一次次地尝试,烧了很多个器件之后才慢慢积累了丰富的经验。我觉得,经验是学不来的,需要自己经历过才能获取。同样一件事情,有经验的人至少知道该从哪儿下手,而我们当时却只能用"鸟枪法"或者"穷举法"不断地试验。不过,我们三人从来没想过放弃,有一股"咬定青山不放松"的劲头。我在工作日志的第一页写下了一句话:"要想摘取那朵冰雪中的雪莲,就要有不畏严寒勇于登攀的勇气!"最后终于把作品做出来了。当时的作品的确不怎么样,竟然获得了学校二等奖,这让我们充满了信心。

　　接着我们小组在2008年参加了"ZLG"杯山东省大学生电子设计大赛,获得二等奖。2009年我们组又报名参加了"NEC"杯全国大学生电子设计竞赛,经过四天三夜不眠不休的紧张工作,最后获得了全国二等奖。两次比赛使我们积累了丰富的经验,也吸取了深刻的教训,可谓感触颇深。其中,2009年时我们团队在荆棘丛中摸爬滚打的竞赛经历令我终生难忘。

　　赛前准备可谓是"昨夜西风凋碧树,独上高楼,望尽天涯路"。

　　凡事预则立,不预则废。我们从2009年7月开始准备"NEC"杯全国大学生电子设计大赛,包括单片机的选择、电路的设计、Altium Designer 与 Multisim 软件的应用以及印制电路板技术等等。经过慎重考虑,我们初步决定使用可以较为熟练运用的AVR单片机作为控制核心。一直以来,我们组分工明确,大家取长补短。我主要负责写论文和方案设计,软件方面主要由黄之燊负责,硬件方面主要由魏强负责。

　　这年暑假刚开始,我们到北京参加"飞思卡尔"杯全国大学生智能汽车大赛,只拿到一个成功参赛奖。回校后,我们决定强化成员的个人专长。于是黄之燊在机器人研究所做项目,魏强在主楼301学习 Altium Designer 等软件,我在校外接了一个公司的项目。一个月后,黄之燊的编程水平在机器人研究所得到了很大的提高,魏强在H301把软件学得比较熟练,我由于项目需要而对分立元件有了更加深刻的认识,也对单片

199

机外围电路有了更加全面的了解。

在暑假里，我们的准备工作还取得了一个重大突破：经过实验，我们终于可以自制质量较高的 PCB 板了。这对我们乃至对全校参加电子设计大赛的人来说都是很有用的。以前虽然也有人用热转印法制作 PCB 板，但是由于工艺不成熟、工具和材料不全，这个方法一直没有推广开来。工艺的成熟说来也是一个偶然的机会。由于我接的项目需要作大量的实验，但万能板有一个致命的缺点——不具备可重复性。不管当时在万能板上焊接得多好、多精致，一旦要系统联调，连接起来就非常不方便。如果一部分出了问题，就必须重新焊接整块电路板，这是一件非常麻烦的事情。如果要重新做一套的话，更加麻烦。但是，自制 PCB 电路板就不一样，要重复起来就简单了。只要用 Altium Designer 把电路图画好，然后在热转印纸上把 PCB 图打印出来，经过热转印，印到覆铜板上，然后用三氯化铁腐蚀，腐蚀完之后拿电钻钻好孔，就可以直接焊接了。这样的话，很多模块就可以直接复制，到比赛时就可以直接使用了。于是我就不断练习自制 PCB 电路板，最终在那个暑假里熟练掌握了这项工艺。

而对于参赛前的元件清单分析可谓是"此中有真意"。

由于我们在 2008 年参加过"ZLG"杯山东省大学生电子设计大赛，对电子设计大赛有一定的经验，所以对元件清单特别重视。因为元件清单往往能够透露许多竞赛题目的重要信息。我们对 2009 年的元件清单进行了仔细的分析。

我们发现元件中有小型电动车、光电传感器和无线收发模块等熟悉的模块，所以我们猜测今年控制类的题目肯定与小车有关系，而且应该会用上无线收发模块。经过"ZLG"杯山东省大学生电子设计大赛（当时我们做的是"智能救援车"），我们对小车的控制已经驾轻就熟了，但是无线收发模块还没有用过。为了保险起见，我们在元件清单出来的当天晚上就准备好了无线模块，在比赛之前就已调试好。在赛题出来之前，我们做好了两个小车车体，把以前小车的题目都看了一遍，并且在正式竞赛之前，我们就已经把小车的循迹模块、避障模块、传感器模块和无线模块等做好了。

选择竞赛题目的时间真可谓是"子在川上曰：'逝者如斯夫！不舍昼夜。'"

因为全国大学生电子设计竞赛是命题竞赛，而且四天三夜的时间实际上非常紧张，需要分秒必争，所以选一个自己熟悉而且擅长的方向非常重要。2009 年全国电子设计大赛题目出来之后，我们经过仔细研究，发现只有一个与自己熟悉的小车有关的题目——"声音引导系统"。这个题目与以前的小车体不一样，小车的控制只是很小的一部分，主要是声音的检测和无线接收，我们经过再三考虑，最终选择了这个题目。

竞赛的过程，那四天三夜的战斗真可谓是"衣带渐宽终不悔，为伊消得人憔悴"。

全国大学生电子设计竞赛不仅是个脑力活,还是个体力活。因为时间很紧张,大家在四天三夜中基本都没有合眼。说句实话,竞赛的过程是很辛苦的。开题是早上八点钟,我们大概用了两个小时选好了题目,接下来便是四天三夜的鏖战。其实,整个"声音引导系统"只有声音接收模块这一个瓶颈。开题那天上午,我们就开始研究声音的发射和接收的问题。一开始准备用扬声器发声,用驻极体话筒进行接收,经过滤波、放大后,使用单片机进行处理,但是滤波效果总是不明显。我们原计划用无源滤波,在实验台上搭了一个电路但是效果不好,所以就放弃了这种方案。之后我们又尝试有源滤波,还是效果不佳,于是就放弃了滤波这种方案。

熬了两天两夜,尝试了各种各样的方法,一直都没有找到合适的解决方法。到了第三天,我忙得实在是焦头烂额了,想来想去都没有什么好办法。迫于无奈,只好再试了一次无源滤波,经过测试,居然是好用的! 真是"众里寻他千百度,蓦然回首,那人却在灯火阑珊处"。

作为07级的学生,我们大一下学期就在学长的指导下开始接触到这方面的知识。从2008年哈尔滨工业大学(威海)校园电子设计竞赛的校二等奖,到同年"ZLG"杯山东省电子设计竞赛的省二等奖;从2009年"飞思卡尔"杯全国大学生智能车竞赛的成功参赛到同年"NEC"杯全国大学生电子设计竞赛全国二等奖,再到"天华杯"全国电子专业人才设计与技能大赛全国二等奖,我们获益良多。

刘裕良荣获"天华杯"电子专业人才设计与技能大赛全国二等奖

"纸上得来终觉浅,绝知此事要躬行",只有将理论和实践结合起来,才能更好地掌握所学到的知识。在这个过程中,我们收获的不仅仅是知识,更重要的是沉甸甸的友谊。等我老去时,我仍能够记得,那些年我们一起参加过的比赛,那些年一起奋斗的战友。

莫听穿林打叶声　何妨吟啸且徐行

大学的时光如白驹过隙,转眼间我们都已经毕业了。魏强被保送到哈工大航天学院攻读研究生,黄之燊到香港大学深造,而我也来到中国科学院开始了五年的深造旅程。我现在的生活很简单,每天在宿舍、教室、实验室和食堂这几个地方轮流转。身边的同学和师兄师姐都非常优秀,我认定,自己必须付出踏踏实实的努力。

网上流传着一句话:"总有人在你切一盘水果时秒杀一道数学题;总有人在你调整愤怒的小鸟弹射角度时记住一个单词;总有人在你打一盘 Dota 的时间内看完一章教材;总有人在你与他人闲聊时听一段 VOA;总有人在你熟睡时回想一天的得失;总有人比你努力,可怕的是比你优秀的人比你还努力。"

刚到中科院时,我也有这种感觉:身边的同学、师兄师姐和老师都在非常努力地学习和工作着。而我呢?上午八点半到实验室打开电脑:QQ、邮箱、人人网、凤凰网……不知道自己该干什么,中午回去一觉睡到两点。睡醒后,慢吞吞地来到实验室,已经是两点半了,继续重复:QQ、邮箱、人人网、凤凰网……明明感觉有很多事情要做,却不知从何处下手。眼看着身边的师兄师姐在做项目、看论文、写代码和讨论课题,我既插不上嘴,也帮不上手。这种迷茫的感觉是非常可怕的,我就在这种浑浑噩噩的状态中过了大半个学期。这与刚刚进入大学的感觉非常类似:想做点什么事,却又不知道该做什么事。就像李白在诗里写的一样:"停杯投箸不能食,拔剑四顾心茫然""大道如青天,独我不得出"。

有一天,我翻开大一的日记,突然间想明白了,四年前的我和现在的心境是如此的相似。当时日记本里记着俞敏洪演讲中的一段话:"目标与能力成正比,我这辈子从来没有想过要上北京大学,只是因为高考分数出来,我发现我的分数已经超过了北大分数线。"这个例子告诉大家:其实我们不必多想能达到什么样的高度,只要每天努力进步一点,到某一天,也许你就到了那个点了。本来这个目标离你如此遥远,就像你看到另外一个人站在很高的山顶,那种高度对你来说似乎遥不可及,你不需要想自己怎样才能爬到那种高度,只需要低着头努力坚持,不久后你就会发现,你已经与那个人站在同样的高度了。所以,我只需要奔着"今天比昨天好"的状态,一点点去努力就行了,至于以后能够达到一个什么高度,那是以后的事情。

于是,躁动不安的心又静了下来,生活开始变得有规律,有滋味。到实验室之后打开电脑,看看论文,学习工程软件,闲着的时候看看书,练练书法,把心静下来。我发现之前有很大一部分的时间都在上网"闲逛"的时候浪费掉了。"悟已往之不谏,知来者之可追;实迷途其未远,觉今是而昨非",每天都让自己进步一点点,这就够了。我现在已经开始做项目,虽然还是觉得自己什么都不懂,但我不再焦虑。我相信,只要我每天能够往前走一步,就一定能够达到我的目标!"长风破浪会有时,直挂云帆济沧海"!

最后,对于与我当初有同样困惑的学弟学妹们说几句话:

看到自己的同学或者其他人干得风生水起,你往往就有些不安定了。就像长跑比赛:一开始大家都疯狂跑出去,就你一个人慢吞吞的,就算你不想拿名次心里也会觉得别扭。但如果总是被外界环境或者别人的意识所左右的话,你会疲于奔命的。如果你想好了你想要的,就要心定,安心做好自己身边的事情,慢一点也没关系,你的目标终有一天会达到。

莫听穿林打叶声,何妨吟啸且徐行。竹杖芒鞋轻胜马,谁怕?一蓑烟雨任平生。

料峭春风吹酒醒,微冷,山头斜照却相迎。回首向来萧瑟处,归去!也无风雨也无晴。

九百多年前,豁达的东坡居士在沙湖道上碰上了下雨天,同行者都因为没有带伞而狼狈不堪,他却不这么认为。过了一会儿,雨过天晴,他有感而发,写下了这首《定风波》。细细品味,这不正是我们该拥有的心境么?前方的路还很长,还有很多坎坷与困难,要勇敢地去面对,"莫听穿林打叶声,何妨吟啸且徐行"。

刘裕良简介

1989年出生于湖南省浏阳市,中共党员。

2007~2011年就读于哈尔滨工业大学(威海)自动化专业。

2011年9月,进入中国科学院自动化研究所硕博连读。

在校期间曾获得2008年"ZLG"杯大学生电子设计竞赛山东省二等奖,2009年全国大学生电子设计竞赛全国二等奖,2009年"天华杯"全国电子专业人才设计与技能大赛全国二等奖,2010年"飞思卡尔"杯全国大学生智能汽车竞赛华北赛区三等奖。此外,还曾获哈尔滨工业大学"三好学生""优秀团员""十佳团支部书记"等称号;获得2008~2009年度国家奖学金、2010年马祖光奖学金、2010年度哈尔滨工业大学创新奖学金。

为理想而战

艾 兵

第十届十佳大学生

很多时候，我们总会为一个期望努力着，坚持着。但当我们的付出得到那些我们在乎的人的认可时，结果就不那么重要了。他们是我在乎的人，是陪我度过大学四年的人，是可以陪我走完一生的人。有了他们的支持与鼓励，我相信自己可以走得更远，走得更坚定。

第四篇　与你们一起度过的青春岁月

生命在不断的忘记与铭记中反复,光阴不复在,生活的点点滴滴在我们成长中融入岁月的洪流。光阴荏苒,再回首,毕业已是近在咫尺。重拾昔日青春岁月里那份成长的温存,一幕幕印记在心。依然记得刚刚踏入大学时,我面对姐姐离去的背影流下的泪水;军训中,未能获得优秀学员时的愤愤不平;想家时,独自到沙滩看看大海,欣赏落日……这一切,宛如昨天,但我却不得不面对即将毕业的事实。

2012年,我很荣幸被评为第十届十佳大学生,并且能够在离去之际,留下自己的大学印记。

迎难而上　学会坚强

到哈工大(威海)报到是我第一次出远门,虽有姐姐一家的陪同,但我在激动之余仍带着一丝恐惧。看见身边走过一个个面带自信笑容的同学,我内心有种说不出的恐惧,以至于后来送姐姐走时,我忍不住流下了眼泪。万事开头难,大学一开始,我就遭受了一系列的打击:军训时未能被评为"优秀学员",竞选班委失败,竞选基础学部学生会失败……现在回忆起来,那时也许是我大学的最低点了。

记得那段时间,我总是浑浑噩噩的,明显找不到学习的状态,因此我常常独自到海边散步,与高中同学聊聊天。直到我得知自己英语分班考试没能考好,被分到了B班,我突然意识到自己不能就这样消沉下去。我不能放弃,那样对不起自己,更对不起含辛茹苦养育我的父母。"当你处于生活的低谷时,勇敢地走下去,因为无论你怎么走,都是在向上"。那天我在海边坐了一下午,面对着波光粼粼的大海,我决定要好好努力,用成绩来证明自己。

因为自己既不是班委,也不是学生会的干事,所以空闲时间挺多。从那天起,没有课时我就主动上自习,班里上自习的人不多,我没有找到同伴。依然记得找遍了两层教学楼都没有发现空闲的自习室时,那种无比纠结的心情,既觉得找了两层都没有找到自习室,那就回去吧,又想继续坚持一下,再找找。最后,我也逐渐习惯了这种情况,总能耐心地找个自习室,坐到教室的中后排靠窗户的位置安静学习。而每到周末,我就会泡在图书馆,阅读各类书籍,有电子设计、家居设计和人物传记等。生活有些平淡,平淡得有些单调。

功夫不负有心人,经过自己的努力,B班的我在英语考试中获得了班级最高分,赢得了老师的称赞,而所有课程的平均学分绩也排在专业第二名。第二学期,班委换届,我成功当选为团支部书记,并且顺利进入电气学会和书法协会,开始了对社团大家庭生活的体验。从那时起,我觉得我的大学舞台刚刚开幕,生活变得丰富多彩,也开始忙碌起来,我的自信也逐渐找回。

与此同时,我的理想也逐渐清晰起来。

志存高远　为爱前行

相信每一个走入大学的学子都拥有一个理想,刚刚进入大学,我们都会满怀斗志,想要在大学大展身手。由于眼界不开阔,我刚入大学时的理想很模糊。

我来自于一个农村家庭,生活不很贫穷但也不富裕,父母都是面朝黄土背朝天的农民,姐姐也是读完初中就去工作了,而我的理想便与我的生活环境有关:我希望通过自己的努力,使周围的亲人、朋友的生活有所改变。忘不了每次假期结束,回学校时,母亲执意要送我去车站,然后站在路边目送远去的汽车;忘不了一向沉默寡言的父亲对我说,在外边好好吃饭,别舍不得花钱,只要有能力继续读,他和母亲都会支持我;忘不了已为人母的姐姐依然经常给我打电话,关心我生活学习的种种……每当回想起这一幅幅画面,我总感觉内心充满了斗志。身边的亲人给了我无私的爱,让我可以坐在大学教室中学习,可以在图书馆里遨游书海,可以在操场上挥洒汗水,而我能做的就是用优异的成绩回报他们。

记得在大二那年,因为自己参加的活动比较多,学业也比较重,给家里打电话的次数就少了。每当我两周多才给父母打一次电话时,母亲只是开玩笑地说:"我还以为你忘记爸妈了呢。"然后就是让我多多休息,好好吃饭。我的心中总是感到一阵阵的温暖。一次,母亲在干活时不小心被东西砸到头部,缝了几针,轻微脑震荡。为了不让我分心,她让父亲和姐姐瞒着我。直到一个多月后,在与姐姐的一次聊天中,姐姐不小心说漏了嘴,我才得知这个消息。当我追问母亲时,她却说,只是小伤,休息了几天就好了。我何尝不知道,她是为了不让我担心才不告诉我……

每年春节,我们都会去亲友家串门,每次听到别人夸我时,父母脸上都会露出自豪的笑容。有时候与母亲闲聊,她说:"你爸爸现在整天都乐滋滋的,虽然快60岁了,干活还是很有劲头,就是因为看你有出息,他觉得自豪。"因此,我在学校参加比赛或者评选时,一有结果,立即告诉父母。记得被评为第十届十佳大学生之后,我打电话告诉了母亲,虽然只有小学文化的她不知道"十佳大学生"是什么概念,但她说了这样一句话:"爸妈知道儿子很有出息,一直都挺努力的。"我的眼眶湿润了,并且决心一定要通过自己的努力,让家人过上更好的生活。一直以来,正是父母对我的爱成为了我为理想而奋斗的不竭动力。

随着对学校和专业了解的深入,我参加了中国探月工程实施方案编制专家组成员乔晓林教授的讲座,他的事迹让我觉得航天事业并不是那么遥不可及,通过自己的努力,我也可以为之添砖加瓦;而第九届十佳大学生、与我同一专业的学姐武克斌,出身贫寒却不坠青云之志,立志要做雷达科学家的事迹也感动了我,让我的理想从模糊变得更加明确——努力成为一名航天工程师,为祖国的航天事业贡献自己的力量,让更多的中国人过上好生活。

理想的实现离不开脚踏实地的努力,离不开一个个阶段的成长。一开始,我的阶段目标是学有所成,丰富自己的简历。这一阶段目标的设定离不开第一次老乡见面会上学长学姐们的谆谆教诲。大一军训结束后的一天晚上,我参加了泰安市两区的老乡会。学长学姐们作完自我介绍完后又介绍了自己的大学生活以及给我们的建议,其中一名大四学长的话让我受益匪浅:"我们每个人的努力,说大了是为了国家的振兴,说小了是为了自己的生活。大学,我们可以浑浑噩噩地混过四年,也可以享受努力奋斗的四年,在毕业时,拿出一份丰富的简历。"从那时起,我给自己定的目标就是努力学习、凭实力赢取一些奖项。

随着阅历与眼界的开阔,我认识了我校第八届十佳大学生——刘裕良学长,他丰富多彩的竞赛经历和在毛笔书法方面的造诣让我佩服不已,我大学阶段的目标也发生了些许改变。我想要的生活不再是单调的学习,我想得到更多的锻炼,让自己的生活丰富起来。我希望自己垂暮之年回忆起大学时光,不是单调的黑白片,而是多彩的画轴。之后,我的身影不仅出现在安静的自习室与图书馆,也出现于实验室、领奖台、操场、步行街和书法室……

勤奋进取　学以致用

立身百行,学业为基。进入大学后,老乡们的谆谆教诲让我明白了学习的重要性,而且我也时刻牢记自己肩上担负的父母的期望,好好珍惜学习机会。大一时自己参与的活动比较少,因此学习时间很充裕,总感觉那段时间是无忧无虑的,学习累了就去图书馆看看闲书或者到球场打打球,日子过得倒也自在。大二后,我进入了电气学会、书法协会两个温暖的家,事情也变得多了起来。

作为电气学会的会长,我有很多活动要组织,有时候忙起来就会完全打乱生活规律。但越是在紧张忙碌中,我越是可以静下心来学习。因为事情比较琐碎,我经常丢三落四,为了改正这个毛病,我养成了在每天早上制订好一天计划的习惯。现在,再重

百舸争流
——哈尔滨工业大学(威海)十佳大学生成长心语

新翻开自己那时的计划,往日忙碌却有规律的情景又在眼前浮现。在那个小册子里,记下了自己的复习计划、活动计划,甚至包括了自己什么时间晒被子,给家里打电话。

天道酬勤,付出总有收获。经过不断努力,我在学业和活动方面都获得了很好的成绩。那时候是忙碌并快乐着,虽然有时会因为讨论活动安排把午饭时间拖到下两点;虽然有时候在D楼实验室一呆就是一天,直到晚上口干舌燥地回到宿舍倒头大睡;虽然有时候备战考试,晚上复习到一点钟……但是,我从来没有抱怨过,因为我知道,这一切付出都值得,而父母、前辈们的肯定便是最大的奖励。

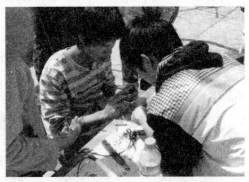

艾兵为同学们义务维修电子产品

四年来,经过不断努力,我在学习方面硕果累累,总共获得一次马祖光奖学金、两次国家奖学金、三次一等奖学金、一次社会工作奖学金,最终顺利保送哈工大本部读研。纸上得来终觉浅,绝知此事要躬行。学业上,我给自己的要求并不仅仅局限于科目上得到较高的成绩,动手能力与学以致用也是我所追求的,因此各类学术竞赛与科研项目成为了我的另一舞台。而这一舞台,让我得以展示自己的风采。

我先后参加了"挑战杯"创业计划大赛、山东省电子设计大赛、山东省大学生机电产品创新设计竞赛、山东省大学生数学建模竞赛和全国大学生节能减排社会实践与创新大赛等五个省级、国家级的竞赛。忘不了三天四夜只休息十个小时的日子;忘不了大家一起讨论作品方案一直到凌晨的日子;忘不了比赛结束后,一起举杯庆祝的日子;忘不了大家一起站在领奖台上开心大笑的日子……

因为比赛,我结识了很多志同道合的朋友。在比赛中,我们的友谊得到升华,能力得到提高,配合变得默契。现在,他们中的许多人将继续深造,有些将参加工作。虽然都已成为了彼此生命中的过客,但我们的情谊还在,我们还是会联系,谈谈生活、聊聊未来。他们经常给我一些指导,传授一些经验,我从他们身上学到了技能与经验,与他们一起的日子也成为我大学生活中不可磨灭的记忆。

经过团队的努力,我们硕果累累,获得了国家三等奖一项、山东省一等奖三项、山东省三等奖一项,同时还有一些校级的奖项。对我来说,这些奖项只是我们努力拼搏的见证,我收获的不仅仅是一张张盖有中华人民共和国教育部、山东省教育厅等印章的证书,而是沉甸甸的成长。

第四篇　与你们一起度过的青春岁月

竞赛之余，我也积极投入到科研项目中，与企业合作，在学以致用的同时赚取生活费，减轻父母的负担。几年来，我通过项目共获取七千余元的研发资金。大二下学期，因为有了一些比赛经验，又恰逢学校鼓励支持学生科技立项，我便带队申请了学校的科技立项，项目名称为"基于 GSM 技术的智能家居监管系统"。当时，另外两个队友比较忙，整个项目只能由我一个人承担下来，从项目立题到软硬件的实现，我遇到了很多困难，但也按时完成了设计，顺利通过了结题答辩。在此，我非常感谢学校给予学生一个科技创新实践的天地，让我们得以在这个舞台上展示自己。

凭借自己在比赛与项目研发过程中的积累，我顺利拿到了威海市鹿洲电动汽车公司的电子差速计项目。依然记得大二暑假，我们与鹿洲公司的路经理定好了项目洽谈的时间，但那天却下起了大暴雨。为了遵守承诺，我们决定冒雨赶往该公司。记忆里，那是 2010 年夏天最大的一场雨，因为学校附近地势较低，积水都到了膝盖。我们走到哈工大站点时才发现，因为该站点积水过多，公交车选择了绕行。于是我们决定到前一站去坐车，一路上依旧是积水过膝，而且看上去无比肮脏。当我们踏上公交时，鞋子里灌满了水，衣服也都湿透了。

到了公司时，我们的衣服已经干了，但脚却被水泡得发胀。路经理见到我们后非常惊讶，赶忙让人给我们倒热水。经过几个小时的讨论，我们确定了项目的参数要求以及应用背景，最后，我拿到了人生中的第一份合同。利用暑假半个多月的时间，我们成功完成了项目的设计；到项目调试时，我们多次坐两个多小时的公交车到公司厂房，与工人师傅一起讨论、修改；完成项目验收时，我们脸上露出了会心的微笑。只要努力，就一定有收获。

一回生二回熟，大三暑假时，我从刘裕良学长那里接到一个宠物饲养箱控制器的项目，而这一项目从硬件设计到软件编程都是由我独立完成的。我每天早上七点到实验室，打开电脑就开始了一天的调试，每天晚上十点半才从实验室拖着疲惫的身子回寝室，完成项目后又顶着烈日抱着成果到公司调试、验收……功夫不负有心人，我只用了半个多月的时间就完成了项目的调试，而现在，该设备经过威海华晨电子科技有限公司包装后，出口到了澳大利亚。

随着知识和经验的不断积累，我的研发能力有了进一步的提高。通过项目，我有幸结识了许多公司的经理，在与他们的交流中，我收获了很多书本上难以得到的经验与知识。他们有些对我的人生规划作了指导，有些给我处世态度的建议。有时候，很庆幸自己可以早点接触社会上的人，这让我的大学又增添了丰富多彩的一面。

多彩生活　友谊至上

大学四年，我不仅收获了成绩与知识，也有了能力的提高。但我更庆幸的是拥有很多朋友。大二后，我在电气学会、书法协会里认识了很多优秀的学长学姐。虽然社团的事情会使自己很忙碌，但我觉得这一切都值得，我始终怀着一颗感恩的心来对待社团，因为社团给了我家一般的温暖，我今天获得的一切都离不开社团中朋友们无私的帮助与鼓励，刘裕良学长与郭婉婉学姐在大学初始对我的帮助是任何人都无法比拟的，而后来结识的朋友则为我加油、鼓劲，一路陪我走过了大学美好的四年时光。

大四上学期，当得知自己获得保送资格后，我想选择外推到中科院自动化研究所。由于本部的一名07级学生失信于自动化研究所，自动化所决定不接受哈工大08级学生。得知我想去自动化所的消息，刘裕良学长跑前跑后，帮我询问招生信息，最后为哈工大（威海）的学生争取到了参加复试的机会。去北京复试的那几天，刘裕良、王高波学长热情地接待了我，复试期间为我加油，复试后带我散心。虽然第一次到北京，但因为他们的存在，我丝毫没有感觉不适。

后来，我没有拿到外推名额，只能到本部读研。去哈尔滨之前，社团的几个学弟一起送我，为我加油。到本部时，我又一次被社团的朋友们感动。刚到哈尔滨时，孙老师就发来短信询问住宿情况，并让我到他的实验室准备复试；复试前，胡月学姐鼓励我，为我增添信心；复试结束后，学长学姐们为我送行……这一份份感动一直伴随我左右，让我觉得，有社团兄弟姐妹在的地方，都是家！

在第十届十佳大学生评选活动中，当我在人人网上看到大家分分发状态为我加油鼓劲时，我心中有难以言喻的感激。那天，我在微博中写下这样一句话："很多时候，我们总会为一个期望努力着，坚持着。但当我们的付出得到那些我们在乎的人的认可时，结果就不那么重要了。"他们是我在乎的人，是陪我度过大学四年的人，是可以陪我走完一生的人！有了他们的支持与鼓励，我相信自己可以走得更远，走得更坚定。

最后，我想借此机会，感谢学校领导和老师们的培养，感谢一路陪我走来的亲人和朋友们。在这里，我也想对他们说："谢谢你们给我一段充实温暖、丰富多彩的大学生活，有你们真好！"

艾兵简介

1990年出生于山东省泰安市大汶口镇南西遥村,中共党员。

2008~2012年就读于哈工大(威海)信息与电气工程学院电子信息工程系。

2012年于哈尔滨工业大学电信学院电子工程系攻读研究生。

在校期间曾获山东省优秀毕业生、哈工大优秀共产党员、哈工大三好学生、哈工大优秀团员、哈工大(威海)十佳社团负责人、社会实践先进个人等荣誉称号。本科阶段完成电动汽车差速计、宠物箱饲养控制器等多项校企合作项目。荣获全国大学生节能减排社会实践与创新大赛国家三等奖、"挑战杯"创业计划大赛山东省一等奖、山东省电子设计大赛山东省一等奖、山东省大学生机电产品创新设计竞赛山东省三等奖、山东省大学生数学建模竞赛山东省一等奖等五项省级、国家级奖励。曾获马祖光奖学金一次、国家奖学金两次、一等奖学金三次、社会工作优秀奖学金一次。

第五篇

奋斗的人生最美丽

　　人生需要奋斗,成功的人生更需要奋斗,而奋斗正是一种生活态度。有这样一群青年,他们有着自己的梦想与激情,他们用奋斗之火点燃青春,展开高飞的翅膀,去追求美好的未来。经历丰富、锲而不舍的王婷,让青春飞扬在奋斗的审计事业中;平凡而幸运的岳金星,用自己的奋斗诠释了"幸运"的含义;活跃在校园各个舞台却保持学习成绩专业第一的宋琪珍细数了她成长中的"那些花儿";不断尝试和挑战的赵亮整装前行,在奋斗前行的道路上从不迷失方向;自信、坚毅、乐观的柳东威分享了他始终持有的人生信条;被同学们视为女强人的吕琪,在别人羡慕的眼光中不断努力付出;初入大学青涩懵懂的周海燕,用顽强的意志迎接困境,而她要做的,就是不断把一只脚放在另一只脚的前面;在惶恐不安中开始自己大学生活的高玉乾,用奋斗将自己变得自信乐观;脚踏实地、坚忍不拔的齐为川,在学业上不甘落后,在工作中敢为人先,在科研上勇攀高峰。

　　一路上,他们在"马不停蹄"地奔跑着。他们因追求而美丽,他们因奋斗而释放了青春的活力。他们在奋斗的路上学会了珍惜,学会了把握机遇,学会了生活,学会了拥有现在。奋斗并非一定要我们去做惊天动地的大事,而是要抓住生命的每一刻,去做有益于自己和他人的每一件事。只要奋斗,我们的人生就会是最美丽的。

第五篇　奋斗的人生最美丽

昨天　今天　明天

王　婷

第一届十佳大学生

郎布里基说:"两人从一张窗子望去,一人看到的是繁星闪闪,另一个眼里满是污泥沉沉。"其实,过去不是乐园,未来也不是天堂,现实更非想象中一般黯淡。回忆总归是美好的。回首昨天,正视今天,才更有信心和勇气奔向下一个明天。

百舸争流
哈尔滨工业大学(威海)十佳大学生成长心语

2003年,我很荣幸地成为哈尔滨工业大学(威海)第一届"十佳大学生"。十年来,我从一个前途未卜的大三学生,成长为一名国家公务员。期间经历了考研、求职和下派锻炼的艰辛,也经历了成长路上过关斩将的喜悦。

回首成长历程,不知该从何处下笔。眼前首先浮现的是2000年的9月,我背着大包小包到哈尔滨工业大学威海分校报到时的场景:走过搭着脚手架的校园正门,穿过半人多高的草丛,看到偌大的校园里伫立着为数不多的几栋教学楼,并且感受到一起前来报到的同学们的言语和神情中掩饰不住的失望,我的心情也有些低落。而在2004年7月,当我们即将离开时,母校的基础设施建设日臻完善,美丽的校园成了威海市有名的景点之一,校名也变成了哈尔滨工业大学(威海)。

十年前,我幸运地赶上了母校快速发展的黄金时期,借助母校为我们搭建的平台来追逐自己的理想。用当时的一句极为时髦的话来形容,那便是:"今天我以哈工大(威海)为荣,明天哈工大(威海)以我为荣!"

走进大学　明确自我定位

大多数高中老师在给埋头苦读的高三孩子们加油鼓劲时,通常会说:"现在苦点累点没关系,考上大学就好了!"仿佛考上大学后,苦行僧般的求学生活就画上了句号,丰富多彩的大学生活会张开温暖的怀抱迎接一个个从高考的魔爪中成功挣脱的胜利者。这句话的出发点当然是为了鼓励高三的学生努力学习考个好大学,却也着实"误导"了不少成功踏入象牙塔的年轻人,比如我。

初入大学校园的我,被丰富多彩的校园活动和活跃的学生组织深深地吸引了。虽然那时候学校的条件比较艰苦,但是我仍然凭借着高中时代压抑已久的活力和极大的热情,参加了各种体育比赛、文艺演出等丰富多彩的活动。在这些活动中,我收获了一次次成功的喜悦和失败的苦涩,结识了一个个值得深交的朋友,积累了一笔笔宝贵的青春财富。

记得当时为了筹措健美操团体赛的服装费,我和伙伴们跑遍了威海繁华地带的大街小巷,对一家家店铺展开了"拉网式搜索"。为寻求赞助,我们不放弃任何一个可能的机会,最终成功地拉到了全系历史上的第一笔赞助费;为了打造一期令大家满意的节目,我和搭档们天天泡在广播站的录音室里,找素材、写台词、扒带子,录到所有人都点头称赞为止,成就了一届"最佳播音组"。为了在毕业晚会中的演出,大一的我们一

边通宵达旦地准备期末考试,一边见缝插针地排练节目。现在回想起来,台前台后的情景依然历历在目,也许青涩,甚至笨拙,但却回味无穷。要说遗憾,那就是第一学年结束后,我并未拿到令人满意的成绩,而只得到了勉强称得上"fair"的分数和排名。这使我下定决心:一定要赶上来。

大二,是我埋头苦读的一年。放弃了大部分的校园活动,终日往返于教室、图书馆、实验室和寝室之间,少了几分浮躁,多了几分收获——成绩稳步提升并拿到了奖学金,参加各种竞赛并屡屡获奖。转眼升入大三,担任系学生会主席的我也在专业学习和校园活动中找到了平衡点,更加游刃有余地协调自己的时间:在学习方面,更有效率地利用课堂和自习时间,课前预习,课后消化;在活动方面,把一些工作放手交给别的同学去做,并根据自己的经验给师弟师妹们充分的帮助和指导。

突降意外　改变人生轨迹

威海的天空很蓝,空气很新鲜,可是一场突如其来的车祸,使我很长一段时间无心享受这自然的恩赐,也在某种程度上改变了我的人生轨迹。

记得那是一个星光依稀的夜晚,二十岁的我搭乘的小公交车与迎面而来的大卡车发生了碰撞,我的脸重重地撞到了前排的扶手上,血流不止。我被送往四零四医院后,不仅面部缝了八针,而且腿和鼻梁骨也有不同程度的撞伤,需要继续治疗。从医院出来,我拖着疲惫的身躯返回四公寓,在路过食堂楼下的宣传栏时,我借着微弱的灯光看到一张新的布告——"CCTV 杯全国大学生英语演讲比赛"选拔通知。

那时的我,心情糟到了极点,对于受伤后可能在脸上留下的伤疤充满了恐惧,迫切地想找到一个排解的渠道和用功的方向。就这样,我报名参加了比赛,找到了上届比赛选手的录音带仔细地揣摩,一边养伤一边认真地写稿准备,最终顺利地通过了校内的选拔赛和山东省的预赛,以非专业组第一名的成绩成功晋级,并在外语学院曹菁老师的带领下来到了北京。对我来讲,这是一段难以忘却的记忆,这座城市的厚重底蕴、众多高校的学术气氛和校园文化像一块磁石吸引着我。在这里,我暗暗下定决心,一定要考上北京的高校,继续深造。

积极主动　付出百倍努力

母校带给了我很多锻炼,培养了我的自信心和执行力,也鼓励我追逐自己的理想。那时,考研的氛围很浓,班级里几乎每一位同学都在为考研作准备,我也沉醉其中,被大家推着、赶着,一步步向目标迈进。以前有位师姐说:"考研的路很漫长,中间总有点沟沟坎坎,咬着牙,迈过去了,也就成了。"这个"坎"出现在考试前三周的某一天,我用一上午的时间做了一套数学模拟题,结果却无比糟糕。我默默地吃完了午饭,走出食堂,泪水顺着脸颊滑落了下来。旁边的师妹被吓坏了,忙问我怎么了,我呜咽着说可能考不上了。多日里辛苦备考的压力发泄了出来,我好像轻松了许多。

"作最坏的打算,付出最多的努力"。之后的每一天,这句话支撑我一路前行。这种心态伴随我参加了研究生考试,伴随我参加了在北京的面试,一直伴随我接到了中国人民大学环境学院的录取通知书。

说到面试的成功,一方面受益于良好的心态,另一方面也与我在考研前几个月就已经拜访过导师有一定关系。面试时导师对我有些隐约的印象,对我强烈的求学愿望有所了解。加之笔试时的分数比较高,所以我成功地拿到公费研究生的名额也在情理之中。当然,如果没有当面拜访导师的条件,发电子邮件也是不错的选择,总之,积极主动一点总是没有错的。

沉淀理性　孕育感性之花

母校的校园是宁静的,威海的夜是静谧的。初到人大,喧闹的校园让我一时无所适从,我睁大了眼睛打量周围的一切。在母校的四年虽然使我打下了较为扎实的专业功底,但是我很清楚自己的劣势,即理性有余,感性不足,人文素养不够。这对我将来从事非工程类的工作很不利,再就是与社会接触少,眼界不够开阔。于是,我迅速明确了自己在研究生阶段的目标:一是要沉淀理性,孕育感性之花,充分汲取人文养分以弥补自身的不足;二是要接触社会,为将来求职作准备。

在这两年的时间里,我选修和旁听了大量人文、经济类的课程,甚至是其他学院的专业课——社会学、外交学与人力资源管理等,其中有许多课程出自人大"四大名嘴"之口。我还参加了导师主持的多个大型研究课题和社会实践项目,在充实专业知识的同时增长了社会才干。以至于后来在我刚工作时,得到了这样的评价——不像刚毕业的大学生。

两年的研究生生活过得很快,研二开学伊始,一家家传闻中的"牛企"纷纷进驻校园,占领了BBS、宣传栏和毕业生们躁动不安的心。寒窗十八载,大多数人是第一次面对就业的门槛,想到自己的名字和这些平时只在报纸、电视和网络中看到、听到的著名企业联系在一起,又听到往届师兄师姐奋勇闯关的故事,着实给我增添了些许压力,但更多的是兴奋。紧接着,我开始游走于各大校园宣讲会之间,年轻的我们被老总和HR"忽悠"得激情澎湃,仿佛一只脚已经踏进了牛企的大门,摇身一变成了"白领"或

第五篇　奋斗的人生最美丽

"金领"……守在电脑旁等待着一个又一个企业开放网申入口，一遍又一遍地刷新各大 BBS 就业版块，兴奋很快变成了沉重的负担。毕业时粗略统计一下，每个人为不同企业准备的简历多达四五十份，更别提各种"损伤脑细胞"的开放性问题了……

很快，大家接到了一个个笔试通知，随后又是面试通知，于是开始奔波于各个考场之间。现在回想起来，虽然多数人在整个申请过程中多少都有些盲目，并未考虑过该企业是否适合自己，但是每个人都在这个过程中得到了 Offer 和锻炼。比如我，经历了多对一、一对多、多对多以及传统的一对一的面试，每参加一次面试，经验就长一分，自信心就增加一分，对自己的优势和劣势的了解也就增加一分。以至于后来参加国家公务员面试，独自坐在长条桌的一侧，面对着一屋子考官，不敢说游刃有余，但至少可以说一点也不紧张。

青春飞扬　注入审计事业

对于 2005 年，大概每个当时的人大在校生都能回忆起国家人事局和几个部委的领导来进行公务员招考宣讲的情景：教室内的座椅和过道中挤满了学生，教室外的走廊、教学楼外的马路上排队的有几百号人。组织者一声令下，一千多人又浩浩荡荡地移师世纪馆……人大学子素有报考公务员的传统，如果班上有人没报名，就会有人问："为什么不考啊？"我也是随大流报名参加考试，与一同参加的同学们互通信息，互相鼓劲，在作出就业选择的时候也审慎地咨询了师长与家人的意见，最终决定与我们班近半数的同学一起加入了报考公务员的队伍，并顺利"入伍"。

十五天的公务员初任培训是一次愉快的经历，我结识了许多有着相似背景、相同年纪的同事，很快成为了很好的朋友。以至于六年过去了，这份情谊还在延续着。

在踏入国家审计署大门之前，我对机关生活多少有些恐惧，社会上流传着各种关于公务员的传言，在刚毕业的我的心里留下了一些阴影。但身临其中，发现事实完全不像传言一般。领导们既严肃又亲切，对我这个新人给予了足够的关照和指导；同事们既和蔼又耐心，手把手地教我熟悉机关工作的一切。由于我不是审计专业出身，甚至没有学过财务会计，只能默默地遵循着"少说、多听"的新人法则，瞪大眼睛打量着周围的一切，在实践中摸索着学习。

刚报到时，正值处里有新项目启动，所有人忙碌到无暇顾及我这个新人，而我也迅速投入角色，拿出十二分的认真来对待领导交办的每一项任务。项目步入正轨，上级决定派我到一线审计组去学习。临走前领导找我谈话，说了很多勉励的话，有一句我至今印象深刻并铭记在心，她说："到地方、基层去，别人尊重你是因为你所处的位置，而不是因为你本身。"

　　只身来到了地处内蒙古草原的审计现场，特派办审计组的同事们对于我这个研究生刚毕业，却是来自上级机关的"领导"十分关照。而我也时刻记着领导的嘱托，虚心求教，处处留心。与审计署机关的办公室生活不同，特派办的同事们大多数时候都奋战在审计现场，经常要深入田间地头，与基层的老百姓打交道。在那里，我和同事一起，在零下十几度的低温下，在一间四面漏风的乡村教室里，借助蜡烛微弱的光线看清一张张沟壑密布的面孔，与这些地处偏远地区的农牧民大叔谈话。在那里，我见到了偏远地区农牧民的生存状态，了解了一线审计人员艰苦的工作环境，更对什么是审计有了感性的认识。

　　2008年，当许多人手握奥运门票奔赴北京的时候，我却暂时离开了这个我工作、生活并且深切热爱着的城市。根据人事部门的规定，像我这样从学校直接到机关工作、没有基层工作经验的公务员，需要到地方进行交流锻炼。就这样，我被组织安排到了国家审计署驻济南特派办事处，开始了为期一年的交流生活。

　　初到济南，我马上办理了一张当地的电话卡。一年之后才发现，我停留在济南的日子实在是屈指可数——这就是一个审计人员正常的工作状态。由于很多审计项目都在异地，出差成了家常便饭。还记得我参加的第一个审计项目，由于地点比较远，时间也有限，因此直到1个月的审计结束，我和审计组的领导同事才返回济南。这是我第一次长时间出差，像前辈们总结的一样，第一周没有什么感觉，第二周开始有点想家，第三周开始有些烦躁，第四周则是完全麻木……听前辈们说，曾经有人一年出差达到了三百天。当然这是少数情况，可是一年二百天的出差时间绝对不成问题。现在由于在项目安排上进行了调整，减少了异地审计的次数和时间，出差的时间也相应减少了。

　　一年的交流生活转瞬即逝，留给我了一笔巨大的精神和业务财富。在基层、在一线，我对审计工作的理解逐渐加深，对审计业务的掌握逐渐熟练，对审计事业的价值观逐渐认同，并慢慢开始熟悉和喜欢上这种生活。审计人的生活，很多人可能会觉得有点神秘，在这里我用我同事们的真实事例，让大家看一下青年审计干部的生活。他，身患糖尿病，需每日注射，每到一地的宾馆就四处寻找冰箱冷藏药品。她，撇下新生的孩儿，只能通过网络视频教自己的孩子喊"妈妈"。奉献、努力、艰苦工作这样的词语在他们的身上得到了印证。他们和她们日日夜夜奋战在审计现场，做的很多，得到很少……我在这样的环境里受到感染、受到教育，一点点成长、成熟，让我从初出茅庐的大学生成长为一名审计工作者；让我从片面理解审计工作到深爱上这份职业。正是这

第五篇　奋斗的人生最美丽

奉献的精神,努力的工作态度,让我深受感动,所以我决定让青春飞扬在审计事业中。

人们常常把过去回忆成乐园,把未来憧憬成天堂,把今天的现实视为黯淡的世界。郎布里基说:"两人从一张窗子望去,一人看到的是繁星闪闪,另一个眼里满是污泥沉沉。"其实,过去不是乐园,未来也不是天堂,现实更非想象中一般黯淡。认为繁星闪闪是孩童的幼稚,认为污泥沉沉是老朽的垂暮。回忆总归是美好的。回首昨天,正视今天,才更有信心和勇气奔向下一个明天。

2010年6月,王婷在广西桂林世界审计组织环境审计工作组第十二次大会上发言

王婷简介

1981年出生于山东省青岛市,中共党员。

2000~2004年就读于哈尔滨工业大学(威海)海洋资源与环境工程系环境工程专业。

2004~2006年于中国人民大学环境学院攻读环境经济学硕士研究生。

在校期间曾获"CCTV杯"全国大学生英语演讲比赛省赛区非专业组第一名、全国优胜奖,哈尔滨工业大学"优秀团员标兵"和"三好学生"称号,黑龙江省普通高等学校"优秀学生干部"称号,中国人民大学研究生学习优秀奖学金等。

2006年通过国家公务员考试进入国家审计署工作,2009年获审计署"五四"青年节英语演讲比赛第一名,2010年获审计署表彰。

幸运是什么

岳金星

第二届十佳大学生

　　真正的"幸运"是一种勇气，是一个人能够通过思考寻找到一条适合自己去走的路，并坚持走下去，哪怕只是比昨天的自己进步了一点点。这种勇气，才是促成人们不断前行和看到人生之路前方那团越来越明亮的火光的原动力！

第五篇　奋斗的人生最美丽

当一个人过着稀松平常的日子时，"幸运"二字似乎无足轻重。但是，当生活出现起落，尤其是留意到身边有人能心想事成，有人能呼风唤雨，有人却多不如意、苦寻无果的时候，我们就会发现，"幸运"与"不幸"成为了一个高频的解释，帮人们参透人生苦乐。

一路走来，从小学到中学，从高中到大学，我几乎没中过彩票，也没得到过自己奢望的结果，"幸运"二字似乎也无从谈起。直到获得"十佳大学生"以后，学校选派我与孙锦云将军、王建文副书记和杨东霞部长同行，为航天英雄杨利伟敬献由威海校区学子亲手制作的礼物，因为在名字里有"星"字，孙将军在火车上称我是"幸运之星"。这时候，我才突然发现，自己果然是"幸运"的。

一个原本平庸得不能再平庸的高中生考上了重点大学，得了不少奖学金，当了学生干部，也拿了不少奖状；保送上了公费的研究生，而且能够结识孙将军，并代表自己的母校给航天英雄献礼；研究生毕业，顺利回到威海校区工作，成为了一名大学老师，每天看见自己喜欢的学生；过去的一年半拿着欧盟和学校的资助，向自己研究领域里最顶尖的学者学习，作自己想作的研究。不得不说，真的是幸运！

可是难道生活的每一步都是由"幸运"决定的吗？前面提到过，我几乎没中过彩票；发票刮奖也多是无功而返；坐飞机，尤其是国际航班，经常因为各种诡异的理由而无法登机。这些时候，我总忍不住要问，我的"幸运"呢？

眼看自己从弱冠步入而立之年，"幸运"的踪迹似乎也有据可循了。粗略地看，有这两种"幸运"：一种是自己无法掌控的，既好像扔硬币，正面还是背面朝上，一次孤立的试验，无法断定会是什么结果，又好像"薛定谔的猫"，在实验人员的观察开始之前，总是不知道下一秒它是死是活；还有一种幸运是自己能够争取的，就像努力学习取得的好成绩，用心研究换来的论文发表一样。如果给这两种幸运分别取上名字，我将第一种幸运称做机会，第二种称为勤奋。我还发现，虽然两种幸运能够独立加以区分，但是其交互作用往往能够产生更深远的影响，用一句俗话就是：机会总给有准备的人。

第一种幸运：机会

小时候，因为家庭条件好，家里人就给我灌输"以后出国学习"这样的念头。可是等我念大学了，家里也已是"家徒四壁"了，留学变成了不可完成的使命。就在念研究生的第二年，我开始在哈工大总校的国际合作处实习，这份工作让我头一次知道了

百舸争流
——哈尔滨工业大学(威海)十佳大学生成长心语

"国家留学基金委",也渐渐了解到国家大力资助学生出国留学的信息。虽然我在最后毕业论文的撰写阶段,在发型上找到了些许爱因斯坦般蓬乱的感觉,幻想着自己的研究应该到世界最顶尖的学府继续,但是,在我还没真正了解国家公派留学这个机会的时候,我就毕业了。也许是一种补偿吧,有种言不可及的幸运,也就是机会,让我在美丽的威海遇到了我人生的另一半,并在哈尔滨开了花,在我回威海工作之后结了果。她的出现也让我更清楚地看到了第一种幸运的影响力。

她是威海校区管理学院一名普通的本科生。考研时,因为准备不充分,她选择了总校管理学院只有硕士点的公共管理专业。我遗憾不已,因为当时已经念了一年研究生的我,深知一个专业的博士点至少意味着硕士生的未来多了一种可能。结果,近乎奇迹的转变没有任何征兆地发生了。我爱人入学的第一年,她的专业便建起了博士点,她导师顺利晋升为博导,她们专业主办的学术刊物后来成了该领域国内最重要刊物之一,而她所在的公共管理系进入了哈工大"985工程"建设平台,并建成了一个国家级哲学社会科学创新基地。后来,我爱人考取了她导师的第一批博士。国家留学基金委对哈工大资助的力度是十分巨大的,这使得我爱人在念博士的第二年便得以顺利到荷兰代尔夫特工业大学进行联合培养博士的学习。再后来,哈工大研究生院敢为天下先,大胆推出了自己的公派博士生海外学习计划,我爱人得以继续在荷兰完成她的研究工作。所谓"人算不如天算",指的就是这种生活中难以提前揣测,但是总会不期而至的变化和机会吧。

第二种幸运:勤奋

荷兰时间夜间十一点半,我在撰写一份语言材料,要求是:"描述一下你周围的人。"我抬起头,看看坐在我对面的漂亮女博士,她正紧锁眉头,在键盘上"指"耕不辍,赶着一篇英文论文的进度。对于混学术圈的人来讲,发表论文最为关键,这篇文章已经是我爱人一年半以来的第三篇英文论文了。这一刻,我也终于知道了为什么有的人总能得到自己想要的东西。因为他们更勤奋,这就是第二种幸运。

再想想自己,以前所谓的幸运,不也都是自己对待学习不再懒惰的自然结果吗?

中考之前仗着自己以前成绩好,我轻飘飘地看足球,结果付出了支付上万择校费的惨痛代价。高中时的我,不知悔改,利用各种借口停止学习、打电脑游戏,成绩从最初的还不错,顺理成章地滑落到学年200名之外。母亲去开家长会,拿着学年前200名的排名榜,十分失落。这种心情,大概就与你投资了一支股票,可是眼看着这支股票的价格只跌不升时的心情相当吧。高考之前,浪子回头,我停止了一切娱乐活动。只

在一个失眠的夜晚,我又打开了电脑,玩起了熟悉的足球游戏,却无心恋战,不久便关了电脑,三更半夜又做起了数学卷子。大学时候,经历过"辉煌",但是回头看去,最骄傲的不是什么奖状和荣誉。而是那时,不管冷暖,一有时间总会去最安静的 A 楼自习的那份坚持(据说我常去的自习室出了三个"十佳大学生",一个后来去了清华,一个硕士毕业后去了一汽大众,另一个就在荷兰,写这篇小文)。

回头想想,勤奋也许真的会给自己创造更多的机会,而更多的机会也就意味着更有价值的人生。但是勤奋只是上自习,拼命地做数学题、背单词吗?什么样的勤奋才是最有价值的呢?在哈尔滨念研究生时的两个室友似乎给了我一些启示。

记得以前在威海校区读本科的时候,大家谈论最多的莫过于某某学习学到深夜,某某经常上自习,考试总得高分。我自己的本科生活几乎也是踏着这样的足迹走过的。但是在总校念研究生后一次偶然的换寝室让我知道,勤奋原来不仅是简单的上自习!

三个同学搬进新寝室,一个话不多但西北口音极重的老大哥作为"原住民"欢迎了我们。与"貌不惊人"这个词相反,他的相貌十分惊人,矮小的身材,圆咚咚的身体,柔弱的四肢,稀疏泛黄的头发,方圆的脑袋,白嫩的皮肤,扁平的鼻子,还有似乎总是聚焦在不属于这个三维空间的目光,这一切让我们觉得,他的生活似乎既沧桑,又滋润。我们都叫他张哥,后来才知道,这位大哥原来是一个军工厂的科研副厂长,晶体生长专家,兰州大学理论物理学本科毕业。当年他是甘肃高考的县状元,爱人是当年国民党将军的千金,而他现在是哈工大晶体方向的在职硕士生。

几天后,我们又见到了寝室里另一个硕士生。他一表人才,安静儒雅,偶尔会蹦出几句电影里引人发笑的经典台词。其实他刚出差回来,因为他是导师的得意门生,吉林丰满电站的项目主要由他来跑,我们都叫他凯凯。凯凯也是位大哥,当年是自己高中的高考状元,考进了哈工大材料学院,但是那个年头学材料就业一般,所以他动摇过,去电脑城卖过电脑。毕业后和身为校舞蹈队队长的女朋友分手,留在哈尔滨,后来进了一家做电力设备的小企业。但是凭借着一手 CAD 制图技术和成熟沉稳的处事方式,获得了总校一个年轻硕导的青睐,指引他再次回到了母校攻读硕士。

张哥和凯凯就像两本身边的教科书,时时刻刻带给我一些新认识。

先说张哥,他凭借着深厚的理论物理功底加上实际生产经验,在航天学院的实验室获得了极高的地位。他的导师是位很牛的博导,可是与他像哥们一样,而在实验室里,连博士生都称呼他这个硕士师弟"张老师"。当然,张哥其实也就是看着沧桑,年龄不过三十刚出头。在他矮小的身材和深邃的目光背后,似乎有着无穷的知识和能

百舸争流
——哈尔滨工业大学(威海)十佳大学生成长心语

量。而这知识和能量终于在我们即将毕业的时候爆发了。一家做晶体生长的创新企业，从法国进口了最新的生产设备。但是从北京请来的老专家明明不会用，却硬要假装会用，耽误了生产不说，省里乃至国家投的钱一点产出也没有。企业老板是哈工大校友，三顾茅庐之后，重金邀请张哥出马，帮助厂子进行技术攻关。张哥平时呆头呆脑，这时却异常冷静。他一边对企业老板不冷不热，一边与航天学院两个博士生组成了团队，最后谈成了项目总价高达 90 万！乖乖，一共就去一个月，居然要 90 万。张哥一句话点醒我们这些小毛孩："他们再不出成果企业就完了，而我们有技术，这是他们买不来的，要 500 万他们也得给。"

这个三人组，一个有理论和生产经验；一个是 C++编程高手，专做生产自动控制；另一个人比较老实，负责跑腿。中间过程中，企业以为生产问题已经解决，想要一脚踢开他们，他们不与企业发生正面冲突，直接回哈尔滨。一周之后，企业老总又来登门求见。原来编程高手在控制程序里做了手脚，他们一走，程序就自动停止了。企业老板手下没有人能解决，只好又回来求他们。看来光有钱没有用，21 世纪最缺的还是"人才"！那种有一技之长的人，才是财富能否发挥作用的关键。

再说说凯凯吧。凯凯项目做得出色，博士入学考试又取佳绩，得以师从"亚洲电动车之父"——哈工大陈清泉院士和另一名新晋博导，主攻无线能量传输，并且与材料学院一位女博士生结为连理，在哈尔滨过着幸福的生活。

在他们身上，我终于发现，勤奋造就人才，但是勤奋却远非我在 A 楼自习那么简单。有价值的勤奋是术业有专攻，有价值的勤奋是探索一个人自己兴趣和天赋的主动实践，用白话说，有价值的勤奋就是练就你的一技之长。如果一个人能把天赋以兴趣的形式加以放大，通过大学的刻苦学习或者实际科研活动的训练转化为一个人本身的价值，并且以此为事业，那么第二类幸运应该也会接踵而至了。你可能因为 MATLAB 编程了得，本科就进入国家课题的研究，走上科学之路；你可能因为学习成绩突出、语言和社交能力出众，成为外企的宠儿，跻身职业白领；你也可能手握一门核心技术，早早撑起属于自己的事业！

而且这第二类幸运从根本上讲，是专属个人的幸运，它是一个人唯一可以肆无忌惮地争取来然后成为属于自己的一份踏实。这份踏实不是金钱和权力能买到的，因为金钱和权力只能通过与他人的相对关系才能实现：大款比小老板钱多，抑或皇上能让所有人围着他转。没有了比较，金钱和权力都将不存在，只有通过勤奋提升的自己，才是属于自己的。"你看或者不看，它都在那里"，昨天的你将永远作为激励现在的你的标尺。

两种幸运的交互

说说我自己吧。完成了在哈尔滨的学业,我回到了威海,开始了全新的教师生涯。而看似告一段落的幸运,终于在机遇和勤奋中再次降临。

上班之后,我经常在想:"如何才能做一个好的大学老师?"我在经典的《大学》的英文译名里找到了答案:The Great Learning。大学者,大学问是也!如果没有在自己领域不断的研究作为支撑,就很难胜任大学老师这个职务。我也渐渐明白,为什么在哈尔滨总校,到处都是忙碌的教授和学生,忙着作实验、听报告、申请课题、投标项目和撰写可以被 SCI、EI 等数据库收录的英文论文;为什么在哈工大的科学园里,张贴的都是"我校自然科学基金、社科基金项目大幅增长""2011 年 SCI 检索论文数量全国第 8,EI 全国第 2"这样的海报。我也终于明白,为什么工大科学园里最显眼的不是那些现代风格的大楼,而是各个实验室里似乎永不熄灭的灯。

正是这些实实在在的创造,让我的母校能够骄傲地成为支撑国防、培养国家各领域顶尖人才的依托,成为中国最优秀的九校联盟的一员!而我今天所面对的这些学生,也是中国最优秀的一批学生,即使高考的时候他们不是,他们在毕业的时候也应该被培养成为中国最优秀的毕业生之一!"哈工大"是一个资源,但更应该是一种骄傲,一种让人勇敢向上的信心!

认识到了这些,我首先要把我所有的知识和感悟教给学生,才不枉为人师。其次,威海校区有那么好的电子期刊资源和图书资源,足以支撑我对"人脑如何处理语言"的研究。这既是我大学教师工作的一部分,也是我的兴趣所在,更是我能够不断供给学生新知识的保障。

三年时光一闪即逝,我的授课得到了学生和同行的认可,自己做一名语言科学家的梦想也有了一丝起色。2010 年春天,我先是收到了国际中文语言学年会暨北美语言学年会的邀请函,邀我向大会汇报我《关于汉语两种是非问句句法结构比较的研究》论文,而会议的地点就是学界圣地——美国哈佛大学。接着,我又获得了来自欧盟的全额奖学金,经学校、学院的派遣,于 2010 年 8 月开始了我在荷兰格罗宁根大学和德国波茨坦大学的访问学习,专攻语言的神经机制研究。

由于之前的理论语言学研究基础和自学脑生理学知识,第一学期,我便开始在荷兰失语症研究泰斗 Roelien Bastiaanse 教授的指导下,研究句法结构差异是否影响失语症病人话语产出这一课题。其间还在 Bol 博士的指导下开展用 CHILDES 数据库和检索软件 CLAN 开展儿童语言障碍的研究。

百舸争流
——哈尔滨工业大学(威海)十佳大学生成长心语

第二学期,我转战到德国波茨坦大学。在这里,我选修了用 R 语言编程研究神经语言学这门课。我这个当年二级 C 语言考试都没通过、大学时候因高等数学拖奖学金后腿、高考数学勉强及格的数学落后分子,居然在课堂里成为了学得最快的那伙人里的一个。一位俄罗斯同学居然私下跟我说,她猜我一定数学和计算机特别好,她都学过 R,似乎还没有我学的快。天啊,这可是我平生第一次被表扬数学和计算机好啊!在那一刻,我特别感激我曾经受到过的应试教育,活生生的逼着我这个没有一点天赋的平庸学生,多少对数学有了懵懂的认识,并且能够支撑我今天的研究工作。

在德国的另一大收获便是选修了麦克斯·普朗克人类认知与脑科学研究所(也就是鼎鼎大名的马普所)神经心理学学部主任,德国科学院院士,语言学博士 Anglea Friederici 教授主讲的《句子理解的神经机制》一课。她的巨大成功让我明白,科学家不看出身、不分文理,只要能够把一个问题不断研究下去,任何背景的人都能成为科学家,甚至是最顶尖的科学家。2011 年的夏天,我又幸运地进入了马普认知所实习,跟随 Thomas Gunter 博士集中学习如何测量分析脑电以及脑电电位变化背后对应的大脑认知活动的神经机制。

带着极大的满足感,我结束了在德国半年多的学习,回到了荷兰小城格罗宁根,在宁静的城市中,似乎有一种力量开始流淌,有一种信念变得更加坚定。

在格罗宁根,我回到了 Bastiaanse 教授的小组,开始一个新的研究计划:用脑电研究汉语是非问句究竟涉及什么样的认知加工。

前面提到了我爱人到荷兰学习,我们通过自己的努力创造了零成本在国外会师的小奇迹。每天做饭成了我很好的消遣,丰富的伙食引来无数羡慕。用邻居的话说,我们这种生活需要有两个条件:一是有心情,神仙眷侣,快乐生活;二是要有钱,两个人同时拿工资在国外学习研究,

岳金星(二排右一)和 Bastiaanse 教授的研究小组

虽然不算富裕,但衣食无忧,实属不易。但是,为了学业,我们也牺牲了太多,有朝一日,定要好好补回来,用一个欧陆十国游来弥补我和爱人来欧洲一年半也没有旅游过的遗憾。

就在收到学校邀请我写这篇经历的邀请函之后不久,"幸运"再次光顾我。基于

第五篇　奋斗的人生最美丽

在国内和荷兰的研究基础，我申报的教育部人文社会科学基金青年项目《认知神经科学视角下的汉语是非问句神经机制》获得了批准。这是我第一次申请基金，也是我第一个中标的基金。幸运！十年寒窗苦，终于一朝获得了他人的些许认可。感恩！威海、哈尔滨、荷兰、德国，四地求学，终于为母校作出了微薄的贡献。欣慰！

在此次获批的项目名单上，我意外地看到了一个熟悉的名字——与我一届的"十佳大学生"、计算机系的赵妍妍，依托单位也是哈尔滨工业大学。听说她在总校一直念到博士，想来应该也是博士毕业留校了。记得在去年国家自然科学基金获批项目名单上，我也看到过两个本科毕业于威海校区的老同学，他们代表哈工大获得了国家自然科学基金青年项目，一个是2000级材料系的徐杰师兄，另一位是与我同届的海洋学院的马万里。想来这两位也必定是成果卓著，留在哈尔滨总校当老师了。我和他们许久没有联系了，但是通过看基金大榜这种方式间接地交流，恐怕也只有我们本人能体会彼此的"幸运"了。

结　语

摸着自己由于久坐而水肿的肩周和腰椎，想着业已离开荷兰，正在国内熟睡的妻子，如果我们的经历能够说是某种"幸运"，那么只能说，"幸运"其实不是一个人想要什么就拥有什么的酣畅淋漓，这只是表象。真正的"幸运"是一种勇气，是一个人能够通过思考寻找到一条适合自己去走的路，并坚持走下去，哪怕只是比昨天的自己进步一点点。这种勇气，才是促成人们不断前行和看到人生之路前方那团越来越明亮的火光的原动力！而如果多数人都将那诱人的闪光叫做幸运，那只能说，幸运虽然珍贵，但是我们往往忽视了更加宝贵的东西——追求幸运的过程，这才是更值得我们细细品味的幸运之源。

这条路上有坎坷，它让我们不止一次跌倒、崴脚或头破血流；这条路上有死胡同，碰了一鼻子灰，还要一切从头再来；这条路上有感激，小到米线店老板娘的一个微笑，大到父母亲人的关爱，老师、同学、朋友和同事的雪中送炭；这条路上也有成功，友情、爱情、事业、学习、财富或者权利，哪怕拥有了一样也会倍感幸福。所以，就在别人根据你得到了什么评价你是不是幸运的时候，回头看一看自己走过的路，自己才会知道其实"幸运"一直伴随着我们。

我们有勇气一路走来，我们也有勇气继续走下去，去看明天的我们会拥有怎样的幸运！

岳金星简介

1982年出生于吉林省长春市,中共党员。

2001~2005年就读于哈尔滨工业大学(威海)外语系英语专业。

2005~2007年于哈尔滨工业大学外语系攻读应用语言学硕士研究生。

在校期间曾担任系学生会主席,01级系学生党支部书记,外语系研究生分会主席,05级研究生党支部书记。获得人民奖学金多次、光华奖学金一次、二等突出贡献奖学金一次,曾获黑龙江省"优秀毕业生"、哈尔滨工业大学"优秀毕业生"、山东省"优秀学生干部"、哈尔滨工业大学优秀毕业论文以及国防科工委"优秀毕业生"等荣誉。

2007~2010年于威海校区任教,主讲大学英语和英语专业语言学系列课程,并从事理论语言学和认知心理学的相关研究。

2010年,经学校派遣,在欧盟全额奖学金资助下,岳金星赴荷兰格罗宁根大学和德国波茨坦大学学习神经语言学,应用事件相关电位技术以及脑损伤语者研究汉语句子理解中的神经机制。

第五篇　奋斗的人生最美丽

那些花儿

宋琪珍

第三届十佳大学生

每一段成长经历都有些许光环的笼罩，但也必然要吃些苦，尝些痛，直至破茧成蝶的那一天。

我们身边并不缺少爱，只是缺少理解和感受。只要我们用心去感知，爱和温暖就在身边。

百舸争流
——哈尔滨工业大学（威海）十佳大学生成长心语

听闻母校"十佳大学生"评选即将迎来十周年，我的心情异常激动。作为第三届"十佳大学生"的一员，在感慨于时光飞逝的同时，我更感慨于岁月带给自己的成长和改变，岁月赋予自己的馥郁芳华。

回首过去的经历：本科四年、研究生两年、工作近四年。十年时间，四个城市，若干角色转换，一步步走来，有快乐，有苦涩，有过意气风发，也有迷茫困惑。所有的经历，无论成功或失败，都让自己人生的这座花园越来越丰富多彩。在我即将迎来人生的第10 000天之际，我怀着幸福的心情和一颗感恩的心，去细数让我成长的那些花儿。

那些可爱的人

每一段成长背后，一定都有一些陪伴我们成长的人。有些人陪我们一生，有些人陪我们一段。但无论时间长短，无论什么时候，我都会感谢成长的路上有他们陪伴。

初入大学，我有着太多的无助和迷茫。初次远离家乡，独自生活的不适应；告别日夜只有学习的高考阶段，面对丰富大学生活的无所适从。每走一步都那样怯生生，但那些可爱的人们坚定了我的方向，让我一路走来，矢志不渝。

感谢我可爱的同学们，很庆幸一进大学校园，就身处那样一个让人骄傲和传奇的班级：永远的国贸一。这个名字深深刻在我们每个人的心中，至今提起还是让人热血沸腾。全班同学各怀才情，无论是学生会、各大社团，还是各类演出、比赛，每一个舞台我们都不会缺席。我们分享着彼此的荣耀，也共同铸就着这个光环。在集体带动下，我也一口气加入了院学生会宣传部、新世纪讲坛、海魂文学社、辩论队和舞蹈队等学生组织。每一天都那样忙碌，但我觉得找到了适合自己的舞台，学习之外更要去寻找广阔的空间。这也是很多同样经历过压抑的高考复习阶段的学子的共同想法。但凡事都不能走极端——样样都想涉足的结果，往往是每一样都不能做精做好。因此，在初入大学的转折点，真正找到自己最需要提升和锻炼的地方，更加有针对性地发展，才是最为正确的方向。

感谢我的班主任王冬梅老师，在我大学时代第一个路口点亮一盏明灯，让我清晰地作出自己的选择。我的第一学期期末成绩在全专业近七十人中排名第六，我沾沾自喜于大部分精力放在各种校园活动上，还能考个不错的成绩。王老师对我说，要想得长远，就保研来讲这是一个尴尬的成绩。一句话点醒梦中人。当时的保研名额10%，专业第六恰处于边缘。如果我想走保研这条路，就不要低于专业第三；如果我不在乎

保研,就千万不要考进前十名,免得因为微小差距而失败,空留遗憾。

人在任何时候,都应该明确自己的目标,并努力使该目标贯穿始终。有了目标和方向,所有努力才更有价值,否则,越加速,就可能越偏离正确的人生轨迹。两条路摆在我面前,决定由我自己来作。我豁然明白,自己没有什么值得沾沾自喜的事,学习始终是根本。之前自己太过浮躁,觉得在各方面都处于中上游就好。事实上,这个社会并不缺少优秀的人,缺少的是更为优秀的精英。只有明确了自己的方向,设立更高的目标并为之奋斗才能成为卓越的精英,才能让自己的人生道路更加宽广。于是,从第二学期开始,虽然我依然活跃在校园活动的各个舞台,但是我一直努力将学习成绩保持在专业第一,从未改变。最终,我如愿以专业第一的成绩被保送到本部读研。

感谢学校提供"十佳大学生"这个平台,也感谢学院各位老师支持我走上这个舞台。在这个舞台上,重要的不是荣誉和光环,而是让我有机会结识一群如此优秀的人,让我在这些人身上感受到无穷的力量,更加坚定地前行。参加"十佳大学生"评选的那段日子,每天看着大家展示自己的才华,或书法,或歌唱,或乐器,或朗诵;每天听着大家分享自己成长的故事,有家庭的重担,也有求学的艰辛,有不曾放弃的梦想,也有从未止步的创新。每个人都有不一样的人生轨迹,每个故事都那样动人,那样鼓舞人心。也就是在那时,我明白校园中的优秀只是一个开始,只有在学校打下坚实的基础,将来踏入社会才有可能找到自己的立足之地。与他们相比,我的成长道路太过顺利,没有经历过挫折和大风大浪,因此遇到困难时的心境也不够平和坚定,仍需努力让自己的心智愈加成熟。

最后,我要感谢那些一直默默陪伴在我身边的朋友们。我一直觉得这些朋友是我大学四年收获的最大财富。无论是活跃的312,还是快乐的515,姐妹们陪我哭,陪我笑,陪我经历波澜,陪我感受平淡。同在一个屋檐下的我们难免会有磕磕绊绊。但直至今日,她们依然是我生活中最忠诚的伙伴。请珍惜学生时代陪在你身边的那些兄弟姐妹,因为这种情谊纯净到毫无杂质,经受得起时间的磨砺,也经受得起现实的考验。有一天,就算我们一无所有,他们还是会在我们身边。

那些难忘的事

每一段成长经历都有些许光环的笼罩,但也必然要吃些苦,尝些痛,直至破茧成蝶的那一天。我不想再去回忆那些光环,因为人处于荣耀之巅时往往容易飘飘然,而身处低谷时,反而能够更加接近自己的心灵,更加真切地感悟人生。

大二时竞选院学生会宣传部部长失败是我在大学期间的第一个挫折。彼时我觉得自己是宣传部的骨干,学习成绩无可挑剔,领导力和执行力也不在人后,因而对于落选原因百思不得其解。一时间对自己提出各种质疑,觉得自己的努力没有被看到,自己的优秀不被认可,甚至觉得自己所有的付出都是枉然。经过一番冷静地思考,我终于想通了:对于某个职位而言,没有谁比谁更优秀,只有谁比谁更适合。自己落选只是因为有人比我更适合做宣传部部长,而我应该去寻找真正属于自己的舞台。大学里,学生会落选这样的事可能很多人都曾经历过。当梦想与现实短暂地失之交臂时,我们不能妄自菲薄,要相信,这并不是我们丰富的大学生活的终点,而是给我们一个机会,去寻找更适合自己的路。

我全身心投入到自己热爱的主持事业中,活跃于各种晚会和娱乐节目的舞台,同时作为新世纪讲坛主持人部部长,立志要做出最好、质量最高的访谈节目。然而当时恰逢讲坛青黄不接,只剩坛主和各部门负责人,没有任何部员。在这样的艰苦条件下,我们从来没有放弃过"将新世纪讲坛打造成最好的讲坛"的梦想。从联系主讲人、拉赞助、前期宣传,到现场场地设备租借、主持、后期资料存档,只有四

宋琪珍(左二)主持哈工大(威海)毕业生晚会

五个人在忙碌,但我们仍然坚持每周奉上一期精彩讲座。这期间,我们曾遇到各种各样的困难,如主讲人资源短缺或临时因故缺席,经费紧张,讲座创意和讲坛发展方向上的意见分歧等等。但我们几个人在困难面前,毫不气馁,经常在一个会议室里一关一天,讨论讲座的每一个细节问题,散会后各自奔忙,熬到深夜。尽管那段日子很苦,但是,我们都坚持着心中共同的梦想,终得苦尽甘来。当看到每期讲座后同学们脸上收获喜悦的神情,当后来讲坛兵强马壮,道路越走越宽,当我们聚在一起回首奋斗的日子,心中收获的不仅仅是深深的手足情,更是实现梦想的喜悦与自豪感。每个社团在发展的道路上或许都会遇到类似的困难,但是只要我们有共同的梦想,有不畏艰难的信念,就一定可以苦尽甘来。机遇和成功不是等来的,而是我们努力争取来的。

一年后,又是院学生会竞选,我想我有足够的勇气和信心去实现"从哪里跌倒,就从哪里爬起来"这句话了。我为了学生会主席这一职位再次登上竞选的舞台,因为在这一年的积累中,我学会的不仅仅是更加成熟沉稳的处事之道,更学会了如何将心比心,用真诚的情感去维系一个组织的凝聚力,用对梦想的追逐去规划一个组织的蓝图,

第五篇　奋斗的人生最美丽

用执着的信念去激励一个组织勇敢地大步向前。当我以绝对优势当选院学生会主席的那一刻，我知道这不是一个圆满的结束，而是一段崭新旅程的开始。

不得不说，学生会主席的经历是大学生涯中最好的历练。有着全新团队缺乏经验、缺乏凝聚力的困境，也有着学生活动缺少新创意、新形式的迷茫。但最终我们共同走过那段艰难岁月，换来服装节的满堂喝彩、辩论赛上的妙语连珠和运动会上的旌旗飘扬。在这片挥洒过汗水和青春的战场上，每个人都无怨无悔，真真切切感受到青春的荣光。

于我而言，人生最大的困惑来源于研究生毕业，求职道路上的种种抉择。求职之初，我尝试了各种可能：公务员、事业单位、国企、外企和私企，样样都不放过，也拿到了诸多Offer，不知该如何抉择。宝洁是求职路上第一个为我提供Offer的企业，也是我大学时代的梦想。我曾经不止一次地想，如果毕业就可以进入素有"商界黄埔军校"之称的宝洁，应该就没什么遗憾了。但当这个Offer拿在手里时，我心中又多了些不确定。不可预知的第一个工作地点成了我心中最大的顾虑。紧接着又是某国企采购的Offer，工作地点是我一直向往的北京，但国企的工作氛围又让我望而却步。接下来某地产公司HR的Offer又让我心向往之，因为做HR一直是我的梦想。我度过了最为纠结和痛苦的时光。

现在想来，一切皆因为自己想要的太多，从来都没有好好梳理过自己的想法，对于自己的职业生涯没有明确的规划。在此，也希望大家能够引以为戒，一方面在校园里努力充实自己，另一方面也要对自己的职业早作规划，想清楚自己最想要的到底是什么。

最终，我还是决定坚持最初的梦想，选择了宝洁，因为我觉得就第一份工作而言，工作氛围和成长空间比一切都重要。感谢我的父母和男朋友给我的包容和支持，让我坚定了自己的选择。事实证明我的选择并没有错，在过去的四年里，虽然经历了痛苦和波折，但自己在这里得到了充分的信任和广阔的成长空间，而身处一个人性化的公司，我也早已如愿回到北京工作。

我的第一个工作地点是哈尔滨。不得不说，在哈尔滨工作的第一年，是我人生中最为痛苦的一年，仿佛是一场梦魇，却帮我完成人格的蜕变。那一年，我经受着工作和生活的双重挑战，几度想要放弃，但最终都硬着头皮坚持下来。

生活中我一直是个群居动物。从小享受惯了父母的疼爱，上学后又一直和同学朋友们肩并肩。我从未想过，有一天，自己要在一个城市孤军奋战。虽然读研的两年在哈尔滨度过，但毕业后很少有同学留在哈尔滨，在这座冰冷的城市我的朋友所剩无几。

我每天一个人工作，一个人吃饭，一个人在这座城市游荡。每天回到家打开门，看着门内的漆黑一片，我都会大哭一场。然而祸不单行，原本和我在哈尔滨一起工作的唯一一个同事，在我开始工作的第三个月被调到其他区域。我不仅又失去了一个朋友，而且要承担起他的全部工作，工作量增加了一倍。对于一个刚刚入职三个月的人来说，无疑是雪上加霜。所有的工作原本就还没有理顺，工作量的加倍让我感到无所适从。

是我的第一任老板 Frank 的信任和鼓励，让我有勇气坚持下来。他虽然人在沈阳负责整个东三省的业务，但每个月都会到哈尔滨跟我一起工作一周，给我作各种入职培训。为了不让父母担心，我的苦闷从不对他们讲，以至于有时在老板面前会忍不住大哭，却什么也说不出来。Frank 总是耐心地劝导我，他说让我不要害怕，放手去做，在工作的前半年，他可以允许我犯任何错误，因为只有学会自己作决断，才能够真正得到成长。他也相信我可以克服心理上的障碍，真正学会独立，适应一个人的生活。我当时独自负责整个黑龙江零售渠道的生意，能够做到像宝洁这样给新入职员工以充分的权力，使他们独自负责生意的企业真的不多。而像 Frank 这样，能够时时刻刻给下属鼓励和信任的老板更是难得。

在这种信任中，我最终挺过那段艰难的时光。如今回头再看，要感谢那段时光让我内心变得平和坚强，让我完成了由一个学生向职业经理人的成长，也让我实现了由一个害怕孤独的孩子向一个独立自主的成年人的蜕变。

几年的工作经历中我也发现，哈工大的学生有着其他高校学子不可比拟的优点，比如勤奋踏实，做事认真，这正是"规格严格 功夫到家"的体现。但我也认识到自己应该在大学期间多积累经验，使自己的眼界更为开阔，同时，为人处世的方式应该更为灵活。

那些带给我改变的书籍

从小到大读了很多书，但工作之后读的几本书真正让我感觉到它们带给我的改变，因此也很想跟大家分享。

《高效能人士的 7 个习惯》

这本书是初入宝洁那年的新年礼物，我原本从来不看管理或励志类书籍，觉得这类书都大同小异，空洞无他。但这本书却截然不同，七个习惯相互关联成一个体系，从改变自身开始，进而帮助我们改善人际关系、处事的态度和方法。书中的很多理论让人感觉真正的深入内心，解决了我们生活中的很多困惑，看完马上想尝试着去进行改变，并想分享给身边的人。可以说，是这本书帮我打开了改变之门，让我变得更加积极主动,明确了自己的人生目标,并找到循序渐进地去完善自己的方法。

《遇见未知的自己》

这本书在我最为迷茫的时候出现,给我力量,带我走出迷茫。看似一本小说,实则是一部关于灵修的书,并不深奥。这本书可以帮我们认清自己,找到自己的真正需求。人生很多困惑和迷茫都源于我们并不了解自己,而跟着书中主人公去挖掘自身内心的过程,有时虽伴随着痛苦,却在我们一步步接近自己心灵的时候,真切地感觉到自己身体里蕴藏的力量和我们内心最真实的诉求。读完这本书,少了对生活的抱怨,少了盲目的急功近利,我越来越多地认识到很多事情其实都是我们自己可以影响并决定的。开始学着去体会爱、喜悦、平和的意境,开始相信发愿的力量。而我也真正看到平和的心境和积极的态度给我生活带来的改变。

《少有人走的路》

这本书是一本通俗的心理学著作,带我们走上一段心智成熟的旅程。书中讲了爱、自律、成长与宗教,让我感触最深的是"爱"这部分。从前我经常抱怨身边缺少关爱,但读完这本书我认识到,其实爱有很多种形式。在我成长的路上,每一个岔路口父母百分之百完全尊重我的每一个决定,给我自由的成长空间,让我去探寻自己的路。我因为父母不能给我有用的建议、不能帮我作出决定而抱怨过,但我现在明白这种不帮助是爱,让我可以毫无顾虑地掌远航的舵。在我工作之初最为苦楚的阶段,老公没有纵容我想要放弃的想法,执意要我坚持。我抱怨过他不能理解我的痛苦,不关心我,但我现在明白这种执着是爱,让我学会真正的独立和内心的强大。我们身边并不缺少爱,只是缺少理解和感受。只要我们用心去感知,爱和温暖就在身边。

十年的岁月从耳边呼啸而过,留给我的是这座秀美的花园。伸出手,可以感知每一朵花的温度,闭上眼,阵阵芬芳弥漫周围。每个人都应该有一座属于自己的花园,今天,我把我艳丽的花朵和醉人的芳香分享给你们,只愿你们的花儿能够开得更加绚烂。

宋琪珍简介

1984年出生于河北省保定市，中共党员。

2002~2006年就读于哈尔滨工业大学(威海)人文与管理学院国际经济与贸易专业。

2006~2008年于哈尔滨工业大学管理学院攻读研究生。

在校期间曾任校团委副书记、院学生会主席、党支部书记、学生社区辅导员等多项职务，并参与主持毕业晚会、新年晚会等多项大型文艺演出。各学期均获得特等奖学金或一等奖学金，曾获得国防科工委"优秀毕业生"，山东省"优秀学生干部""优秀共产党员"等多项荣誉称号。

2008年起就职于宝洁(中国)营销有限公司，任客户生意发展部高级区域经理。工作期间，先后在零售运作、高级百货及化妆品渠道任客户经理和高级区域经理，在生意发展及客户关系维持上均取得较好成绩，获得"联合生意计划最佳执行奖"等奖项。

第五篇　奋斗的人生最美丽

回到原点　整装前行

赵　亮

第三届十佳大学生

其实人生就是要不断地尝试和挑战。青春年少的我们更是这样，精彩的人生要靠自己去导演和表演。重要的是我们要随时知道自己要的是什么，并让自己全身心地投入达成目标的努力过程中。

2011年是广本自1998年成立后唯一出现负增长的一年,这一年在公司的总结中,经常听到"回到原点"这个词,乍一听感觉很奇怪:"回到原点"不是说原地踏步,没有进步吗?其实并非如此。它指的是我们在前进的道路上,实际上已经积累了很多宝贵经验,但是,经过长时间的跋涉和奔波之后,我们可能会暂时遗忘了这些好东西。在思想上、方法上迷失方向。这时,如果我们能够放下包袱,回到原点,重新寻找和整理,稍作调整,将会使自己充满力量,找到再次出发的正确航向。

初出茅庐　满布荆棘

思绪飘回了2006年6月,聚会、留影、整理行囊、相拥而泣,整个校园充斥着离别的气息。离开母校,在家乡短暂休息之后,我踏上南下的火车,来到陌生的城市——广州。就这样,我告别了学生时代,开始了职业生涯。

来到广汽本田,经过一个月的车间实习和岗前培训后,我回到所属部门,经过简单的自我介绍后就被分配到了具体的工作岗位。我的工作是在采购部国产科,工作职责是钣金及底盘领域零件的国产化开发,简单说就是确定这部分零件在哪里购买,以多少钱购买。听起来就像是到菜场里买菜,但是实际工作要复杂得多。

公司毕竟与学校不同,公司有明确的利润目标,公司职员也各自有明确的工作职责,为自己的薪水和前途努力奋斗。在公司里没有老师会系统地教你,所以刚开始我感觉很不习惯,心里很着急,但是找不准方向。虽然公司有比较完善的培训制度,对新人也进行了与工作相关的领域的知识性培训,但是由于新人一般没有参与具体操作,所以即使经历了培训,在面对实际工作时还是无从下手。

在来广本之前,我已经作好心理准备,我知道自己必须放下在学校中的那些光环,脚踏实地,从零开始。即便如此,我在刚进入公司的那段时间,还是遇到了不少挫折和困难。一个周末的晚上,迷茫和困惑的我打开了母校的网站,思绪又回到母校。回忆起大学的学习经历,努力寻找学习和工作的联系,从中汲取前进的力量。

寻求方法　转换角色

大学的学习是以首战告捷开始的,第一学期我轻松地拿了二等奖学金,然后就认为大学的学习不过如此,没什么难的。从大一下学期到大二,我在学习方面开始放松,在这期间也参加学校的各种各样的活动,有时也去网吧上网。就这样,快乐的时光很

第五篇　奋斗的人生最美丽

快过去，到了期末考试前开始手忙脚乱。我清楚地记得当时的情景，由于平时上课注意力不集中，导致我在临近期末考试的几周里，没日没夜地在主楼自习室里拼命自学大学物理。一本厚厚的物理书在最后几周勉强学完，突击的效果可想而知。有了这次教训之后，从大二下学期到大四，我在学习方面丝毫不敢松懈。经过不懈努力，终于取得了一些成绩，在几个学期中都拿到了奖学金。现在回想起来，还有几门课程是我引以为豪的，例如工程制图考了95分，理论力学考了100分，当然，也有几门课程是没有学好的，例如概率论、互换性与测量技术。

尽管在大三大四时努力追赶，但是由于大一下学期和大二上学期的懈怠，使得我以零点零几分的差距，与保送研究生的资格失之交臂。这也成为我大学生活中最大的遗憾。

大学的学习经历给了我这样的教训：在任何时候一定要明确自己的方向，在任何时候一定要知道自己想要什么，不要骄傲，不要迷失，脚踏实地，稳扎稳打。冰冻三尺，非一日之寒，所以，再渺小的目标也必须不断努力积累才能实现，否则便会为那"零点零几分"而遗憾终生。

当然，大学的学习也同样给了我很多收获，首先是积累了大量的专业理论知识。有的同学可能看过很多的文章，知道大学里学的专业知识可能在工作中运用很少，认为专业知识不太重要，但我却不这样认为。针对我现在做的采购工作，如果我仅仅想应付现在的工作，手里有一个计算器即可；如果想做得更出色，则需要大量专业知识。举个例子，我们现在要与一个供应商就零件的价格进行谈判，除了对市场行情了如指掌外，还可能要同日方人员谈判，这就涉及日语或者英语。除此之外，你还需要掌握这个零件从原材料开始，到冲压加工、焊接、组装、运输等过程，还要了解模具，这就涉及金属工艺学、互换性与测量技术、机械制造技术基础、机械加工与机械原理等专业课程。我们还需要对供应商进行综合管理，这就涉及企业管理、财务概论和法律概论等课程。其实这些都还是具体专业知识的直接运用，更重要的是大学四年的学习生活中沉淀下来的学习方法。掌握了好的学习方法，才能在今后的职业生涯中，成为一个不断吸取养分、不断成长的学习型职业人士。

经过一个周末的思考，我发现工作和学习还是有很多相似之处的，在大学中积累的学习方法经过变通也可以运用到实际工作中。在新的一周里，我及时改变了培训时的学习方法。培训上课时就从整体掌握，工作中有细节不明白的就回到培训教材，下班后除了必要的体育锻炼和活动外，一天一总结，不选吸取教训。就这样，我很快度过了适应期，角色也从一个学生转变为职场人士。

正是得益于 2006 年至 2007 年期间牢固的基本功和恰当的学习方法,再加上实际工作中的经验积累,我对工作流程以及相关领域的知识有了一定程度的了解,终于可以独当一面,承担紧固件零件的国产化开发工作。

临危不惧 精益求精

2008~2009 年期间,我已经着手挖掘紧固件领域的新课题。有一次给部长作完报告之后,部长很满意,会议结束后他提出一个问题:"能不能在紧固件领域作一个战略,打造最有成本竞争力的紧固件采购体系?"第一次听到"战略"这个词,我感觉是个高深的东西,之前没有人做过。汽车紧固件由于在抗拉强度、耐久腐蚀,特别是量产稳定性方面有较高的要求,2008 年时基本只有一家螺栓供应商符合要求。要建立采购战略,需要对各种紧固件的技术要求、质量要求进行详细分析,并且要对各个紧固件供应商的情况非常了解。

一时间我的思绪很乱,不知如何下手。下班时我约了好哥们、学弟——我校 03 级的胡静一起吃饭,交流工作心得。我把工作中的苦恼向他倾诉,他说:"亮哥,好好整理一下思路,肯定没问题的,想起我们在学校的时候,你组织汽院的运动员们参加学校的运动会,大清早,你把我们集中起来,在海边跑步,在沙滩上练习各个项目……"

谈话间,我们的思绪回到了大学时代。大二时,为了锻炼自己的交际能力和工作能力,我参与竞选并进入汽车工程学院学生会,成为体育部部长。那时正值学校运动会,我与学生会其他成员一起组织同学们参加学校运动会。从动员报名、选拔和组织训练,到运动会期间的宣传、后勤保障等,现在想起来都历历在目。为了保证运动员选拔和参赛及时准确,工作人员反复认真核对,确认每一个人的预选成绩与联系方式;为了使跳高成绩多提高一厘米,我们与参赛运动员一起反复测量步数和起跳的距离,雕琢过杆时的背弓……通过仔细做好每个小的细节,最终使汽车工程学院第一次获得了团体第一名,打破了经管系对冠军的垄断,看到汽院的孙凤锁同学扛着院旗在运动场上奔跑,整个汽院观众席一片欢腾。

我和学弟的谈话再次回到工作上,混乱的思绪已经解开,答案也逐渐清晰起来。建立和实施战略,与组织或参与一个大型活动是相似的,细节决定成败。首先搜集相关信息并把握现状,制订计划,设定目标,然后组织成员分工协作,最后确认效果,每一步一丝不苟、精益求精。就这样,通过两年的努力,2008 年和 2009 年期间,我负责的紧固件部分逐步形成了较为完善的采购战略,引入了竞争,我的课题也获得了采购部的个人课题一等奖。

正是在大学期间组织大型活动的经历,使我的组织能力、与人交往能力都有了提高,这在后来的工作中也确实发挥了不小的作用。所以,我建议学弟学妹们在正确处理好学习和活动的关系的基础上,尽量多参加学生活动,这可以锻炼你的人际交往能力、语言表达能力、团队协作能力与组织管理能力等,对今后的工作大有益处。

2010年至2011年期间,经过前几年的积累,我已经全面掌握了专业知识和业务流程,能够在钣金零件领域展开战略的制定和实施,在自己所负责的领域中不断地发掘课题,解决难题。2010年、2011年两年我都参加了采购部个人课题的评选,连续两年获得了一等奖;2010年我的课题在本田采购领域中国区发表,获得了一等奖;2011年我还被评选为公司的员工标兵。

回到原点　创造未来

在工作得意之时,我也常常回想起大学的时光。2010年的8月,公司放高温假,我和爱人决定利用这个假期回母校看看。时隔四年,再次来到威海时,一切还是那样的亲切:干净的马路,清新的空气,随处可见的美景。不知不觉我们就来到母校的校园,学校的主楼还是那样的雄伟,新修的研究院大楼和教学楼已经投入使用。置身这样一个拥有童话般美景的校园中,我脑海里只有一个想法:在这里,我们没有理由不为自己的青春奋斗。

路过学校的田径场地,红色的跑道,绿色的草坪,顿时让人精神振奋,我仿佛回到6年前学校田径运动会的现场。跳高场地上,横杆已经升到1.80米,这个高度对于身为跳高运动员的我来说是极限、是挑战。我调整呼吸,调整助跑,奋力一跃,身后的横杆微微颤动,但是没有落下,整个运动场都沸腾了,1.80米成为了当年跳高的校纪录。也许我的纪录早已被打破,但这项运动带给我的不仅仅是成绩和兴奋。我喜欢跳高这项运动,尽管跳跃者最终都会面临不可逾越的高度,但每一次对自我的挑战和超越都让我对自己和未来充满信心。

赵亮在校运动会参加跳高比赛

沿着校园小径,不知不觉已经走到学生公寓下,我还能清晰辨认自己曾经生活过的寝室的窗户。当时,刚刚进入大学的我们,为了适应独立生活,团结在一起,以"一

百舸争流
哈尔滨工业大学(威海)十佳大学生成长心语

屋不扫,何以扫天下"的精神,定期整理寝室,每次都把寝室打扫得干净利落,使宿舍成为温馨舒适的家。本来数不胜数的书籍在寝室建设中往往被视为累赘,但在同学们共同的精心策划和努力下,课本被摆成如雕塑般螺旋向上的艺术品。我们的寝室在学校公寓文化节中也多次被评为标兵寝室。闲暇之时,我也会拿起刻刀,刻出几方印章。正是对这种兴趣的坚持,使得我的篆刻作品在山东省获得篆刻类的二等奖。优秀是一种习惯,关键在于坚持,把每一件小事坚持做好,你必然是一个优秀的人。

中午我们顺便在学校的食堂吃了午饭,坐在明亮的学生食堂品尝和回味着学生时代。随后逛到学校主楼,这里也有我太多的回忆。当年在这里,性格比较内向的我选择挑战自己,参加学校的十佳歌手大赛。那时的我经过几周的练习,最后在大赛中成功跻身十佳;在这里,我也利用自己的篆刻特长为230职业规划协会设计了篆刻风格的会标,一个幻化的"行"字寓意着思考与选择,给每个看到它的人以启迪;在这里,我还鼓起勇气参加了校学生会主席的竞选,最终担任了副主席。这里有很多第一次的尝试和精彩的片段。其实人生就是要不断地尝试和挑战。青春年少的我们更是这样,精彩的人生要靠自己去导演和表演。重要的是我们要随时知道自己要的是什么,并让自己全身心地投入达成目标的努力过程中。

学校的每个角落都还是那样的亲切,随着夕阳缓缓落下,我沐浴着海风,走在海边的沙滩上。静谧的海滩和一个个在沙滩上跑步的身影构成一幅温馨的海边美景。我想,每个人对成功的理解都会各不相同,但是有一要素是大家都认可的,那就是健康的身体。读大学时,我经常锻炼,冬天打球、夏天游泳。2006年参加工作后,由于各种原因,锻炼放松了,感觉身体差了。从2010年开始,我决定重新坚持锻炼,每周至少跑步三次,一直到现在几乎没有感冒,又恢复了健康的体魄。由此可见,不管何时,无论多忙,都不要忘记锻炼身体,有一句话说得好——身体是革命的本钱。

沿着海边小路,经过新修的教学楼,看到暑假留校的同学抱着书本,陆陆续续地向自习室走去。看着自习室里同学埋头学习的身影,我在想,在大学里同学们天天上课学习,会觉得学习是一件很平常的事情。但是,工作以后,真正能够系统学习的机会少了,学习的内容反而多了,包括工作涉及的专业知识、社交礼仪知识等;学习的方式也多了,包括培训、新闻、报纸和他人经验等。所以即使参加了工作,成为职场人士,也要把握一切可以利用的机会去充实自己。活到老,学到老,这样才能永远走在别人前面。

几天的威海之旅,让我重新回顾了大学时代的点点滴滴,让我捡起了那些受用一生的宝贵经验,心还在留恋威海、留恋母校的时候,我已经踏上了返程的航班。

今后的人生之路,方向更加明确:任何时候都要坚持理想,不要迷失方向。当你感到困惑时,不妨回到原点,向过去学习,把握此刻,着手创造未来,你的生活将更加精彩。

赵亮简介

1983年出生于湖北省宜昌市,中共党员。

2002~2006年就读于哈尔滨工业大学(威海)汽车工程学院。

在校期间曾获得一等人民奖学金多次,获得"优秀学生干部标兵""优秀共产党员标兵"等荣誉称号;精通篆刻,为230职业发展训练营设计徽标;爱好体育,曾以1.8米的成绩创造校跳高纪录;爱好音乐,曾获得"十佳歌手"称号;历任汽车工程学院学生会体育部部长、副主席,校学生会副主席等职务。

2006年本科毕业就职于广州本田汽车有限公司,目前负责汽车零件国产化开发工作。工作期间,个人课题连续两年获得了一等奖;2009年被评为公司优秀党员,个人课题获得中国区三等奖;2010年所负责课题在本田采购领域中国区发表,获得一等奖;2011年被评为员工标兵。

信念让人生更精彩

柳东威

第四届十佳大学生

在我的印象中，我的成长几乎是一帆风顺的，没有太多波折。我习惯于把这些归结为运气比较好，归结为在不同的阶段都有不同的"贵人"指点、帮助。如果非要从自身找出些什么特别的东西，那就是我始终持有的一种信条——做一个上进、执着，能够为身边的人做些什么的人。

第五篇　奋斗的人生最美丽

"我叫柳东威,山东的东,威海的威",这个已成固定句式的自我介绍是从2003年8月形成的。那时,我第一次走进威海这座美丽的海滨小城;那时,我荣幸地成为哈尔滨工业大学(威海)的一员。时至今日,近九年的时间已过去了。在我的印象中,我的成长几乎是一帆风顺的,没有太多波折。我习惯于把这些归结为运气比较好,归结为在不同的阶段都有不同的"贵人"指点、帮助。如果非要从自身找出些什么特别的东西,那就是我始终持有的一种信条——做一个上进、执着,能够为身边的人做些什么的人。

亲力亲为　挑战自我极限

班级团支书、年级团总支副书记、社团负责人、学生会主席、学代会常委会主任和学生社区辅导员……努力回忆之下,我在大学期间确实做了不少学生干部工作,每一份工作背后也着实有着不少艰辛。担任团支书,也曾面对同学的不理解与不信任;担任学院团总支副书记,似乎每天都有做不完的工作;创建大学生活规划研究协会,却面临没有活动经费的困扰;迎接新生的日子里,每天只能休息五个小时……面对同学的不理解与不信任,我不断向高年级学长探求工作经验,学习之余抓紧每一次机会与同学交流,对我有成见的同学我会带着更加宽容的心态去面对;面对社团没有活动经费困扰,我近乎疯狂地带领大家外出拉赞助,短短几天的时间里跑遍了学校附近所有的个体营业店;面对每天堆积如山的工作及迎新时严重的休息不足,我始终执着地去应对身心的疲惫,更是去挑战自己的极限……

所谓天道酬勤,付出终有回报。我带领0301204班收获"山东省先进班级"的荣誉;我带领陕北社会实践团获得"山东省优秀社会实践小分队"称号;我带领自己一手创建的社团跻身校园十佳社团,该社团主办的金海滩志愿者活动被威海电视台报道;我带领学院在新生杯收获三座冠军奖杯;我组织的校园十佳歌手大赛、汽车知识文化节等活动风靡工大校园……收获成功固然可喜,但更重要的是我的工作能让老师和同学满意。我在奋斗的历程中超越了自己!

争分夺秒　在实践中提升

由于学生工作占用了我很多时间,所以在平时必须充分利用时间学习。当同学们在休闲、逛街和玩游戏时,我在自习室补习落下的功课;当同学们进入梦乡时,走廊里有我苦读的身影。连续收获一等奖学金是对我的辛劳与汗水的最好奖励。但理论成绩仅仅是一部分，专业素养必须从实践中得到提升，因此我开始追求在实践中提升自我。

备战"大学生机电产品创新设计大赛"的日子里，做学生干部时培养的团结合作、执着进取的精神给了我诸多积极的帮助。在我的带领与统筹下，各位队友互帮互助，从查阅资料到设计机构，从项目论证到系统仿真，我们发挥各自的优势，将所学的专业知识完美结合，最终成功研制出柴油机缸套离心铸造机，该作品荣获二等奖。

作为本科生就能够加入赵桂范教授带领的汽车安全课题组本身就是一件令人羡慕的事，而能够亲自参与到课题研究并多次参与交通事故实地鉴定更让我无比高兴。在实践中我格外珍惜这来之不易的机会。分析事故时，对每一个数据的分析都谨慎入微，认真记录着自己每一次经历。同时，我还协助威海市交警大队开展了"威海市交警事故处理技能比武"等活动。

以身作则　用心激励他人

"作为一名党员，作为一名学生干部，自己的优秀是远远不够的，只有影响并带动他人共同进步才是真正的优秀！"正是抱着这样一种理念，我在实际生活中，用自己的真诚和热情感染着身边的同学。

担任团支书时，我注重班级整体和谐发展，坚持不让任何一名同学掉队。对于在学习、生活和思想上有困难的同学都给予热情的帮助。当班级上一位同学考试成绩不够理想时，主动与这位同学交流，并在随后的日子里陪他一起上自习，在学习上、心理上都给予支持。一个学期后，这位同学的学习状况有了明显改观，顺利通过英语四级，综合素质测评成绩也有了大幅度提高。

在我创建的大学生活规划研究协会里，社团干部的培养与交流合作同样是我的工作重点，我培养的社团的首批低年级学生干部在期末考试中全部获得奖学金。

课外之余，我努力做"自我教育、自我管理、自我服务"的践行者。虽然家境贫困，但我从来没拿过学校的助学金，而是让给了其他同学。然而，我通过做家教等兼职，克服了自己生活上的困难。除此之外，我还主动帮助其他贫困生联系工作。两年的学生社区辅导员经历，再加上曾经担任0501203班代理班主任以及开展多种经验交流会的积累，我很欣慰能够有机会将这些经历告诉我的学弟学妹。

在威海的六年里，我特别感谢两位老师。第一位是我的硕士导师赵桂范教授，在我读研期间，她给我的支持、帮助和信任，几乎难以用言语表达。正是在赵桂范老师的交通安全实验室的经历使我的能力有了全面的提高。作为汽车安全实验室的负责人，我的工作职责变得非常宽泛，包括实验室内部规章制度的建立、实验室日常事务管理、实验课题牵头,甚至包括实验室选人用人、实验室文化建设以及与交警部门沟通接洽等。那段经历,是我终生难忘的宝贵财富,最重要的是,我对自己的认识和了解更加深入。第二位是我的本科辅导员杨俊敏老师,杨老师可以说是我潜能的激发者,如果没有他,我甚至不知道自己原来可以这样。现在我还清楚地记得军训时自己定下的目标——大学期间要努力拿一个荣誉证书。而当我毕业时才发现,我拿了五十多个证书,在这期间,杨老师对我的启发作用是非常重要的。

自信相随 努力超越自我

自信可以说是一种与生俱来的品格。大学期间的五十余项省级、校级荣誉的获得,特别是工作后踏踏实实完成每一项任务,更让自信一直与我相伴。

2009年9月,我在上海工作部,时值中国汽车技术研究中心与日本合资兴建锂离子电池厂,领导询问我是否可以负责调研选择项目环评机构(当时根据计划需要赶工期,要求两个月完成调研并通过环评)。看似简单的问题,对于初入职场的我而言难度着实不小:一方面,对于"环评"这个问题丝毫没有概念;另一方面,对于整个项目丝毫没有头绪。但是,长期以来的自信让我毫不犹豫地接过了任务。由于接受任务的自信还略有盲目,正式接过任务之后就开始进行理性的分析、系统的调研。不到两天的时间,整个上海地区具有甲级以上资质的机构全部摸清,之后又选择其中的三家实地考察,综合评定后给工作部领导提供了相应的建议。这一工作为项目后期开展奠定了坚实的基础。

现在回想起来,我确实曾担心自己能否胜任工作,经验不足是否会给中心带来不利影响。但一贯的自信让我得到这次对于初入职场的员工而言宝贵的锻炼自我的机会。当然,最重要的是及时圆满地完成了任务,保证了项目各项工作有序开展。

2010年10月,当时我已经调到中心人事教育处就职。在校园宣讲招聘的过程中,人事处领导问我:"之后的高校,你来试试宣讲行不?""好!我来试试!"又一次,我自信地接过任务。2010年10月22日,湖南大学复邻舍报告厅现场座无虚席,中汽中心2011校园宣讲湖南大学站在此隆重举行,我第一次以宣讲会主讲人的身份走上讲台。两个小时的宣讲,一贯的激情洋溢与诙谐幽默贯穿其中,将中心生动地展现在湖南大学的学生面前,现场掌声不断,热烈异常,在学生中产生了强烈的反响。时至今日,我已在清华大学、吉林大学、天津大学和湖南大学等重点高校开展了近20场校园宣讲会,这其中也包括2011年9月23日回到母校宣讲。

秉持坚毅　攻克种种困难

坚毅是一种特质,一种让人面对困难能够不退缩、不放弃的特质。面对众多繁琐的工作,我始终要求自己保持这种特质,对待每项工作善始善终,尽善尽美。

2009年10月,SAE混合动力汽车技术研讨会在上海举行。入职三个月的我与四位和我一样年轻的同事负责相关的会务工作。由于参会人员众多,工作人员

工作后的柳东威代表单位来母校宣讲招聘

少,每位工作人员都超负荷工作。连续三天,72个小时,我们平均每人每天只休息3个小时。在睡眠严重不足的情况下,我与同伴们相互鼓励,相互支持,全面、有序地完成了会场布置、领导接待、现场安排和登记注册等相关工作,得到领导和与会嘉宾的一致好评。72个小时中,正是一种坚毅的特质驱使着、激励着我与同事们坚持到底。

从上海工作部到中机中心工作源于"生产一致性"课题研究,我参与起草了《车辆生产企业及产品生产一致性监督管理办法》。《办法》的出台经过了严谨的调研和广泛的意见征询。在领导的带领下,先后修改100余次,整个过程异常曲折。

2011年,中心招聘任务较之以往继续大幅增长,在工作量大幅增加、人员配置不变的情况下,我所负责的招聘工作迎来了全新的考验。由于国内汽车企业招聘整体提前,校园招聘竞争愈发激烈。22天,10座不同城市高校宣讲,5 400余份简历筛选,520余人次笔试,470余人次面试……时间紧、任务重、要求高。举办宣讲会的同时还需要联络宣讲场地、笔试与面试地点,在最短时间内高效完成任务。在我的记忆中,有宣讲会现场学生热情洋溢的场景,有匆忙从一所高校赶往机场的场景,有深夜筛选简历的场景。

截至目前,在一年多的招聘工作中,个人已完成各类简历筛选23 900余份,组织实施各类面试1 500余人次。高效率、高质量的工作确保中心在招聘任务大幅增加的同时,选材依然做到优中选优,为中心平稳快速发展奠定了坚实的人力资源基础。

乐观生活　时刻保持从容

乐观是一种生活态度,一种让自己积极也让身边的人积极起来的心态。在繁忙的工作中,在快节奏的生活中,正是乐观的心态让我始终都能够做到从容不迫。

从上海工作部到中机中心一致性检查部,再到中心人事教育处,虽然我在每个部门停留的时间都很短暂,但每次离开一个部门都会有很多同事恋恋不舍,正是一种乐观的心态让我有着很好的人际关系。中机中心一致性检查部工作期间,我经常会得到相关部委下达的任务,任务不仅重要而且紧急。有一次,一天内需要完成两个报告与三个讲稿,面对繁重的任务,正是乐观的心态不断驱散积压心头的阴郁,才使我圆满地完成任务。

在中心人事教育处,我负责招聘、培训、安全生产、人才工程和奖项申报等相关工作。随着中心业务的发展,各个模块的工作量都有了大幅增加。面对错综复杂的工作,偶尔也会眉头紧锁,但乐观的天性造就了我在任何困难面前都保持从容。工作中保持乐观,生活中同样保持乐观。单身宿舍、足球场,我与朋友们、同事们一起用乐观相互感染,共同营造积极的生活氛围。

有一种品格叫做自信,有一种特质叫做坚毅,有一种心态叫做乐观,更有一种情怀叫做感恩。我的每一次进步都凝结着自己不懈的努力,更凝结着领导、老师、同事和朋友的关怀与帮助。未来我会保持自信、坚毅与乐观,做一个上进、执着,能够为身边的人做些什么的人。心怀感恩,用自己的辛勤工作去回报大家的关爱,回报社会!

柳东威简介

1985年出生于河北省张家口市崇礼县,中共党员。

2003~2007年就读于哈尔滨工业大学(威海)汽车工程学院。

2007~2009年于哈尔滨工业大学(威海)攻读车辆工程专业硕士研究生。

在校期间,曾任校研究生会主席、校学代会常委会主任、院学生会主席、学生社区辅导员等职务。曾获得黑龙江省"优秀毕业生"、山东省"优秀学生干部""优秀学生",哈尔滨工业大学"优秀团员标兵"等荣誉称号。

2009年7月,硕士毕业后进入国资委直属企业中国汽车技术研究中心工作。2009年7月至2010年7月先后在中汽中心上海工作部及北京工作部工作,从事软课题研究,期间参与起草了对汽车行业具有重要影响的法规——《车辆生产企业及产品生产一致性监督管理办法》。2010年7月,由于综合表现突出,调至中国汽车技术研究中心集团总部人事教育处,担任招聘培训部主管。2011年11月,被评为中国汽车技术研究中心第三届"十大杰出青年"。

积极主动　永争第一

吕琪

第六届十佳大学生

当别人在看电影的时候,我还在写工作计划;当别人回家享受暑假时,我在参与社会实践。其实个人的成长就是一种博弈,是个人努力和享乐的博弈,耕耘肯定有收获!

第五篇　奋斗的人生最美丽

时光如梭,距离我初次踏入哈工大(威海)的校园已经过去了七年时间,回忆这趟时光列车就从2005年的那个夏天开始。

初到威海　满怀希望

2005年8月20日,一个阳光灿烂的日子,地点:哈工大(威海)。

从家乡广西桂林独自坐了四十多个小时的火车,我终于来到了期盼已久的大学校园。

一切都是新鲜的:美丽开阔的校园、雄伟恢宏的主楼让我对这所大学的第一印象好极了;刘公岛上高标准的军训虽然辛苦,但烈日晒出了斗志,海风吹散了怯懦,实际的军营生活让我深刻体会到了军人应有的风采;哈工大杰出校友孙锦云将军的讲座更让我明白了哈工大人和航天人的精神力量。一系列的新生活动让人眼花缭乱,"新生杯"篮球赛中的优异表现使我获得了强大的自信,辅导员费非老师的亲切关心和外国语学院的良好氛围让我迅速摆脱了离家的伤感和初入大学的茫然。

从那一刻起,我就告诉自己:不要输在起跑线上,美好但充满挑战的大学生活开始了!当别的同学正在忙于认识威海这座美丽城市、探寻各种好玩地方的时候,我已经开始绘制大学本科的成长地图了。认真听课、积极参加各种活动,并成功入选了班委、院学生会和广播台。可以说,我是名副其实的"积极分子"。在大学刚开始的时候,每一个人面对的机会其实是均等的,你所需要做的是拿出你的热情、勇气和自信,去主动拥抱你的大学生活,然后尽量把每一件事情都做到极致。每一次上课我都争取坐在第一排,每一次学生会任务我都认真完成,每一次播音我都希望表现得完美。正是这样的自我要求让我能在青涩的大一时期就在各方面崭露头角。

在忙碌的学习和学生工作背后,我始终坚持每天晚上半小时的慢跑,整理思绪并且放松心情、锻炼身体,还能结交很多朋友。这样的生活让我感到充实而开心。也许有人会问,大一就这样不累吗?我想说,大一其实是压力最小的时候,只要我们有乐观向上的心态,敢于伸出双手,就一定能够触摸到梦想的光环。

大一的暑假,我参加了外国语学院组织的赴贵州社会实践团,在贵州赤水山区进行了为期两周的支教和社会调研活动。在此期间,我体会到团队合作的精髓,更为山区孩子的生活、教育现状所触动。贵州之行让我开始对未来的人生之路有了更多的思考。

百舸争流
哈尔滨工业大学(威海)十佳大学生成长心语

在这样愉快而充满意义的生活状态下，大一结束后我的综合成绩排名年级第一，同时也获得了省级优秀社会实践团队、优秀团员、校运动会3000米第四名等奖项。当时的我对这些奖励并没有特别在意，因为我始终认为生活的精彩最重要，也最有魅力。

不断突破 快速成长

大二，开始被称做学姐，也当上了小官，学习也开始涉及专业课。如果说大一时我的舞台是在学院，那么到了大二，自己的舞台便从学院扩大到了学校。学习和学生工作的压力迎面而来，团总支委员、班长、广播台小组长、社会实践团团长，我开始忙碌于各个学生活动和社团之中，并且逐渐成为了骨干。随着责任和任务的增加，对个人能力的要求也越来越高。我开始主动向高年级的学姐学习经验，希望平衡好个人的学习和工作。

说起来很简单，就是"勤奋+高效"。勤奋是指充分利用时间开展工作并学习。当学生工作职位比较多、学习任务比较繁重时，只好将个人娱乐和休闲的时间减少。高效，就是要保证自己旺盛的精力，规律的作息，每天至少保证8小时的睡眠，每次工作和学习至少保证45分钟精力集中，不给自己偷懒和发呆的机会。

大二的时间过得飞快，经过大一的锻炼，我也成长为团总支和学生会的得力干将，组织了院里的王牌活动——"校园文化活动月"。在2007年的夏天，作为队长的我亲自带领来自七个学院的十六名社会实践团员再次前往贵州开展社会实践活动。勤奋和高效的习惯帮助我将学习成绩一直保持在年级前五，综合排名保持年级第一，同时也获得了"优秀学生干部"和"省级优秀社会实践个人"的荣誉称号，同时继续在运动会3 000米长跑上拿名次，继续在篮球场上叱咤风云。同学们在私下里说我是女强人，可是，我的努力付出只有自己最清楚：当别人在看电影的时候，我还在写工作计划，当别人回家享受暑假时，我在参与社会实践。其实个人的成长就是一种博弈，是个人努力和享乐的博弈，耕耘肯定有收获！

每当自己觉得很辛苦坚持不住的时候，便想到"天将降大任于斯人也，必先苦其心志，劳其筋骨，饿其体肤，空乏其身"，但这绝不是让自己变成一个工作狂或者苦行僧。在完成阶段性任务后，我会给自己一个彻底放松的机会，或者每天拿出半小时跑步。现在想来，在那样美丽的校园，那样宜人的海边，没有大城市的喧嚣、嘈杂和紧张，不管再忙再累，都能随时找到让你身心舒畅的事情。我真的为能在这样一个地方做自己喜欢做的事情而感到幸福和幸运。

当然，学习任务越多，工作任务越重，团队协作就显得越为重要。懂得合理发挥团队力量可以大大提高工作效率,而虚心向他人学习就更能帮助自己保持不断进步的状态。这也就是我与很多同学都结下了深厚友谊的原因。很多人会问我是如何做到这一切的,其实很简单:热爱生活,真诚对待每一个人,不纠结于过去,努力向前看,追求一切想拥有的东西。

不畏挑战 稳步向前

到了大三,我开始思考今后的发展方向。当时的我,对自己的人生方向并不是很明确,但我心中最明确的想法是:要努力做一个优秀的人!

我担任了院团总支副书记,全力协助团总支书记开展学生会工作。可以说,整个大三期间,我大概30%的精力都需要投入到学生工作中。但是学习的压力始终都在,到了大三阶段,专业课的考察也到了关键阶段。其一,大三的专业课是需要下苦功夫的,例如口译、英美文学等;其二,到了大三,学习上的竞争压力更大,多数同学在大三确立了考研目标之后便会一改大一大二的懒散状态,作"拼命三郎"状,从自习室占座的数量和速度就可见一斑。

在大量工作的情况下,大一大二积累起来的好习惯成了我的重要武器。学习上得心应手,而学生工作也由之前的执行性事务升级到一些策划性和领导性的工作,这种变化对我自己是一个很好的激励,它要求我要具备更好的大局观和整体性思维。我是一个随性的人,但是在大一和大二的学生工作中,我善于观察、学习学姐和领导的办事方式,我不会墨守成规,更不会死要面子活受罪。我坚信,只要是对的我就应该学习,应该为之改变。渐渐地,我在策划活动和领导队员方面积累了一定的经验,大三的各种活动机会依然让我乐此不疲。

没有了大一和大二的稚气,在大三更多的是思考,思考为什么要努力学习,为什么要积极参与学生会。于我而言,是希望自己能够充分利用大学时光的每一分钟,锻炼和充实自己,抓住每次向身边强人学习的机会,这样就能不断进步,提升自己的竞争力,日后能为哈工大(威海)争光!

三年的积累确实为我换来了一些硕果,大三末,我获得了"省级优秀学生干部"、哈工大(威海)"十佳大学生"第一名等荣誉。回想起刚入学时对"十佳大学生"的敬佩,到自己成长为一名"十佳大学生",心里感触非常多。"十佳大学生"虽然只是一个称号,但是它承载的内涵却是十分丰富的。这里面有个人的点滴努力,有学校学院给予的广阔发展平台,有学长学姐的箴言,有老师的悉心指导。这个过程让我相信,在哈工大(威海)这样良好的环境中,一名普通的大一新生通过自己的不断努力,就可以取得骄人的成绩。

尘埃落定　继续飞翔

　　到了大四,对于大部分人来说,许多事情尘埃落定,但更多的人还在纠结于考研或者保研,我属于后者。在很多人看来,这可能是甜蜜的烦恼,但对我来说,心里还是"压力山大"。我放弃了保送本校的机会而选择了外推,这就意味着我要走出去,面对众多高校的考察,北京成为我的首选。经过了一番竞争和波折,我最终进入北京航空航天大学英语系。虽然曾经的我信心满满,心比天高,一心只想去北大和北外,但是走出校园,还是要面对现实。一方面,我的专业知识只是在哈工大(威海)领先,与北京高校的尖子生相比,还是有一些差距;另一方面,我的母校——哈工大(威海)还是一所年轻的学校,她的知名度和在学术界的地位的提升还需要几代人的努力。所以,我告诉自己:所有哈工大(威海)的毕业生一定要加油,不管是读研还是工作,我们都要铭记"规格严格 功夫到家"的校训,做出自己的成绩,为母校争光!

　　保研成功后,我依然没有放弃对自己的严格要求,在大四期间便开始专攻专业知识,认真对待毕业论文,这也为我日后在北航获得毕业论文专业第一名打下了坚实的基础。

　　也许很多人在大四后期都在享受美好生活,但是对我来说,又一个加速发展的机会到来了。院里安排我做临时辅导员。一如过去的风格,我毫不犹豫地接受了这个挑战。从安排学生日常工作到学生会的管理,党支部管理再到毕业生就业安排,我接触到了学生工作的方方面面,个人的能力也得到了更高的提升。

调整航向　掌舵人生

　　2009年的夏天,我离开威海,来到北京开始新的求学生涯,专业是翻译。

　　踏上全新的旅程,我心中充满了期待和兴奋。在研究生生活开始之前,我思考了很多,关于为什么要念研究生,在研究生阶段个人的主要规划等。我为自己总结了三个基本点:第一是学术研究,第二是学生工作,第三是课内外实践,这三方面构成了我研究生生活的三部曲。我依然是忙碌于教室、学生会、各种竞赛和实习之间,在同学们眼中,我是有无限精力和超能量的,能够兼顾学习、竞赛和各种实习,每一样都不落下,每一方面都有声有色。在做好课内论文的同时,我兼任系党支部书记,同时还奔波于各种兼职口译和实习中。

　　我非常享受对翻译理论的学习和研究,因为北航的教学模式是开放式的,整个课堂不再是老师的专场，同学们也能够参与到教学中并对某些理论展开讨论。学术上，我协助指导老师编写了英语字典，同时在《海外英语》和《英语学习》上相继发表了翻译研究的学术论文。同时，我被推荐参加了北航首届"英语精英班"项目，主攻英语演讲、英语辩论和英语口译竞赛，忙碌于各种竞赛之间，虽然也获得了些许奖项，但是通过竞赛掌握的经验对我而言更为重要。

基于对口译的兴趣和较强的口译能力，我有机会担任麦肯锡公司专业翻译、英国皇家邮政集团的交替传译等。在这些口译实践中，收入最高达到1 500元/小时，平时的口译也至少有500元/小时。口译的收入基本上可以维持我的日常生活，研究生学习期间我基本上不需要家里的经济支持。虽然这个收入与同声传译约5 000元/小时的收入水平相去甚远，但是口译带来的收入也让我真切感受到现代社会对专业技能的重视。在学有余力的情况下，为了拓宽个人的视野，我申请加入了全球最大的风电公司——维斯塔斯公司，到人力资源部实习，并负责整个中国总部的培训，使我对于全球化的商业模式和大型外企的管理模式有了更深入的了解。

短暂的两年研究生生活匆匆过去，于我而言，研究生阶段其实还是本科生活的延续，前进的脚步也更像是一个加速跑的过程。众多的实习为我的发展创造了更多的机会。

在北航的两年中，北航的人才培养模式，以及与北航学生的交流学习都令我受益匪浅。北航近些年得以飞速发展，得益于它在人才培养模式上的不断创新。课堂内外，它都期望能够开拓创新，从学生的角度出发，为学生量身定做了很多项目。

首先是"华罗庚班"和"英语精英班"的创办，通过精英教学吸引高素质生源的加入。第二是积极主办和组织学生参加国内一流的学术竞赛，例如"挑战杯""冯如杯"等。"英语精英班"先后组织学生参加英语类竞赛百余次，"全球辩论大赛"、外研社杯"全国高校辩论赛和演讲比赛、"CCTV"演讲比赛、"海峡两岸"口译大赛等等，这些竞赛为学生们营造浓厚的竞赛氛围，加快了他们的成长脚步。第三，校方大力鼓励学生参与国际的学术交流和竞赛。国际合作部积极"引进来，走出去"，与诸多国外名校建立交换项目，每次寒暑假都组织学生到国外竞赛或参观，为开拓学生的国际视野和毕业后出国深造打下了基础。北航也设立专门的学术基金，鼓励学生们发表国际水平的论文，出国参与国际会议。在学校相关机制推动下，大约有20%的学生能直接通过校方的项目和基金出国交流、参会等。

此外，学校也加大力度组织各种讲坛和讲座，邀请国内外知名教授和院士到北航讲座，每周末都有院士讲座，几乎每个月都有国外教授讲座，大大增强了校园的学术氛围。

北航的校训"德才兼备 知行合一"是北航人最好的写照。有两点是令我印象最为深刻的：北航的学生注重个人的全面发展和自主学习，绝对不是一心只读圣贤书而已；北航同学们注重参与社会实践，主动走出校园寻求各种实习实践的机会。

激发潜能　续写精彩

综合分析了个人的性格优势和发展愿景，我希望自己以后能够就职于大型外企，学习现代化的商业模式和先进的管理系统。

在读研期间，我也抓紧各种实习、实践的机会，以加强自己的实践能力和竞争力。2010年至2011年间，我先后在全球风电巨头维斯塔斯风力技术有限公司担任人力资源部培训专员和全球最专业的战略咨询公司麦肯锡担任项目组翻译和商务助理。此外，我还曾担任国家开发银行、中国化工集团翻译，英国皇家邮政集团、China Fish集团以及宅急送集团的交替传译等。

2011年，从北航毕业之后，凭借专业第一的成绩、丰富的学生工作经验和大型外企的实习经验，我顺利进入了世界最大最专业的日化用品公司——宝洁公司，成为宝洁中国人力资源部的一名管理培训生。目前，我担任北京宝洁洗涤用品有限公司招聘和培训经理，大中华区家居与织物护理品类外部供应链人力资源经理。

吕琪参加宝洁大中华区HR峰会

宝洁被誉为日化行业的"黄埔军校"，在这里工作了将近一年，我已经深深感到宝洁强大的企业文化和健全的发展机制，同时，也有一份沉甸甸的压力。在宝洁，你更加不可能停下脚步，因为从你的老板到你的同事，大家都充满激情，都在不断学习、进步。这时候我才真正明白，在学校的努力和那些工作经验都是宝贵的财富。这些积累让我能够走进宝洁，让我能够在宝洁的工作中较快地适应。

在这一年中，通过个人的发展计划、公司的综合培训课程以及各种项目的实践，我掌握了人力资源管理的基本技能，并参与策划了多个大型活动。当然，越是这样，越是觉得自己需要学习，觉得自己还有很多潜能没有激发出来。

每天都有忙碌而充实的感觉，有时会让我怀念曾经的学校生活，那是怎样的一种天真无邪,是怎样的一种海阔天空。那些年,在哈工大(威海)的日子,那些美好回忆无时无刻不在激励着我继续努力,去追寻下一步的成功。

吕琪简介

1987年出生于广西壮族自治区桂林市,中共党员。

2005~2009年就读于哈尔滨工业大学(威海)外国语学院英语系。

2009~2011年于北京航空航天大学外国语学院语言学系攻读硕士研究生。

在校期间曾连续四年综合素质成绩年级第一,曾获得全国大学生英语竞赛二等奖;国家奖学金两次、全国"优秀三好学生"提名、哈工大一等人民奖学金五次、北航一等奖学金两次,山东省"优秀学生干部"、山东省"优秀社会实践个人"、哈工大(威海)"十佳大学生"、哈工大"优秀团干部"、"北航优秀党员"、校运会3 000米长跑第四名等。并作为学生代表在哈工大(威海)2009届学生毕业典礼上发言。

2010年先后在全球风电巨头维斯塔斯风力技术有限公司和全球最专业的战略咨询公司麦肯锡实习,2011年作为管理培训生进入宝洁公司,担任招聘与培训经理。学习之余,她还曾担任国家开发银行、中国化工集团及麦肯锡战略咨询公司翻译,英国皇家邮政集团、China Fish集团、宅急送集团交替传译,累计翻译学术著作和商务资料达20万字。

阳光洒满向日葵

周海燕

第六届十佳大学生

痛苦与微笑，坎坷与成长，都将是我人生路上的宝贵财富。而我目前追求的状态就是脚踏实地，让每一天都过得有意义。面对即将到来的挑战，我将迎难而上。我要做的，就是不断把一只脚放在另一只脚的前面。因为，每一步，我都在缩短与梦想的距离！

第五篇　奋斗的人生最美丽

2005年,18岁的我从湖南乘火车,辗转三十个小时来到了哈工大(威海),开始了我的大学生活。也许入学前有过彷徨和失落,然而,现在回过头去看,我会说,我从来不后悔在哈工大(威海)度过了我的大学生活。

大学第一课:从挑战自我开始

刚入大学的我,还沉浸在高考失利的迷茫中,加上不熟悉普通话,讳疾忌医的心态让我更加害怕交流。面对校园里贴出的五花八门的社团招新海报,我跃跃欲试却又总觉得自己不是那块料。于是,我一次次匆匆走过餐厅前那长长的步行街,害怕一不小心流露了怯意。不久,学校组织了"十佳大学生"报告会,那是我第一次接触"十佳大学生"。报告的演讲者是宋琪珍学姐,那时她虽是一名大四学生,但是在面对两百多人演讲时,她却是那么优雅从容。演讲结束时,身边一位同学说:"真的是好佩服好羡慕她啊,什么时候我才能像她一样呢?"一语惊醒梦中人!看看青涩懵懂的自己,再看看那被低年级同学包围的成熟自信的她。是啊,三年后,我有可能也像她一样出色优秀么?走出教室那一刻,我终于下定决心,报名参加了记者协会。我要去经历风雨,去成长,我一刻也不能等了。

在记者协会里,我参加了"校园生活面面观"演讲比赛,第一次用流利的普通话讲述自己的心声。我组织了"儿童福利院送温暖"活动,用毛笔书写海报,一次又一次冒着风雪将海报贴到各个楼的公布栏里。当我接到第一个报名参加活动的电话时,高兴得快要蹦起来了。我还自创了自己的"阿Q精神胜利法",每当我怀疑自己,想要退缩时,我就跳出来站在旁观者的角度对自己说:"那个怯懦的'你'并不是真正的你,去,打败她!"这种精神胜利法一直被我沿用至今。一年后,由于我的出色表现,我正式成为记者协会新一任会长。

大学第二课:学习工作两不误

学生社团的工作给了我独当一面的勇气和信心。大一下学期,我成功当选为校学生会学习部部员。一年后,我成功竞选为第四届第三任校学生会学习部部长。为了响应学校关于加强我校学风建设的号召,在主席团的指导下,我充分发挥主观能动性,参与组织了第二届"学生干部培训班""英语广场开幕式暨英文歌曲消夏晚会""四级经验交流会""第二届感动校园人物"等校园活动,这些活动深受老师和同学的好评。

百舸争流
——哈尔滨工业大学(威海)十佳大学生成长心语

大三上学期末,通过层层选拔,我站到了校学生会主席竞选的舞台上,并最终当选为第四届第四任校学生会副主席。那一刻,我的心情无比激动,接过一份信任,更承担起一份责任。

在担任学习部部长期间,我成功应聘为校团委书记助理,并先后参与组织了我校2007年"五四评优表彰大会"、第五届"十佳大学生"评选及"科技创新暨社会实践表彰大会"等。准备工作事无巨细,我们一同努力尽心地做好。在此期间,我结识了许多优秀的老师、同学,从他们身上我学会了做人做事的方法,这些方法使我终生受益。

学生工作的经历,让我学会了分析与思考、竞争与合作、理解与宽容;提高了我的统筹安排能力、领导组织能力及与他人沟通合作的能力;更重要的是让我懂得了为人处世的原则,给我的人生上了重要的一堂课。

在完善自我的同时,我努力发展自己的兴趣爱好——写作采访。从大一开始,我便加入了校报记者团,跟随校报老师和前辈们学习采编的各种要领。我活跃在校运动会的赛场上,跟踪采访打破校运会

周海燕(一排右一)任哈工大(威海)校运会火炬手

纪录者;先后采访了两届"十佳大学生";同时响应国家关于加强大学生心理健康教育的号召,开展了关于大学生心理健康的记者调查;在校报上发表文学稿《旧梦如烟——品读张爱玲》《激情燃烧的撒哈拉》《儿行千里》《书韵》《盛开在冰冻下的爱》及新闻通讯等20余篇。我由衷感谢校报这个温暖的家,她让我热爱"记者"这个光荣的职业,让我尽情地展示自己的美丽,并快乐地挥洒豪情、激扬文字!

作为学生干部和党员,学习更不能放松,否则我又如何让人信服呢?经历了大一的探索与磨炼,我总结出了一套适合自己的学习方法:高度重视课堂效率,精益求精,一步一个脚印,在漫长的学习过程中逐渐培养专业课兴趣。在大二下学期和大三上学期繁忙的工作压力下,我丝毫没有放松学习,分别取得了94.85分和96.1分的平均学分绩。除大四一年在外实习外,我连续六次拿到了一等优秀学生奖学金。

面对繁重的工作任务和学习任务,我仿佛不知疲倦。学弟学妹们总是会好奇地问我这样的一个问题——我是如何协调好学生工作和学习的关系的。我只能说,如果你想解决一个问题,你会找到一千种方法,相反,如果你想逃避一个问题,你会找到一千

种借口。

社会第一课：用坚忍的意志迎接困境

2008年7月，收到研究生保送面试通知书后，我从威海辗转来到了上海。在中科院生化细胞所，我与50多名来自全国各大高校的同学一起投入到一轮又一轮激烈的面试环节中。48小时后，我接到了沉甸甸的预录取通知书。

2008年8月，我到上海巴斯德所实习。由于事先没查清楚路线，我乘火车于六点到达上海，快九点的时候才大汗淋漓地找到目的地。然而，由于上海巴斯德所不提供实习住宿，刚吃完午饭的我便开始寻找住处。我一个个地打电话问，又因为价格和路程等原因一个个地否决，刚来的喜悦也渐渐变成了焦虑。那时候，每天早晨醒来第一件事就是担心晚上的归宿，我清楚地记得，刚到的那短短一周时间内我竟然换了五个住处。那时候，我已经习惯了几乎每天都带着为数不多的行李走在暮色里，在人生地不熟的城市，观陌生的灯火。然而，即便如此，我还是每天微笑着。一次又一次的打击不会让我气馁，因为我相信，困难像弹簧，你强它就弱，你弱它就强，坚持一下，再多坚持一下就能打倒它。

宿舍稳定后，我开始了实验室的新生活。然而，令我百思不得其解的是，不管我再怎么努力，实验室的人对我好像一直不冷不热。面对这境况，我着实郁闷了好一阵，却始终找不到原因，我想我只能尽己所能做好我的本分。每天我会第一个来到实验室，为当天的实验作好充分的准备工作。学习、实验时我勤奋好学，并且主动与师兄交流，恳请他能够多多帮助。我的真诚打动了师兄，从他那里我才了解到，由于在我之前的一个实习生给他们留下了极度不好的印象，才导致了实验室全体成员预先对我这个新一任实习生产生了不小的成见。原来我一直在蒙受这"不白之冤"呢！另一方面，我也释然了，日久见人心，我无需多说，还是用行动去证明吧。渐渐地，我的诚恳和努力打动了大家，大家对我越来越亲切，我终于融入了这个大家庭。

尽管后来由于种种原因，我只在那待了一个月，但我在收获知识和友谊的同时，也磨炼了意志。学会了面对困难与成见，学会了用成熟的眼光来看待这个刚对我敞开大门的社会。

科研第一课：坚定信念迎难而上

毕业后，我便开始了在中科院上海生化细胞所硕博连读的生活。近三年的研究生生活让我明白：科研，是一道需要用创新、细心和耐心为佐料来精心烹饪的大餐。

百舸争流
——哈尔滨工业大学(威海)十佳大学生成长心语

到实验室的新鲜劲刚消退,我便碰上了科研上的第一个难关——我的研究方向在实验室出现了"断层",也就是说实验室在我之前的五届中都没有人研究这一方面。面对着"前无古人"的境况,秉着初生牛犊不怕虎的精神,我独自挑起了大梁。

然而,问题接踵而至。首先是没有领路人,其次是不知道如何切入课题,再次是没有足够的人手。这三大难题仿佛三座大山沉甸甸地压在我心头,眼看实验室其他成员忙得热火朝天,我面对着这一团乱麻却无从下手,由刚开始的踌躇满志变得渐渐茫然。

没有领路人,思前想后,我开始吃起了"百家饭"。上课之余,我开始不断地向高年级的师兄师姐们取经。一来跟在他们后面熟悉各种基本实验。为了充分利用时间尽量不冲突,我把师兄师姐们近期要作的实验制成了一个时间表。短短两个月时间,我便牢牢掌握了不少技术。而同在实验室轮转的另外一个同学由于只跟着固定的师傅,两个月下来反倒只学习了克隆的方法。

休息室里我更是不放过每一个求教的机会,师兄师姐们也非常热情地给我讲解,问一答十,举一反三,我像一颗贪婪的小苗般如饥似渴地接受着知识的阳光雨露。团队的温暖让我迅速成长,也让我明白:面对任何巨大的困难,着急烦闷是没有出路的,冷静地思考解决方法才是唯一途径。

在几乎一穷二白的情况下,我开始动手建立系统。然而,事与愿违,几乎整整三个月,我都在摸索同一个实验条件。我的桌上渐渐堆起了一沓厚厚的草稿纸,上面记满了我每次的实验条件和各种优化过程。同事们都笑我不是在作实验就是在准备作实验的路上。时间久了,细胞平台检测流式细胞术的老师更是算准了我哪天必去检测。那一阵子还真是有点"走火入魔"了,我甚至不知道太阳每天是何时升起和落下的。一进细胞房就要呆上三四个小时,几乎没有休息的时间。累了,闭上眼歇会;渴了,出来喝口水再继续进去。我曾多次幻想自己可以像那个梦见苯环结构的科学家凯库勒一样,一觉醒来,轻松化解困扰已久的难题。

心急之下,何曾不想过放弃,同样的时间,我为什么不做些更加有意义更加可能成功的工作呢?每当此时,导师饱含信任的目光一次次闪过眼前,我暗暗鼓励自己:这只是黎明前的黑暗,坚持一下,再坚持一下,就会看到曙光了!

是的,任何一条科研之路都充满荆棘,绕道而行绝不是面对困难时应有的态度。如今我已经突破瓶颈,找到了以后发展的方向。诚如一个师兄说的,好东西是聪明人下笨功夫做出来的。没有厚积,焉能薄发?

系统逐步完善的同时,我也终于盼来了新成员。在交流中,我终于意识到了经验的积累是多么重要,不仅能帮助师弟师妹们少走弯路,而且能使他们尽早进入科研状态。对于他们来说,精神上有了领路人,信心也在无形中增长。是的,能发现捷径固然很好,但自己披荆斩棘走出来的路又何尝不是一笔宝贵财富!

对于今后的路,我更加有信心了,科研充满挑战,却也不时给我惊喜。在探索中,一些新的课题分支逐步展开,我也找到了让我更加感兴趣的课题,看到了我带领的团队蓬勃发展的希望。

永恒的一课:怀着感恩的心生活

一路走来,如履薄冰。

2008年冬,我突然接到一个如晴天霹雳的电话:刚上大一的弟弟突然晕倒,被诊断为某种先天性心脏病,正在抢救室抢救。听到妈妈嘶哑的声音,我眼前的世界仿佛也瞬间坍塌,几乎摔倒在地。我不敢相信,一次又一次地想证明这只是我做了个噩梦而已,然而我一次又一次地被残酷的现实所唤醒。老天有眼,经过长途跋涉送到大医院抢救,弟弟终于回到了我们身边。

可是,接下来医生的话却让我们的心重新收紧。弟弟不仅不能再剧烈运动,而且绝对不能再感冒,否则一旦复发,后果将非常严重。此外,以后每个月昂贵的医药费用让我的家庭不堪重负。那时,一个不可遏制的念头在我的脑海中产生:我不要去读研了,我要拼命去工作,去赚钱,我要和父母共同分担这一切。

然而,当我说出这个想法时,父母却极力反对,他们甚至动员亲戚来做我的工作,我的内心亦是极度煎熬。最终,我含泪踏上了研究生求学之路。后来,在医生建议下,弟弟也重新踏入了大学。再后来,研究生工资上涨,我固执地用节省下来的钱承担了弟弟大三大四阶段所有的学费、生活费和医药费。

而今弟弟即将大学毕业,身体也在渐渐康复。他总是乐观地说,他觉得他生活在一个非常幸福的家庭。我对生活的感激无法用言语表达,无论风霜雨雪。我也清醒地意识到,只有自己强大起来,我才能保护我爱的亲人。

老吾老以及人之老,幼吾幼以及人之幼。在历史的长河中,我渺小,微不足道。但是若我的研究能够为新药的研发提供一个可能的靶点,能够为病人展颜欢笑提供哪怕那么一点点力量,那么千千万万个与我类似的研究工作者的毕生奉献终将会对人类的健康事业产生巨大的推动作用。即使我做的只是杯水车薪,那也将是我此生至高的追求。

痛苦与微笑、坎坷与成长,都将是我人生路上的宝贵财富。而我目前追求的状态就是脚踏实地,让每一天都过得有意义。面对即将到来的挑战,我将迎难而上。我要做的，就是不断把一只脚放在另一只脚的前面。因为，每一步，我都在缩短与梦想的距离！

周海燕简介

1987年出生于湖南省衡阳市衡东县，中共党员。

2005~2009年就读于哈尔滨工业大学(威海)海洋学院生物工程专业。

2009年至今在中科院生物化学与细胞生物学研究所硕博连读。

在校期间担任班委、社团负责人和校学生会副主席及校报记者等，曾在校报发表文学稿和新闻通讯等20余篇，并获得"优秀记者"称号。曾每学期都以专业第一的优异成绩获得一等奖学金，曾获得山东省"优秀毕业生"、哈尔滨工业大学"优秀学生干部标兵""三好学生""优秀团员""社会活动积极分子""校园文化艺术节优秀组织者"等荣誉称号以及国家奖学金两次、社会活动单项奖学金三次。研究生期间担任学生班长，荣获"中科院优秀学生干部""中科院三好学生"等荣誉称号。

奋斗青春　涅槃重生

高玉乾

第八届十佳大学生

　　奋斗的诱人之处不在于会收获多少金钱，获得多少掌声，顶上多少光环，而在于名不见经传的微薄之力可以攒聚成开山之斧，遥远的雪山可踏在脚底之下。忍过残酷的今天，熬住绝望的明天，便可迎来灿烂的后天。毕竟，人要跟自己斗的。

回忆:不可思议的电话

想起大学,回忆将时间带回到 2006 年的十月中旬,那时,我刚入学一个多月。

西配楼外,上午九点钟,金色的阳光还夹杂着一丝凉意,铺在水珠晶莹的草尖上。十月的草坪,一片翠绿,让人心醉。蜿蜒小道上,一个男生一边走过来一边打电话:"妈妈,我要告诉你一个好消息,我保研了!"大概是由于这幅画面太美,我的心里一震:四年之后,我是否也能如此?而后,我嘲笑自己如此异想天开。

现在,距离我给妈妈打这样一个电话已有两年半了,我也不再觉得保研就是成功,甚至忘了自己当时打电话的情形。但西配楼外的那个场景一直是我在大学最深刻的记忆之一,不仅是因为能体会其中成功的喜悦,也不仅是因为感受到了那幅情境中的美好亲情,更多的是因为感觉到未来蕴含着各种可能性。

涅槃:大学的两次转折

大学四年,于我而言,其中的精华在大学的前两年,开头万般难,而后水到渠成。

2006 年 9 月 2 日,身披晨光,夹在一堆行李间的我和爸爸一路跌跌撞撞地来到了学校。又是一个不知未来在哪的开始,我决定要和以前不一样。特殊的高中三年,梦魇般的生活一点点侵蚀了我的希望。自闭、多愁善感、不善言谈和消极悲观就是我高中三年的"收获"。出于对自己能力的深深怀疑,加之接踵而来的高考失利以及刚刚过线的成绩,我想我大概是哈工大最差的一个学生了。被调剂到英语系,意味着我要放弃一向强势的理科,捡起基础差得一塌糊涂的英语,我在惶恐不安中开始了我的大学生活。

军训归来的摸底考试,我得了 63.5 分,我们班最高分是 82 分。我胆怯地望着周围同学,他们每个人都是我的榜样。听力课上,不管听什么,我都听不出那些字母后的"深刻含义",好多时候,自己急得眼泪都要掉下来了。正音课上,不管我怎么练,发出的音都是怪怪的,为了能弄明白怎么回事,我就拿着镜子看发音口型,惹来同学们一阵笑。由于长期错误发音,我怎么都发不对 /ʃ/,负责任的口语老师 Wayne 很生气,对我吼:"你看,课下不努力才会这样!"于是,他就让我课上一遍一遍地跟他练,最后他放弃了,说:"这个,你再练练吧。"随后就不再要求我了。我本来就是很敏感的人,又一向自卑,那不争气的泪水,再次在大家面前流了下来。

第五篇 奋斗的人生最美丽

"大学不同于高中,只要你足够努力,你就能足够优秀。"这是我在大学一次老乡会上听到的第一句话,正是这句话,给我送来了大学以来的第一线光芒。我想,既然我已经是最差的一个了,不管怎么做,我都会比现在更好,而不会更差,那就索性拼一把吧。于是,我把自己当成了个小傻瓜,一个不会娱乐的小傻瓜,整天闷在自习室里,成了大家眼中的"看不见的人"。每天下了课,我书包一放,进了自习室;中午吃过饭,还有点时间,又走进自习室;晚上大家都下了晚自习,我又留下来。

词汇量不够,我就把精读课本上所有不太熟悉的单词都查一遍,然后加上英语释义,一遍遍地背。直到有一天,同学随口说个词,我就不自觉地说出了英语释义。我很纳闷,自己怎么也可以这么"强"了?听力不行,就一遍遍地听写;口语不行,早起到小山上,在带着寒意的秋风中练发音。看到别人过得逍遥,很有大学的味道,我十分羡慕,但也只能摇摇头对自己说:"快乐是别人的,努力才是你的。"命运是不公平的,但上帝是公平的,他赐予别人禀赋,但赐予了我坚强的意志和不怕苦的精神。渐渐地,我开始在课上崭露头角。接着,我迎来了大学的两次转折,在学习、工作和心理素质上发生了巨大的变化。

2006年11月,院里要举办"新生杯"辩论赛。我想,我这个上课回答问题就脸红的人,怎么能去辩论呢?在下面反复确认自己的论点之后,我红着脸,浑身颤抖着上了讲台陈述自己的观点。但出乎意料的是,面对评委"不合理"的攻辩,我的倔强和不认输精神油然而生,用坚决的态度挡住了评委一轮又一轮的攻辩。走下讲台时,我才发现全场竟是静悄悄的。之后,我以巨大的优势进入院辩论队,荣获"优秀辩手"称号,并与其他队员一道,几经周折,在2007年的校园辩论赛中为外国语学院夺取了首个亚军奖杯。

备战辩论赛的日子是艰辛的,不善言谈却要张嘴与人争论,不敢当众发言却要夸夸其谈,同时又要保持每天的学习量……巨大的心理压力使我一直焦虑不安,有段时间神经似乎紧张到崩溃的边缘,不知道能不能再熬过一天。朋友鼓励我:"只要再过一天就好了。"就这样,我奇迹般地坚持下来,并且逐渐学会了在大家的共同努力下进步,我的性格也逐渐开朗起来,不再是孤军奋战。这是我大学的第一次转折。

第一学期结束后,我拿到了大学期间的第一个一等优秀奖学金。从那以后,每个学期,我的名次就前进一名,一等奖学金坚定地花落我处,再也没有离开。虽然一等奖学金很值得骄傲,但我在大学的第二次转折却不是因为它们,而是我在大一下学期的一段经历。

在那个学期,我身兼校、院学生会学习部部员和记者协会编辑部部长,又加入了校

百舸争流
——哈尔滨工业大学(威海)十佳大学生成长心语

报记者团和院辩论队。一直习惯了做个普通的自己,现在要去学生会做干部,没有背景,没有强大的气场,不知道自己能否做好。但我相信,也许我不是最优秀的,但我一定要做最努力的。别人不愿去做的,我去做,部长没要求的,我要比能要求的做得更好。

烈日下发传单,中午休息时奔跑在各个公寓间贴通知,晚上在别人睡觉时赶写新闻稿……好多人笑我傻,但我觉得,没有能力,只有努力。正是在这种情况下,部长一次次将重任委派给我,而我细致、稳重而又周全的工作作风也渐渐得到了大家的承认,好多同事亲切地称我为"乾姐"。在部长的带领下,我与其他部员一起筹划组织了几个校内的大型活动,如"学生干部培训班""英语广场""轻松学吧""感动校园"等。在院会学习部,我与部长一起组织了每周一次的外教讲座和英语沙龙。同时,我还到威海福利医院做志愿者并积极参加了爱心血库、运动会等多项活动,在活动中,我奉献了爱心,锻炼了实践能力,得到了大家的一致好评。

工作的重任扰乱了平素的学习习惯,我深知自己基础不好,只能利用高效与坚持。课上的每分每秒,对我来说都是美到极致的。晚上,寝室的同学已进入梦乡,而我学习的黄金时间才刚刚开始。有三四个月的时间,我好像没有十二点前休息过,也没有在早晨六点半之后起来过,很多时候,也会可怜巴巴地对朋友说:"我想睡觉。"往事已矣,过去的时光留给我的是我深深的自豪感。

在校会及其他组织,我认识了许多朋友,经历了许多事情,他们每个人的故事都给予我极大的启迪。我认为自己在这个学期真正实现了自我突破,思维方式发生了巨大变化。我充分认识到事有两面,不要因一方面的失利而怨天尤人;人外有人,不要因自己有所不能而悲观消极。我开始将乐观自信的笑容常挂嘴边,连外教 Lory 都说:"你变了,自信多了,不再是那个一回答问题就脸红的小女孩了。"这个学期,是我大学的第二次转折。

重生:忙碌的大学生活

在两次重大转折后,我变得积极、开朗、乐观、坚强、刻苦和优秀,用朋友的话说就是:"没有什么能难倒玉乾的。"经过大一一年的艰苦锤炼,我慢慢走进了发展的快车道,开始了飞速成长的日子。

2007年8月,在没有带队老师、没有学校资金支持的情况下,我参加了赴辽宁丹东实践团,与丹东市的企业家面对面探讨大学生发展问题。并于2007年9月,负责校"十佳实践团"的评选,而且成功当选"十佳"。

2007年10月,我以年级第二的成绩再次荣获一等优秀奖学金,并以绝对优势取得国家奖学金。在校会,我虽还是部员,但已开始带领其他部员组织大型活动了,如"感动校园"等。在院会,我被推选为学习部副部长,全面负责外教讲座,并组织了几次学习经验交流会,如专四经验交流会、考研经验交流会和专业发展方向说明会等,这些给大家带去了最新最真实的专业信息。11月份,我参加了"十七大"演讲比赛,并取得了自己在演讲比赛中的第一个名次。担任班里的心理委员,我多次与班里同学谈心、交流学习经验,与班里同学共同进步。学习上,我深知学习是学生之本,一刻不敢放松,保持每天三个小时的学习时间,逐步突破学习上的弱势,如口语,成绩遥遥领先于班里其他同学,实现了学习与工作并进。

2008年3月,我以专业第一的成绩再次荣获一等优秀奖学金、寒假社会实践论文第一名和总校级"优秀团员"。三月初,我成功当选为校学生会学习部副部长,先后组织了学生干部培训班和"感动校园"颁奖典礼。四川地震消息传来,我在第一时间参与组织了"天佑四川"大型捐款捐物活动。从3月中旬开始,我每天晚上学到凌晨一点,备战英语专业四级考试,到了四月冲刺阶段常常学到凌晨两三点。备战过程中,我进入党校学习,由于党校工作需要,我义不容辞地担负起党校新闻中心副主任的工作。6月,我加入"小Q计划"项目组,开始了"益暖中华——谷歌杯"全国大学生公益创意大赛的征程。8月,项目组赴大连实践半个月,"小Q计划"最终在全国6 000多支参赛队伍中脱颖而出,成为优胜队。

走过了大二,大三大四变得更忙了,遇到的困难更多了,但是一路有惊无险,兵来将挡,水来土掩。在实践中学到的各种本领让我在面对困难时游刃有余,各种荣誉纷至沓来。大学在灿烂中结束,我在紧张与期盼中迎来了自己在北大的生活。

徘徊:燕园的迷茫

曾经以为大学四年的经历就是涅槃,曾经以为大学获得荣誉的我就是重生,曾经以为自己找到了人生的方向。但是,走入北大后,我发现这又是一次涅槃,而这次,不在于能力和性格,而在于对人生和生活的认识。

2010年9月,我走入了传说中的燕园。幸福,是我在北大的第一种感受,这里的教学设施太完美了,图书馆的书太多了,老师都很牛,活动太丰富了!自卑是我的第二感受,这里的牛人太多了,自己连个中等都算不上。茫然,是我走入北大后的第三种感觉。本科的经历使我看到了成功的模式,遵循模式便能取得成功。本科时期由于学校提供的资源少、威海较偏僻,校园里有一种似乎预设好的游戏规则,只要遵循这种规则,你就能成为NO.1。而这些规则,不外乎是学好专业课,做好学生工作,保研或者找一份很好的工作。但是,来北大见识了各种牛人牛事之后,我迷茫了,因为曾经的"游戏规则"不管用了,这里有着太多的成功范式,以至于可以说是没有范式可言。这个校园里优秀的人太多,只有最牛的人才算优秀。这里成功的道路很多,做学术可以,工作可以,创业也可以,也许这才真正是对未来人生的预演。这个时候,未来才是真正握在自己手里的,选择才是自己应该做的。

谈到选择,我与很多保研的学生一样困惑:曾经一心想要保研,而保研后才发现不知道自己真正想做什么,是工作,还是继续学术?开学后,我几乎纠结了整个一学期,我每天都在问自己:"我以后到底要做什么?"一边是让我疲于应付的繁重的作业,一边是对未来的迷茫。直到最后,我决定听从自己的内心,选择了做自己一直喜欢做的策划工作。随后,在保证学习质量的同时,我开始有意识地向擅长的学生社团工作倾斜精力,寻找锻炼机会。

走进翻译协会,我才发现在这个学校真是没有所谓的"差生",每个人都有自己擅长的一面,而我擅长的就是学生工作的开展,在威海校区的学生工作经验让我在应对北大的活动时游刃有余。我发现,其实威海校区的学生活动和北大相比,毫不逊色,虽然威海校区的资源相对较少,但学生工作的热情、创新性、参与度和号召力,均不输于、甚至超过北大的学生。由于我认真负责、经验丰富,在翻译协会也很快得到了其他同学的认可,屡次负责社

担任北京大学翻译协会会长的
高玉乾在活动中发言

团的重大活动,迅速成为社团的主要骨干。2011年5月,到北京大学还不到一年时间,我便被老师和同学选为翻译协会的下届负责人。

创业:理想主义与残酷现实的火并

在社团活动风生水起之时,我发起并负责社团与一家名叫"云英语"的创业团队的合作项目。在这个过程中,我意外地被这个团队看中,他们希望我加入这个创业团队,共同创业。

"云英语"主要是从词源学和语言学的角度进行词汇教学,这种教学体系从未有

第五篇　奋斗的人生最美丽

人在中国做过,所以我们要做的就是开创一个新领域。天呐,和别人一起创业?我从来没有想过。创建一种教学体系?绝对超出我的想象了!改变大家的英语观念,绝对理想主义啊!不仅如此,在团队中,我负责的是市场推广,这正是我所喜欢的工作,也是一个刚刚创建的企业中最重要的工作,要大干一场的想法让我像打了鸡血一样兴奋不已。于是,我意外地开始了生命中一段很神奇的时光。

由于公司只面对清华、北大的学生进行招生,所以市场推广的工作要到清华北大暑假过后才能开始,所以,我在2011年暑假就开始参加"云英语"的研修课程,并参与教学研发工作。每天早上,我冒着被挤成肉饼的风险跟上班族们一起挤公交去上课,中午一点钟开始在公司参与课程研发的辅助工作,查阅各种外文资料或者整理搜索好的资料,即使是最单调的"复制粘贴",我都做得不亦乐乎。老板常常一脸无奈地对我说:"玉乾,你就歇会儿再干吧!"这样的工作一直持续到晚上十点多,为了赶在宿舍关门前回去,我常常狂追已经开走的末班车。偶尔会熬夜赶工,熬到凌晨两三点钟,一群人去外面吃夜宵,聊天说笑,憧憬公司美好的未来。回想起这样的日子,充满了理想主义精神,倒也美妙。

开学后,我开始了在北京大学、清华大学两所高校的宣传和市场推广工作,同时继续教学研发工作,而这学期我也承担起北京大学翻译协会会长一职。这样,我手里同时担有三样工作,还要兼顾北大十分困难的课程。

回想起来,那个学期是我读研究生以来最糟糕的一段时间,创业的日子真是无比辛苦,残酷的现实常常让我迷茫。一周除去在学校作宣传的时间,我只有七八个小时是在学校里上课或处理社团的各项事务,其余的时间基本都在公司忙碌。每周,总会有两三个晚上要在公司通宵加班,每每在星光渐渐隐去,阳光在不知不觉中爬上办公桌时,我还在电脑前紧盯着屏幕。而最困的时候我竟然一边打字一边睡着了,无论旁边的人怎么喊,我都无法清醒起来。

2011年的11月10日,也就是神棍节的前一天,我在公司忙了一整天,晚上九点钟跑到北大去给清华翻译协会和北大翻译协会的同学开会,十点钟返回公司继续加班,等再走出公司回宿舍时已经是神棍节过后的第三天。连续工作了六七十个小时,等我要回宿舍休息时,平常一趟公交车就到宿舍的路程,我硬是坐错了三四次车才倒回去。在学校里,为了让公司的宣传更有针对性,我跑遍了几乎北大所有院系的教务办公室,弄清楚了几千名本科生的课表;也曾在几十座宿舍楼前徘徊调查,就是为了确认每个宿舍楼里都住着什么院系、年级的学生;也曾在三角地发公司讲座宣传单,从日头酷热的夏天发到白雪飘扬的冬天,我自称"发传单专业户"。

273

百舸争流
哈尔滨工业大学(威海)十佳大学生成长心语

我把所有的气数都用在了工作中,完全超负荷运转,经常近乎崩溃。有一段时间,实在太累了,累到想辞职走人,每次给家里打电话都会哽咽,讲不出话来。

有一天妈妈在电话里对我讲:"你还记得你大四时给我打的那个电话吗?你说,'妈妈,我告诉你一个好消息,我保上北大了!'妈妈想起你的话就会掉眼泪,你知道妈妈多为你骄傲吗!"大一时的情景涌上心头,是啊,你不是也为自己超越了自己而骄傲吗?既然不知道惊喜在未来哪个地方等着你,那就在倒下之前尽力往前跑吧!

功夫不负有心人,"云英语"在北大的十几场讲座几乎场场爆满,创造了北大非名人讲座的记录,"云英语"的大名也在北大打出了一片天地,而教学工作也是如火如荼,只要去上课的同学就都成了"云英语"的粉丝,并无私地帮我们在校内宣传"云英语"。在学校,我负责的各种活动都完美落幕,只有两年历史的翻译协会黑马般地杀入北京大学社团培训理事会的理事名单,与山鹰社、爱心社等有几十年历史的优秀社团平起平坐,一起为北大社团的发展进言献策。而我自己,也以专业第一的成绩荣获了北京大学"戴德梁行奖学金"。而这些,多是出乎意料的惊喜。

结语:奋斗是一种生活态度

虽然到最后,我还是因为某些原因退出了"云英语",我的创业梦也暂告一段落,但这份奋斗的过程已然足够刻骨铭心,也让我明白:大学里没有差生,只有不想让自己变得更好的学生;没有失败者,每个人都可以成为自己的英雄。奋斗的诱人之处不在于会收获多少金钱,获得多少掌声,顶上多少光环,而在于名不见经传的微薄之力可以攒聚成开山之斧,遥远的雪山可踏在脚底之下。忍过残酷的今天,熬住绝望的明天,便可迎来灿烂的后天。毕竟,人要跟自己斗的。

高玉乾简介

1987年出生于山东省济宁市金乡县,中共党员。

2006~2010年就读于哈尔滨工业大学(威海)外国语学院读英语专业。

2010年保送至北京大学外国语学院翻译专业就读。

在校期间曾担任校学生会副主席,北京大学翻译协会会长,和北大校友共同创业,参与发展"云英语"教育培训公司。先后荣获国家奖学金三次,山东省"优秀学生干部""优秀毕业生",哈尔滨工业大学"三好学生""优秀团员"等荣誉称号,于2009年任赴贵州实践团团长,荣获"山东省优秀实践团"称号。进入北大学习后,以专业第一名的综合成绩荣获北京大学"戴德梁行奖学金"。

相信生命　总有今天

齐为川

第十届十佳大学生

那一刻，我深深读懂了这样一句话："成功的花儿，人们只惊美她现时的明艳。然而当初她的芽儿，浸透了奋斗的泪泉，洒遍了牺牲的血雨。"

转眼间就要毕业了,离别的气息越来越浓。我想到四年前扛着大包小包的行李来到威海这座海滨城市时的情景,现在面对即将到来的离别,不免有人生苦短、韶华易逝之叹。临别之际,用文字记录下自己四年的成长经历,算是向即将逝去的本科生活致敬。

我来自鲁西北平原一个普通的农民家庭,父母没有受过良好的教育,他们都是在黄土地上辛勤耕耘的农民。尽管家庭条件并不富裕,但他们始终坚信,读书是改变孩子命运的唯一出路,因此,我们兄妹三人得以在宽松的环境中接受教育。父母的勤劳淳朴在我的成长过程中留下了难以抹去的痕迹,也培养了我脚踏实地、坚忍不拔的品格。

学业　不甘落后

十岁前,我和同龄的孩子一样淘气贪玩,不爱学习。直到小学三年级,因为数学成绩不及格,老师要见家长,母亲那怜爱而失望的眼神令我至今都刻骨铭心。从那次经历中,我真正地认识到学习对于我自身、我的家庭而言,到底有多重要。从那以后,我在各类考试中一直名列全校第一,初中、高中都是如此。

高一下学期分文理科时,父母希望我学理科,但我对数理化实在提不起兴趣,因此在父母的强烈反对下坚持选择了文科。也许是我的运气不好,从小到大每逢关键考试总会发挥失常,想想也觉得滑稽。因为高考成绩并不理想,填报志愿时,我的心情很失落,当时选择专业的唯一念头就是——可以不再学习数学。但是阴差阳错,来到哈工大(威海)我才发现,《工科数学分析》几乎是所有大一新生的必修课,当时,我的心情别提有多沮丧了。

作为一名文科生,学习工科数学的难度自不必说。大一一整年,我都是在三点一线、挑灯夜读的生活中度过的。即便如此,大一上学期的期中考试中,我的《工科数学分析》和《空间解析几何与线性代数》还是双双以挂科收场,后者只有可怜的 38 分,这大概是我上学以来最糟糕的成绩。看着那鲜红刺眼的分数,我说不出心里是什么滋味,走出自习室,让自己在凉风中清醒了一晚。当时我努力说服自己:情况已经这样了,不可能再糟糕了,我必须破釜沉舟,拼上一把,一定会有所改观。

第二天,我又出现在自习室里,认真学起数学。同班的王东峰同学给了我很大的帮助,他不厌其烦地为我答疑解惑,使我度过了那段"黑暗"时期,我们也在随后的四年里结下了深厚的友谊。期末考试,我的数学成绩在班里名列前茅,比大多数理工科生还高。这使我有能力向大家证明:文科生并不比别人差,在这所以理工科为主的校园里,文科生也可以闯出一片天地。如今回想起这段经历,我仍感到欣慰。

克服了数学这个巨大的挑战后,我在学习上变得如鱼得水。我逐渐认识到,大学里学习不能再像高中一样,一味在延长学习时间上下工夫,更重要的是保证学习的效率。在重视基础课程的同时,还应积极拓展知识的广度和深度,注意相关知识间的联系。记得曾经看过这样一句话——大学生是以多种不同观点看待世界的专业群体,四年的学习中,我掌握了较为扎实的专业基础知识,也逐渐以经济学的眼光认识世界,这在一定程度上改变了我的思维方式。源于四年如一日坚持不懈的努力,我取得了连续六学期专业第一名的成绩,也因此成为经济管理学院08级中唯一一个连续荣获三次国家奖学金的学生,这大大减轻了家庭的经济负担。

工作　敢为人先

高考结束后的那个暑假,我曾不止一次地憧憬我的大学生活会是什么样子,大学校园又是如何。但当真正步入大学校门、进入新的班级后,我感到无形的压力也随之而来,甚至有些惶恐。一个来自农村的小伙子,第一次远离家乡,独自一人异地求学,对于能否在崭新的环境中脱颖而出,我没有信心。第一次班委竞选,我参选学习委员,但不幸在激烈的竞争中败下阵来,这对一向"无往不胜"的我来说是个沉重的打击。从那以后,我便开始安心学习,希望能在学习上证明自己的能力,最终如愿以偿。同时,我的真诚和努力也得到了班里同学的认可,大一下学期班委换届时,我竞选班长兼团支书,最终高票当选。我从这次成功竞选中获得了极大的信心,这也是我学生工作的起点。

从那以后,我先后担任了勤工助学管理中心监察部干事、院团委学生会部员和基础学部学业辅导员等职务。还记得应聘院团委学生会部员时,一位学生会副主席问我,身兼多职,而且学习成绩不错,再来应聘学生会部员,能否忙得过来?我当时的回答是,当今社会快速的生活节奏需要我们同时面对多项工作和多重身份,我希望在大学四年中锻炼自己平衡学习、工作和生活三者关系的能力。现在看来,我比较圆满地实现了这个目标。

至今回想起来,我的大一下学期只能用一个"忙"字来形容。当时我同时担任班长兼团支书、勤工助学管理中心干事、院学生会部员三个职务,还参加了全国大学生英语竞赛、模拟联合国等活动,还要学习工科数学、概率论等课程,每天都忙得不可开交,甚至有些喘不过气来。记得有段时间,我晚上怎么也睡不着,脑海里浮现出各种各样的事情,而且杂乱无章,丝毫理不清头绪。当时我非常痛苦,因为得不到充分休息,精神状态萎靡,甚至一度怀疑自己是不是患上了神经衰弱,虽尝试过各种办法,但是都未奏效。

经过一段时间的煎熬,我才发现,最有效的方法便是"及时关上身后的门",同一时刻内只专注于一件事,睡觉的时候便强迫自己不去想任何事情,就这样我慢慢地恢复了过来。在院学生会的部内总结会上,我的部长曾非常好奇地问我,一个学期内出色地完成了这么多工作,而且学习成绩仍然优秀,究竟是如何做到的呢?其他人也纷纷用钦佩的眼神看着我。那一刻,我深深读懂了这样一句话:"成功的花儿,人们只惊羡她现时的明艳。然而当初她的芽儿,浸透了奋斗的泪泉,洒遍了牺牲的血雨。"

齐为川(左三)在选拔新一任
经济管理学院学生会部长

大一、大二的各项工作充分锻炼了我的组织协调能力,大三下学期,我有幸当选为经济管理学院团委副书记兼学生会主席,开始了全新的、更富有挑战的征程。大三下学期,各门专业课纷至沓来,立志保研的我不敢大意,承受着巨大的学习压力。与此同时,学生会的工作也进入了最忙的阶段,新上任的部长和部员们普遍缺乏经验,工作中的风险和挑战不言而喻。容不得我多想,工作就已经拉开了序幕。在老师的指导和帮助下,我们整个团队凝心聚力,克服种种困难,先后成功举办了第十届大学生服装节、毕业生晚会和运动会等大型活动,并对学生会的规章制度和组织结构进行了合理调整。还记得第十届大学生服装节开幕的前两天,各项准备工作已经到了攻坚阶段,而我也迎来了考试的高峰期,两天时间里有三门考试。每天晚上十二点多,我才从服装节训练现场回到宿舍,第二天还要早起复习,应对各门考试。当服装节圆满落幕的那一刻,我已经极度疲惫,但内心却感到无比骄傲和满足。最终,在出色地完成工作的同时,我也保持了专业第一名的成绩。从这段经历中我体会到,其实我们每个人都比自己想象的要强大,只要善于挖掘,总会有意想不到的收获。

科研　勇攀高峰

进入大三后，随着专业学习的不断深入，我主动请缨，积极参与到学院老师的科研项目中，这极大地锻炼了我理论联系实际的能力和写作能力。一年多的时间里，我先后独立撰写了五万余字的科研论文，从最初的无从下手到现在的慢慢成熟，一步步踏实走来，我初步体会到了科研的价值和乐趣。

印象最深刻的是参与地方委托课题"武安市城市转型发展研究"的经历，我独立撰写了"武安市工业化与城市化协调发展"这一子课题近三万字的论文。最初接到这一任务时内心很忐忑，因为老师对这一课题特别重视，而且要求的水平很高，我担心自己的能力不能达到老师的预期。但是老师的鼓励给了我很大的信心，我决定尽全力完成这一任务。我先认真阅读了关于武安市的文献资料，理清写作思路，又上网查阅各类文献期刊，弥补自己理论知识的欠缺，随后开始着手写作。在整个写作过程中，我遇到过很多次瓶颈，感觉无论怎样努力也跳不出原有的框架。老师建议我转变思维方式，从多种角度考虑问题。整个大四寒假，我都是在查阅各种文献资料、反复推敲和修改论文中度过的。龙年新年期间，在走亲访友之余，不经意间头脑中还会涌现出新的想法和思路。经过几十个日日夜夜的不懈努力，我终于完成了论文的主体部分。看着一字一句敲打出来的论文，满心的成就感油然而生。最终，我的论文得到了指导老师的肯定，大大超出了老师对我的预期。

这次的科研经历使我深切地体会到，搞科研绝非易事。虽然社会科学不需要像理工科一样长时间泡在实验室里获取各种数据，但是扎实的理论基础、灵活的科研思维和严谨的写作思路也绝非一日之功。我曾经在某个论坛上看到这样一个帖子，说搞社会科学的都是三流人才，专科毕业的经过训练也能在顶级社科期刊上发表论文。我想发帖人大概是体会不到社会科学的博大精深了。

所谓经济，经世济民也。作为经济类专业的学生，我认识到只有脚踏实地深入社会、深入实践，才能获得真知、服务社会，从而实现自我价值。大学四年里，我有六个假期是在社会实践、工作实习中度过的。四年来，我曾冒着夏日酷暑深入沂蒙山区开展义务支教，也曾顶着凛冽寒风留守学校为了生计四处奔波；曾先后在中国工商银行和光大银行山东省分行、中国平安保险集团威海分公司工作实习，在实践中验证所学知识。2010年暑假，我参加了"调研山东"大学生社会调查活动，与团队成员一起深入开展社会调研，并获得山东省二等奖。社会实践的经历使我有机会将所学知识运用到实践中来，也极大地锻炼了我的沟通协调能力。

第五篇　奋斗的人生最美丽

保研　一波三折

　　大三的暑假，经过层层选拔，我获准参加清华大学和中国人民大学两所高校的保研夏令营，并获得中国人民大学经济学院的预录取资格。大四上学期，我以专业第二名的成绩如愿获得保研资格。但是学校突生变故，以往的不限保送方向变成了限选，我们专业没有分配到外推名额。也就是说，按照新的规定，我只能保送到校本部，不能去中国人民大学。这一消息如同晴天霹雳，完全打乱了我的未来规划。想到自己从大三下学期就开始申请外校推免，穿梭于各个办公室准备证明材料，整个暑假复习专业课，跋涉千里赴北京参加各种笔试和面试，我难过得差点掉下泪来。

　　学院领导了解到我的情况，主动向学校申请特批一个名额。在几位老师的大力争取下，我终于获准保送外校，但前提是需要自己写一份保证书，保证一定能保送到中国人民大学，如果失败，则放弃保送资格。也就是说，一旦失败，我便一无所有了。学院领导给我三天时间，让我慎重考虑该如何选择。

　　我向人大经济学院的老师咨询，被学院预录取后有没有被刷的风险，老师说有这种可能，因为还要等研究生院的最终审核，不排除有意外情况。了解到这一信息后我更加犹豫了，一方是没有任何风险的内推保研，一方是充满变数的外校推免，我到底该如何抉择？我把整件事告诉了父母，希望他们给我指点迷津。父母都一致坚持要我选择内推保研，在他们看来，能够顺顺利利地读下研究生学位已经足够了，实在没有必要拿自己的命运开玩笑。我非常纠结，因为在我心底，是非常倾向于人民大学的，这是我国经济学领域的顶级学府，也是我一直向往的神圣殿堂，但我能否承担得起与此相伴的风险呢？如果苦读了四年，因为自己的执念而失去读研的机会，肯定会抱憾终身。但如果因此要放弃之前的种种努力，我又极不甘心。我想起了自己一贯以来的坏运气，想起了十余载寒窗苦读的经历，想起了父母那沧桑而充满期待的脸庞，想起了种种往事……

　　三天后，我作出了一个坚定的选择——外校推免。

　　我告诉父母，我考虑清楚了，不管结果如何，我永远不会后悔。当在保证书上签上名字、按下手印的那一刻，我看着这张决定自己命运的薄薄的纸，各种滋味涌上心头……

　　确定外校推免后，为了保险起见，我积极和人大经济学院的导师联系，希望能够在老师的帮助下提高录取的可能。当看到人大研究生院突然公布了一张没有我的名字的录取名单时，我近乎抓狂了，慌乱中不知道该怎么办。我与朋友通了电话，此时还不敢告诉爸妈，怕他们为我担心。朋友安慰我，先镇静下来，一定会有解决的办法。正是这个电话让我清醒了下来，我向人大的老师询问，被告知这只是录取名单的一部分，还会有后续名单出来，而且我被录取的可能性很大，这时，一颗悬着的心才慢慢落地。

几天后，我的名字出现在了录取名单上，我第一时间打电话给爸妈，妈妈激动地对我说："孩子，你做得对！"那一刻，我真切地感受到了电话那头的喜悦和骄傲。

如今，我即将结束本科阶段的学习，奔赴中国人民大学开始新的征程。四年来，通过自己的所见所闻，我坚定地相信，哈工大（威海）的学生绝对不逊色于任何一所高校。在我身边，有无数榜样的力量一直鼓励着我不断努力前行。无限感激，感恩工大的老师和朋友。无论走到哪里，我永远不会忘记，在哈工大（威海）的这四年，我度过的人生中最美好的时光。

乔为川简介

1990年出生于山东省聊城市茌平县，中共党员。

2008~2012年就读于哈尔滨工业大学（威海）经济管理学院国际经济与贸易专业。

2012年被保送至中国人民大学经济学院攻读硕士研究生。

在校期间曾任哈尔滨工业大学（威海）经济管理学院团委副书记兼学生会主席、0803201班班长兼团支书、1003202班班主任助理等职务，担任2010年全国人口普查哈尔滨工业大学（威海）志愿者团队负责人，哈工大（威海）第五次党代会学生代表。曾连续六学期素质考评专业第一名，曾获全国大学生英语竞赛全国三等奖、"调研山东"省二等奖等奖项，"山东省优秀学生干部""山东省优秀毕业生""哈尔滨工业大学优秀团员标兵""哈尔滨工业大学优秀学生干部标兵"等荣誉称号。

历届十佳大学生名单(2003~2012年)

第一届	王 婷 金占勇	刘仕煜 贾志平	闫苗苗 郭 娜	宋凌珺 韩志萍	岳荣刚 谢行恒
第二届	王 健 岳金星	王立辉 赵妍妍	王艳英 柴春燕	闫伯儒 麻文华	林乐川 赖晶晶
第三届	王 丹 李 琪	付志文 宋琪珍	冯 原 周江涛	仲小清 赵 亮	张立伟 贺 鹏
第四届	王元道 肖文静	王慧敏 柳东威	田陶然 钱霎婧	刘 彪 董 冰	刘霜叶 舒僖娟
第五届	于翔斐 张忠奎	王轩春 沈志远	史英力 林圆圆	卢珍珍 徐慧娜	张兰杰 蒋晋东
第六届	吕 琪 林 赛	朱 佳 周海燕	吴媛媛 郑向东	沈筱亮 赵富菊	陈 晓 贾伟昊
第七届	王 蕾 孙 龙	史永敏 钟 颖	仲雪洁 贺 智	华玉锋 谢庭相	刘 婷 廖晓静
第八届	付国庆 余健伟	刘裕良 张玉英	李绍前 张晓磊	吴建宏 高玉乾	余 萌 谢 爽
第九届	马晓彬 汪玫村	王 瑛 武克斌	纪 博 胡 瑜	吴 倩 廉桥石	肖晓飞 谭郅聪
第十届	王 威 李励耘	孔祥宇 李明威	艾 兵 俞淑妍	齐为川 徐云雷	孙熠璇 翟志伟

注:按姓氏笔画排序

后　　记

　　哈尔滨工业大学（威海）"十佳大学生"评选活动自 2003 年首次开展，已成功举办了十届。经过十年的努力探索与实践，"十佳大学生"评选活动形成了完善的推荐选拔和评价机制，并通过多种渠道的表彰、宣传使得百名优秀学子的典型事迹在校园内广泛流传，形成了"树典型引路、立榜样育人"的良好局面。对于推进学风建设、正确引导学生成长成才起到了非常重要的积极作用。他们既是我校区优秀学生的代表，也是学校人才培养的方向。在"十佳大学生"评选十周年之际，本书编写组从历届十佳大学生中邀请了三十五位，通过第一人称讲述成长故事的方式，回顾了他们在校期间的成长历程，以及离开母校走向社会后的真实感受。

　　本书由哈尔滨工业大学（威海）党委副书记、纪委书记王建文与副校长赵国亮负责策划、组织和统筹，由刘群、李新与朱美丽具体组织落实。参与初期约稿及初步修改的有刘群、李新、朱美丽、王莹、岳彩领、费非、吴琼、李焕然、高仕宁、杨俊敏、汪明、赵婷、史建锋、隋海瑞、李华军、申万兵、胡萍与曹竞。参与后期整体编排及修改的有刘群、李新、朱美丽、王莹、岳彩领、费非、吴琼、李焕然与黄蕊。

　　衷心感谢王彦岩、张步先、周玉生、师雄达、于周晓、李晓玲、李淑侠、张颖、张爽、常红霞、马梅荣、于庆革与李华军等一大批为"十佳大学生"培养、选拔作出贡献的领导和老师。张玉芹、王晓强、杨雪、材料科学与工程学院工程学习小组、0914201 班全体同学对本书的出版提出了宝贵意见，在此一并表示感谢。

　　由于编者水平有限，疏漏之处在所难免，望有关领导和广大读者不吝赐教。

编　者

2012 年 8 月